주식 네 이놈

오를 수밖에 없는 차트가 있다

주식 네 이놈

II
기법 편

문제롱 지음

지서연

> 머리말

미미르의 실전 기법 대공개

오랫동안 네이버 주식 카페 〈주식 네 이놈〉을 운영하면서 주식에 대한 기초 지식도 없이 큰돈으로 매매하는 분들을 많이 봤다. 절박하게 도움을 요청하는 분들의 투자 내역을 보면 어떻게 저런 종목에, 더구나 급등하고 있는 장대 양봉 꼭지에 거금을 선뜻 쏟아 부을 용기가 났는지 경악하는 경우가 대부분이다. 확신은 잠깐이요, 몇 시간 아니 단 몇 분 뒤부터 얼굴이 파랗게 질려 있는 그 분들을 생각하면 '세력 참 먹고 살기 쉽다.'는 생각마저 들었다.

전작 〈주식 네 이놈〉(책미래)은 내가 개발한 기법들과 경험을 기술한 책인데, 주식 문외한도 바로 실전 매매에 임하여 수익을 낼 수 있도록 썼다. 출판 쪽에서는 이름도 없는 작가의 책인데도 불구하고 입소문만으로 2쇄 넘게 팔렸다. 독자 반응도 좋아서 5~10부씩 사서 보관하거나 나중에 자식에게 물려주겠다는 분들도 꽤 봤다. 절판 후에도 찾는 분들이 많았고, 중고나라에서 웃돈 주고 거래되고 있다고 카페 회원에게 들었다. 처음 출간할 때를 생각하면 금석지감이 아닐 수 없다.

그런데 책에 대한 반응이 너무 똑같았다. 초보, 중수, 고수 가릴 것 없이 책이 너무 어렵단다. 꽤 실력이 좋은 사람도 7~10일째 책을 열공하고 있다는 게시글이 올라왔을 때는 당혹스럽기까지 했다. 최소 3독, 5독을 해야 하며 읽을 때마다 내용이 새롭게 보인다는 반응이 대단히 많았다. 10독을 했다는 분들도 여럿 있었다. 그런데 특이한 점이 있었다. 중수, 고수뿐 아니라 초보라도 수차례 읽고 나면 계좌가 수익으로 바뀐다는 감사 글이 상당히 많이 올라왔다는 사실이다. 내용을 이해하는 게 어렵지 한번 이해하고 나면 초보, 중수, 고수 가리지 않고 수익을 낸다는 얘기였다. 초보자 중에도 고마움을 표하는 분들이 많은 걸 보면, 누구나 이해하려 들면 충분히 이해할 수 있고, 얼마든지 실전에 적용할 수 있는 책을 쓴 건 맞는 것 같다. 한편으로 전작 〈주식 네 이놈〉이나 동명의 네이버 카페가 널리 알려지는 게 싫다는 댓글도 무척 많았다. 〈주식 네 이놈〉을 읽고 매매 방식을 바꾼 뒤로 손실 보지 않는 매매, 수익 나는 매매를 하고 있다는 감사 글들이 올라올 때마다 보람을 느낀다.

원래는 기초 편과 중급 편을 새로 쓰려고 했다. 어떤 내용을 쓰면 좋을지 회원들에게 물었더니 돌아온 답변이 나를 당혹스럽게 만들었다. 신용 미수를 올바르게 사용하는 방법에 대한 질문은 쇼크였다. 고수도 쓰면 안 되는 신용 미수를 당연시하다니.

초보자를 위한 기본서라면 응당 책을 읽은 후 좋은 종목과 나쁜 종목을 가릴 수 있는 능력을 길러주어야 한다. 또한 매수 후에도 안정세를 유지하며 오를 수 있는 종목과, 상장폐지의 위험이 있는 종목을 구분할 수 있는 정도의 안목이 생겨야 한다. 편안한 마음으로 안전한 매매를 할 수 있는 최소한의 기본기를 갖추도록 돕는 책이 진짜 기본서라고 생각했다.

종목 선택의 기본기를 다지며 적절한 매수 타이밍을 잡는 방법을 가르쳐주는 책이 내가 쓰려는 초보자용 기본서인데, 생각해 보면 이는 소위 중고수에게도 필요할 것 같아서 주식 경력을 가리지 않고 모두에게 도움 되는 책을 쓰기로 결심했다. 10년 넘게 주식을 해왔고, 나름 수익을 내는 분들도 차트에 대한 지식이 바닥인 경우를 많이 봤기 때문이다.

이 책은 여느 주식 책이나 인터넷에서 쉽게 검색되는 뻔한 내용들, 실전 매매에 별 도움이 안 되는 내용들은 되도록 피했다. 쓸데없이 암기해야 하는 내용을 줄줄이 늘어놓는 건 내 스타일이 아니다. 외우지 않아도 읽고 나면 저절로 이해가 되고, 실전에 바로 적용할 수 있는 내용으로 채우려 노력했고, 군더더기 없이 꼭 필요한 정보만 담으려 노력했다.

이 책 〈주식 네 이놈 : 기법 편〉에는 시리즈가 있다. 〈주식 네 이놈 : 기초 편〉인데 초보자들이 주식 실력의 기초를 다지도록 만드는 데 주력했다. 한편 기법 편에서 다루지 않은 기법들, 예를 들어 매매 타이밍과 매수 종목을 고르는 방법도 소개했다.

이번 〈주식 네 이놈 : 기법 편〉에서는 전작에서 소개하지 않았던 기법을 몇 가지 추가해서 명실공이 주식 매매의 바이블이 되고자 노력했다. 전작에 없던 '상한가 직전 종목 찾는 방법' 등을 비롯해 몇 가지 새로운 핵심 기법을 넣는 대신 이 책에는 어울리지 않는 몇 가지 기법은 생략했다. 5년 가까이 주식 카페 〈주식 네 이놈〉을 운영하며 주식인들이 어떤 약점을 가지고 있는지 많이 알게 되었는데 이를 보완하는 방법도 최대한 많이 수록했다. 기법 못지않게 나쁜 습관을 끊어내는 것도 트레이딩에서는 매우 중요한 일이다. 이 책을 통해 스스로 종목을 고르고 매매 타이밍을 잡을 수 있는 주식인이 되면 좋겠다.

이 책을 내기까지 많은 분들이 힘이 되었다. 특히 절친한 후배 하종훈이 없었다면 책을 쓸 엄두도 못 냈을 것 같다. 이 자리를 빌려 늦게나마 감사 인사를 보낸다. 그리고 오랜 세월 동고동락하며 많이 지도해주시고 힘이 되어주신 워수원 선생님께도 감사 인사를 보낸다. 그 밖에도 굳이 인사말을 전하지 않아도 내 마음을 알고 있을 권병일 선배, 강지윤 등등 여러 고마운 분들에게 고개 숙여 깊이 감사드린다.

주식을 하는 사람들이라면 절대 피할 수 없는 함정들이 있다. 이 책을 통해 주식 지옥을 먼저 경험하고 피할 수 있기를 희망한다. 필자의 매매법과 분석법 중 딱 하나만이라도 자기 것으로 만들어서 남에게 의지하지 않고 스스로 무림세계를 헤쳐갈 수 있기 바란다. 주식판에 천사는 없다는 걸 깨닫고 스스로 무림 절정 고수로 거듭나기를 희망한다. 산전수전 다 겪어본 필자가 야전 참모가 되어 독자들의 분투를 격려한다. 부디 불필요한 수업료 내지 않고 무림 고수로 거듭나기를 기원한다.

2020. 10
야전군 참모 미미르

목차

머리말 | 미미르의 실전 기법 대공개 004

장개시전

스스로 설명이 될 때만 매수하라

우리가 앞으로 배울 것, 그리고 절대로 해서는 안 되는 것

1장 급등주 찾는 11가지 기법 맛보기 018

세력의 흔적을 찾아서 018

미미르 필살기 ❶ 역계단 매매 기법 020
- 다음날 2.7% 갭 상승으로 시작해 상한가 터치하는 차트

미미르 필살기 ❷ 박스권 매매 기법 022
- 박스권 탈출의 흔적 K 일봉 찾기

미미르 필살기 ❸ 논리적 분석법 024
- 고점 돌파의 징후 찾기

미미르 필살기 ❹ 테마주 매매법 026
- 세력의 의도 파악

미미르 필살기 ❺ 매물벽 때리기 028
- 30% 이상의 수익을 기대할 수 있는 방법

미미르 필살기 ❻ MA 2단 기법 030
- 매물대의 강력한 돌파를 예측하는 기법

미미르 필살기 ❼ 10ma 기법 032
- 상한가 직전인 종목 찾는 법

미미르 필살기 ❽ 감자, 상장폐지 예측하는 법 033
- 이걸 모르면 주식 하지 마라

11가지 주요 기법 수록 034

2장 뭘 해야 할지 배우기 전에 뭘 하지 말아야 할지부터 배우기　035
- 모르면 당하는 주식판

이 바닥이 어떤 곳인가 하면, 사돈 돈도 빼앗아 먹는 전쟁터다　035
애널리스트라는 가면을 쓴 악마　037
애널리스트 혹은 카페가 작전하는 방법　038
문자메시지로 받은 종목에 현혹되지 마라　042
'강력 홀딩'을 권하는 글을 의심하라　044
고마운 세력 아저씨 - 주문 실수를 막으려면 현금으로 한도를 걸어둔다　045
미수, 절대 쓰지 마라　047
※ 세력 간접체험　048
저점 매수의 중요성 : 개미의 강제 존버가 세력들이 수익을 만드는 원천이다　052
바닥이란 낮은 가격을 의미하는 게 아니라 오르기 직전의 가격을 뜻한다　054
내게 맞는 딱 하나의 매매법을 찾는 데 주력한다　055
분석하고 매수하고 기다려라　056

장 시작

내일 왜 오르는지 알고 사기

매수 근거 찾기와 미미르 핵심 기법

1장 미미르 필살기 ❶ <역계단> 매매 기법　060
- 별 볼 일 없던 종목이 갑자기 거래량을 터뜨리며 장대 양봉을 세울 때

<역계단> 조건 ❶ 장대양봉 다음날 작은 양봉　061
<역계단> 조건 ❷ 1봉은 거래량(A)이 급증해야 한다　062
<역계단> 조건 ❸ 2봉의 거래량(B)은 1봉보다 적고, 평일보다 많아야 한다　063

언제 살까? - 다음날 음봉 때 · 064
언제 팔까? - 1~2봉 고점 위에서, 중장기 이평선 아래에서 · 065
변형 ❶ 1봉과 2봉 사이에 작은 봉들이 낄 때 · 066
변형 ❷ 2봉의 몸통 길이가 길다 · 066
<역계단> 고급편 ❶ 왜 장기간 추적 관찰이 필요할까? · 068
<역계단> 고급편 ❷ 1봉이 음봉인 변형 역계단 · 069
기법을 고지식하게 적용하지 말자 · 070

2장 미미르 필살기 ❷ <사지탈출> 매매 기법 · 072
- 가격을 확 떨어뜨려 개미를 다 털어낸 뒤 다시 급반등시키기

필수 사전 지식 : <다이버전스> 기법 알고 가기 · 073
<사지탈출> 조건 ❶ 추세를 벗어난 급락 · 075
<사지탈출> 조건 ❷ 급락이지만 거래량은 많지 않다 · 076
<사지탈출> 조건 ❸ 급락에 이어 급등이 나와야 한다 · 076
<사지탈출> 조건 ❹ <다이버전스> 기법에 맞아야 한다 · 077
<사지탈출> 조건 ❺ 20일선이 60일선을 뚫고 오를 것 · 078
같은 일은 반복된다 · 081
<다이버전스>를 충족하지 못했다면 탈출한다 · 082
변형 ❶ V자형이 아닌 U자형 · 084
변형 ❷ 연속된 <사지탈출> · 085

잠깐! 미미르 기초 다지기
고점에서 물리지 않는 방법 · 087

절대 사서는 안 되는 차트 ❶ 헤드앤숄더(Head & Shoulder) · 087
절대 사서는 안 되는 차트 ❷ 쌍봉 · 093
절대 사서는 안 되는 차트 ❸ 3봉 고점 · 100
절대 사서는 안 되는 차트 ❹ <링시아> · 102

3장 미미르 필살기 ❸ <링시아> 기법 — 103
- 강한 상승이 나온 종목, 더 오를 것인지 판단하는 방법

<링시아>를 알면 고점에 물리는 걸 보다 더 확실히 피할 수 있다 — 104
<링시아> 조건 ❶ 고점에서 하락하던 주가가 급반등한다 — 107
<링시아> 조건 ❷ MACD가 하락한다 — 108
<링시아> 조건 ❸ 스토캐스틱(Stochastic)이 기준선(50) 아래로 — 109
<링시아> 예시들 — 110
<링시아>를 만드는 세력들의 의도 — 111
왜 MACD를 보고 <링시아>를 판단할까? — 111
헷갈리는 대목 : MACD가 잠시 골든크로스를 냈다가 원래대로 돌아가는 경우 — 113
꼭 기억해야 할 4가지 용어와 4가지 기호 — 114
<링시아> 눈에 익히기 — 115
<링시아>가 나오면 보수적으로 접근하자 — 117
<링시아> 차트 설정하는 법 — 117

4장 미미르 필살기 ❹ 지지와 저항, 그리고 기법 하나 — 120
- 지지와 저항을 활용한 기법, <박스권 돌파 N자형 패턴>

매물대 지지·저항 ❶ 박스권 매물대 — 121
박스권의 계단식 상승 — 123
도대체 세력은 왜 이렇게 차트를 만드는 걸까? — 124
<사지탈출>도 주목하자 — 126
※ 세력을 이기려고 하지 마라 — 128
매물대 지지·저항 ❷ 거래량 매물대 — 129
매물대 차트를 볼 때 주의할 점 — 130
지지·저항 기준점 ❶ 거래량 터진 일봉의 종가는 돌파 후에 강력한 지지선이 된다 — 132
하락할 때 주목해야 할 것 : 거래량이 얼마나 되는가? — 133
지지·저항 기준점 ❷ 앞 고점을 뚫은 일봉의 종가는 강력한 지지선으로 바뀐다 — 134
K일봉이 왜 두 개일까? — 135

K1의 종가와 K2의 시가가 같을 때가 많다는 게 무슨 뜻?	136
시각적으로 쉽게 지지 자리를 찾을 수 있다	136
지지·저항 기준점 ❸ 고수들이 좋아하는 쌍바닥도 강력한 지지선이다	137
반등 가능성을 확인하기 위한 2가지 조건	138
지지·저항 기준점 ❹ 일봉이 유난히 많은 가격대도 강한 지지선이다	140
지지·저항 기준점 ❺ 긴 박스권을 돌파하면 큰 상승이나 하락이 나온다	141
박스권 돌파 N자형 패턴(기법 4)	142
박스권 매매의 사례	144

5장 미미르 필살기 ❺ <쌀자루 밑단 찌르기>와 매수 근거 찾기 146
- 거래량에 답이 있다

[에프알텍] 종목 분석 ❶ 세력의 의도를 논리적으로 추적하기	147
더 큰 그림	150
[오리콤] 종목 분석 ❷ 거래량 분석의 힘	153
의심스런 일봉의 출현	154
구간별 거래량 분석	156
쌀자루 밑단 찌르기(기법 5)	157
매수 근거 : 그런데 쏟아져 내린 쌀이 많지 않다	158
장대 음봉의 의미	160
이후 진행 과정과 추가 분석	162

6장 미미르 필살기 ❻ 급등의 전조 <K일봉> 찾기 165
- 이건 기법이 아니다, 논리적 접근이다

매물벽 때리기(기법 6)	165
상승 신호탄 등장	169
<K일봉> 분석 사례	170
매수 근거	172
세력, 시동을 걸다	175

이후 움직임	**177**
마지막 관전 포인트	**178**

7장 미미르 필살기 ❼ 이평선에서 벌어지는 이상한 움직임   **179**
- 이평선과 주가의 움직임이 서로 다를 때

주가와 반대 방향으로 꺾이는 이평선(기법 7)	**180**
60일 이평선이 꺾였던 어느 날	**180**
X페이크(기법 8)	**182**
반대로 이평선 골든크로스에서 주가가 하락하는 경우	**184**

8장 미미르 필살기 ❽ 이평선과 MACD 조합으로 급등주 찾기   **187**
- <MA 2단 상승>(기법 9)

<다이버전스>의 함정을 극복하고 수익을 거두는 방법	**188**
MA 2단 조건 ❶ 1구간의 <다이버전스>	**190**
MA 2단 조건 ❷ 2구간의 모습	**191**
MA 2단 조건 ❸ 주가가 20일선 위로 올라야 한다	**191**
단타 매수 타이밍 잡기 : 타점 A에서 매수	**192**
단타 매도 타이밍 잡기	**193**
진짜 매수 타이밍 잡기 : 타점 B에서 매수	**194**
이런 현상이 나타나면 손절	**195**
<MA 2단 상승>의 종류	**195**

9장 미미르 필살기 ❾ 청소봉을 찾아라   **196**
- 세력이 주가를 상승시키기 전에 하는 짓

3번 찌르고 4번째 돌파하기 <3타 4파>	**197**
<청소봉> 이해하기	**197**
언제 살까?	**200**

손절 라인은? 201

2차 지지선 201

청소봉에 대한 이해가 버티도록 도와준다 202

10장 미미르 필살기 ⑩ 역계단 마스터하기 — 203
- <역계단>의 논리적 접근과 변이들

<역계단>을 논리적으로 생각해 보기 205

<역계단>은 중간 매집 206

<역계단> 출현 빈도 207

어떻게 찾지? 207

<역계단>의 변이들 208

반드시 거래량을 보라 213

아래꼬리의 의미 213

<역계단> 추가 샘플들 214

11장 미미르 필살기 ⑪ <미미르 차트>로 급등주 찾기 — 223
- 급등주 매매법과 출발하기 직전에 나타나는 징후 포착하는 법

<미미르 차트> 설정하기 223

급등주 매매법(기법 10) 226

미미르 차트는 만능이 아니다 232

하락 종목에서 <미미르 차트> 활용법 232

<미미르 3분 차트> 매매법 233

상한가 직전에 매수하기 - 10ma(기법 11) 235

<10ma A> 형태 235

<10ma B> 형태 246

<10ma AB 혼합> 형태 257

> 장 마감

피해야 할 종목, 그리고 몇 가지 이야기

1장 감자, 상장폐지 피하기 — **262**

- 감자, 상장폐지가 속출하는 시기 — **262**
- 차트가 좋으면 괜찮지 않느냐고? — **263**
- 회사 실적조차도 믿을 수 없을 때가 있다 — **263**
- 원칙을 지켜라 — **263**
- 유형 1 : 역대 최저가를 깨고 거래량이 폭발하는 종목 — **264**
- 유형 2 : 저가에서 거래량이 폭발하며 고점을 형성하는 종목 — **268**
- 내가 중국 기업을 피하는 이유 — **270**

2장 주식 매매의 어려움 - 의심과 시간 사이 — **272**

- [감마누] 매매일지 — **273**
- 문제의 지점 다시 살피기 — **275**
- 개미를 완벽히 청소한 뒤 점 상한가 — **277**
- [감마누]에 벌어진 충격적 사건 — **280**
- [감마누]에 벌어진 두 번째 충격적 사건 — **280**
- [신라섬유] 매매일지 — **281**
- 중요한 구간 — **282**

3장 손에 넣은 정보로 투자하는 게 아니다 — **285**

- 종목 [삼영이엔씨] : 가족 간 분쟁 — **286**

4장 음봉 매수는 언제나 진리 — **289**

장 개시 전

스스로 설명이 될 때만 매수하라

—

우리가 앞으로 배울 것,
그리고 절대로 해서는 안 되는 것

1장

급등주 찾는 11가지 기법 맛보기

세력의 흔적을 찾아서

나는 논리적으로 설명이 되는 종목만 매매하려고 노력한다. 세력(=주포, 특정 종목에 숨어서 주가를 만들어가는 큰 손. 주가를 높여 개미를 유인한 뒤 높은 가격에 팔아치우는 게 목표다.)은 개미와 나눠 먹을 생각이 없다. 언제든지 개미를 속이고 털어내는 작업을 한다. 완벽하게 속이기 위해 흔적을 지워가지만, 그들도 사람이다. 종종 차트에 빵부스러기를 남긴다. 그 흔적을 논리적으로 분석하면 답이 뻔히 보이는 경우가 종종 있다. 나는 탐정이 된다. 세력이 남긴 일말의 흔적을 쫓고 분석해서 그들이 언제 주가를 폭등시킬지 예측한다.

차트를 보면 종종 세력이 무슨 짓을 하고 있는지 논리적으로 설명이 되는 종목들이 있다. 그런 종목일수록 세력의 공갈 협박(급락)이 극렬하지만 결국 급등으로 해피엔딩에 이르곤 한다. 그런 차트의 움직임을 모아서 연구하고 기법화한 게 나의 매매법이다. 한마디로 세력과 함께 움직인다.

논리적 분석을 통해 내가 찾는 건 다음 두 가지다.

첫째, 논리적으로 설명이 되는 놈을 찾는다.
둘째, 논리적으로 설명이 되지 않는 놈을 찾는다.

보다 정확히 말하면 설명이 되지 않는 게 아니다. 논리에 맞지 않는 놈을 찾아서 왜 논리에 어긋나는 짓을 하고 있는지 분석한다는 말이다. 이런 과정을 통해 세력이 무슨 짓을 하고 있는지 확실히 설명이 되는 종목을 찾아내서 매매하는 게 미미르 매매법의 핵심이다.

세력은 눈치 못 채게 장시간에 걸쳐 주식을 모아간다. 이를 '매집'이라고 한다. 단시간에 많이 사면 티가 날 뿐 아니라 원하는 가격에 충분히 살 수 없으므로 장시간에 천천히 모아간다. 세력은 정체를 들키지 않으려고 매우 조심스럽게 행동한다. 다 모은 뒤에는 급등이 나오는 좋은 자리로 주가를 올린다. 이와 동시에 주가를 빠르고 강하게 떨어뜨리며 겁먹은 개미가 스스로 나가떨어지게 만든다. 내가 차트 분석을 통해 찾는 건 이런 종목이다. 이 책은 그 방법을 제시한다. 이미 많은 분들이 효과를 체감했다. 충분히 검증된 방법이라고 확신한다.

나의 기법은 용어조차 내가 만든 게 많아서 독자로서는 매우 생소할 것이다. 그래서 책 1부에서는 앞으로 어떤 내용을 배우게 될지 먼저 보여주기로 했다. 어떤 걸 배우고 어떻게 실전에 써먹게 될지 미리 알아야 공부할 의욕도 생길 것이라는 생각에서다.

이제부터 기법별로 샘플을 보자. 아래 차트들을 보면 무릎을 치는 실력 있는 독자도 있겠지만 아마도 대다수는 이게 왜 매수를 해야 하는 차트라는 건지 이해가 안 될 것 같다. 그러나 이 차트들은 모두 내가 실전에서 회원들에게 매수해야 하는 이유를 설명해주며 추천했던 종목들이다. 독자들도 이 책을 읽고 난 뒤에는, 여기 예로 든 차트처럼 한눈에 세력의 매집이 보이고, 분할매수(다른 시간, 다른 가격대에 나누어 사는 것. 평균 매입가격, 즉 평단가를 조절할 수 있다.)를 해야 한다든지, 혹은 곧 급등할 것이 뻔하니 빨리 매수를 해야 하는 이유가 떠오르게 될 것이다. 또한 그 이유를 논리적으로도 설명할 수 있기를 기대한다.

미미르 필살기 ❶ 역계단 매매 기법

– 다음날 2.7% 갭 상승으로 시작해 상한가 터치하는 차트

[차트 1-1] 세력이 무슨 짓을 하는지 명백히 보인 차트. 회원들에게 다음날 음봉에 매수하라고 밤늦게 문자를 보냈다.

〈역계단 매매 기법〉에 부합하여 관심종목에 넣어놓았던 종목 [엔에스]다. 밤에 원고를 교정하다가 위 차트를 보고 깜짝 놀라서 새벽 1시에 카페 회원들에게 다음날 음봉에 매수하라고 문자를 보냈다. 음봉에 매수한다? 다음날 상승을 예상하고 매수하라는 얘기인데 왜 음봉에 사라는 걸까? 세력이 개미를 털어내기 위해 일시적으로 가격을 내릴 때 혹은 전일 고점에 사서 물려 있던 개미들이 나가려고 물량을 팔 때, 혹은 이익실현을 위해 파는 물량이 나올 때 그때 가격이 당일 출발가격, 즉 시가를 무너뜨리고 일시적으로 음봉이 될 수 있다. 그때 사라는 얘기다. 결과가 어떻게 됐을까?

[차트 1-2] 시가 2.7%에서 시작하여 살짝 음봉을 만든 후 장중 상한가를 터치했다.

전일 마감한 가격(종가)보다 2.7% 높은 가격에서 출발해서(시가) 살짝 음봉을 만든 뒤 장중 상한가를 쳤다. 회원들에게 한 종목당 절대 총자본금의 10%를 넘게 매수하면 안 된다고 항상 당부하는데 이 경우는 너무 뻔히 보였다. 그래서 신뢰가 돈독했던 어느 회원에게는 총자본의 20%를 매수하라고 권했다. 이 차트의 왼쪽으로 시선을 옮겨보자. 2016년 10월 17일에 거래량이 터지며(차트 아래가 거래량 표시) 윗꼬리를 길게 달고 있는 파란색 음봉(차트상에서는 검정색. 이 책에서 양봉은 빨간색, 음봉은 파란색이나 검정색으로 표현되었다.)이 보이는가? 이 역시 세력의 매집이다. 독자들은 세력의 명백한 매집이 보이는가? 그리고 매수해야 하는 논리적 설명이 떠오르는가?

미미르 필살기 ❷ 박스권 매매 기법
- 박스권 탈출의 흔적 K 일봉 찾기

[차트 1-3] K 일봉을 보고 확신이 왔다. 회원들에게 2016년이 모두 매집이니 분할 매수하라고 했다.

[심텍홀딩스]는 〈박스권 매매 기법〉으로 고른 종목이다. 이 종목은 2016년 내내 박스권에 갇힌 채 옆으로 움직였다(횡보). 2016년 11월 9일 주식시장이 한창일 때 K 일봉이 눈에 띄었다. 뚜렷한 세력의 움직임이었다. 곧바로 카페 회원들에게 알렸다. 2016년이 모두 매집이고 머지않은 때에 K 일봉의 고점을 돌파하는 장대양봉이 나올 테니 세력들이 가격을 하락시키면서 개미들을 털어낼 때, 즉 눌림목에서 분할매수 하라고 추천했다. 매수해야 하는 논리적 근거도 카페에 길게 설명했다.

독자의 눈에는 [심텍홀딩스]가 앞으로 어떻게 움직일 것 같은가? K 일봉을 봤다면 이 차트의 미래가 보여야 한다. K 일봉 이전에도 수차례 매집 목적의 양봉이 나왔는데도 관심을 안 갖다가 왜 K 일봉에 흥분했는지 독자가 이해하도록 만드는 게 이 책의 목적이다. 결과는 어떻게 됐을까?

[차트 1-4] 회원들에게 매도하지 말고 기다리라고 강력히 설득했고, 시간을 좀 끌었지만 급등이 나왔다.

시간을 좀 끌었지만 회원들에게 설명한 대로 박스권을 뚫고 위로 솟구쳤다. 물론 이후 다시 내려왔지만 여전히 K 일봉의 고점 위에서 움직이고 있다. 여기까지는 내가 예상하고 설명한 그대로 움직였다.

미미르 필살기 ❸ 논리적 분석법

- 고점 돌파의 징후 찾기

[차트 1-5] 노란색 원으로 표시한 일봉들의 연관성을 분석해서 고점을 돌파하는 논리적 이유를 찾는다.

[광진실업]은 <논리적 분석법>으로 생각하면 답이 보이는 종목이다. 문재인 테마의 대장주가 될 수도 있다고 생각했다. 세력이 주식을 모아가는 모습(매집)이 너무 좋아서 여러 회원에게 강력 추천했고, 예상대로 고점을 돌파했다. 결과는 다음 그림과 같다.

[차트 1-6] 계속 단타를 쳐도 될 만큼 수익을 여러 차례 주며 꾸준히 상승했다.

앞 차트 이후 상황이다. 급등이 되풀이해서 나오며 상승 추세를 이어가다가 2017년 2월에 드디어 고점(2014년 3월 12일)을 돌파하는 모습을 연출했다.

미미르 필살기 ❹ 테마주 매매법
- 세력의 의도 파악

[차트 1-7] 반기문 테마주들이 고점을 찍은 뒤 동반 대폭락을 연출했다. 그러나 반등이 예측되었다.

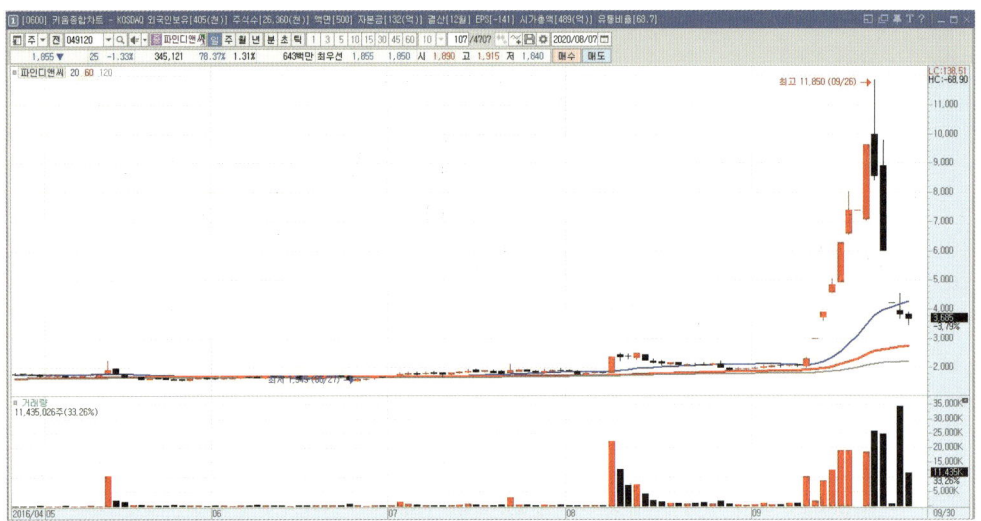

대선을 앞두고 정치 테마주(해당 정치인과 연관이 있는 종목들)들이 큰 움직임을 보인다. 위 종목은 반기문 테마주 가운데 하나인 [파인디앤씨]. 당시 반기문 테마주들이 동시에 바닥을 뚫고 하락을 하면서 단 2~3일 사이에 투자금의 대부분을 손실 본 사람들이 많았다. 회원들의 질문에 〈논리적 분석 매매법〉과 〈테마주 매매법〉으로 분석을 해보니 매집성 하락이었다. 세력이 개미들이 소유한 주식을 빼앗기 위해 겁을 주어 버리도록 만드는 하락이라는 말이다. 걱정도 말고 팔지도 말고 그저 홀딩하라고 했다. 또한 해당 테마 종목 가운데 가장 돈이 많이 몰리는 종목, 즉 대장주가 [부산주공]에서 [파인디앤씨]로 바뀔 거라고 이유를 자세히 설명했다. 예상대로 [파인디앤씨]가 대장주로 나서며 반등했다.

[차트 1-8] 반등은 했다. 그러나 반기문의 갑작스런 사태 후 하한가(노란색 원)를 기록하며 폭락한다.

　이후 반등은 위 차트와 같다. 그러나 다시 한 번 반기문 테마주를 만나게 된다. 차트에 표시된 노란색 원이다. 이 날은 2017년 2월 2일로 반기문이 뜬금없이 사퇴를 발표한 날이다. 반기문 테마주들이 집단 패닉에 빠지며 장 시작과 함께 –30% 하한가를 쳤다(점하한가). 이건 뭘까? 〈논리적 분석법〉으로 분석을 해보니 세력도 반기문의 사퇴를 몰랐다는 게 명백했다. 무슨 뜻일까? 세력도 물려 있다는 얘기다. 급히 카페에 글을 올렸다. '세력도 반기문 사퇴를 모르고 있던 게 확실하다. 그들도 물린 상황이기 때문에 곧 반등이 나올 것이다. 월요일부터 분할매수 하여 추가로 매수(추매)하면 크게 물렸던 사람도 도리어 수익 낼 수 있다.'는 글을 올렸다.

　차트를 읽을 줄 알면 신문매체도 모르는 내용이 보이기도 한다. 이 날의 폭락 차트들은 세력조차도 반기문의 사퇴를 사전에 눈치 채지 못했다는 걸 잘 보여준다.

미미르 필살기 ❺ 매물벽 때리기

- 30% 이상의 수익을 기대할 수 있는 방법

[차트 1-9] 매물벽 때리기 기법. 설 연휴를 하루 앞둔 날 매수했다.

내 기법 중 〈매물벽 때리기〉라는 기법이 있다. 이 기법에 부합하는 종목이 눈에 띄어 설 전 마지막 거래일, 장이 마감할 무렵에 샀다. 30% 이상 수익을 줄 게 너무나 뻔히 보였다.

[차트 1-10] 노란색 원으로 표시된 날에 진입한다.

〈매물벽 때리기〉는 종종 나오는 기법이다. 독자들도 이 그림을 보면 한눈에 논리적인 매수 근거가 보여야 한다.

미미르 필살기 ❻ MA 2단 기법

– 매물대의 강력한 돌파를 예측하는 기법

[차트 1-11] 일봉의 흐름만 보면 이게 과연 상승할지 잘 모르겠다. 그러나…

〈MA 2단 기법〉으로 한눈에 보이는 강력한 매수 타이밍이다.

[차트 1-12] <MA 2단 기법>으로 보면 다르게 보인다.

차트에 검은 줄이 한 줄 그어져 있다. 2,415원 부근에 그어진 줄이다. 이 차트를 보면 줄을 그은 2,415원 이상은 당연히 오를 거라는 게 보여야 한다. <MA 2단 기법>에 대해 글을 쓰던 날, 당일 10% 이상 오른 종목들을 보니 모든 종목이 <MA 2단> 상승이었다. 초보자도 한눈에 알 수 있는 매수 맥점이다(<MA 2단>은 기법 명칭이다.).

미미르 필살기 ❼ 10ma 기법

- 상한가 직전인 종목 찾는 법

[차트 1-13]

〈10ma 기법〉에는 여러 가지 패턴이 있다. 그 중에서 가장 많이 등장하는 2가지 패턴을 뒤에서 소개한다. 〈10ma〉가 나오면 장대양봉이나 상한가가 나오는 경우가 많다.

미미르 필살기 ❽ 감자, 상장폐지 예측하는 법
- 이걸 모르면 주식 하지 마라

[차트 1-14] 노란 박스에서 노골적으로 매집을 한 뒤 상장폐지를 시키기 위해 급등을 시키는 모습

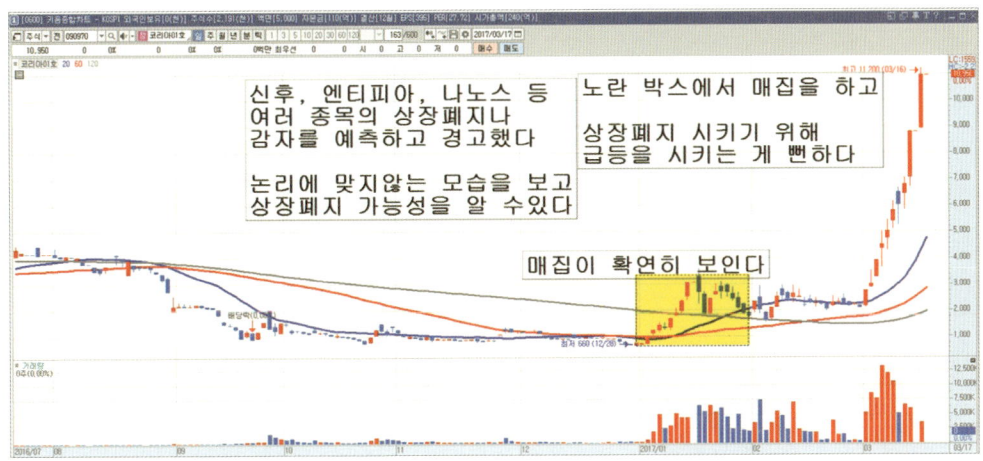

[코리아01호]를 포함한 코리아 4형제는 10배를 급등하다가 거래 정지가 됐다. 바닥에서 노골적으로 매집을 했고, 수직 급등을 시켰다. 이 차트를 보면 등골이 오싹해야 한다. 이런 차트를 보면서도 칼날이 이미 목을 향하고 있다는 걸 못 느낀다면, 절대 주식을 해서는 안 된다고 말리고 싶다. 그 이유는 이 책을 읽고 나면 이해가 될 것이다.

이런 모습은 [신후], [엔티피아], [나노스] 등을 비롯한 여러 종목에서 되풀이되었고, 나는 이 모습을 보면서 상장폐지나 감자를 예측하고 경고했다. 논리에 맞지 않는 흐름을 보면 상장폐지 가능성을 알 수 있어야 한다. 주식인이라면 매수해야 할 놈을 고르는 방법뿐 아니라 감자나 상장폐지 가능성이 높은 놈을 간파하는 방법도 알아야 한다. 〈논리적 분석법〉과 〈거래량 분석법〉 등을 익혀서, 마지막 불꽃놀이하고 떠나는 세력들에게 전별금을 선사하는 일은 절대 없어야 한다.

11가지 주요 기법 수록

　책의 분량을 줄이고 효율성을 높이기 위해 독자들이 이 책에서 무엇을 배워야 할지 미리 언급하다보니 꽤 길어졌다. 이 책에는 이상 8가지 내용들을 포함해서 총 11가지 주요 기법과 기타 알아두면 좋을 중요한 기법 몇 가지를 수록했다. 저자의 〈거래량 분석법〉을 익히면 매집을 쉽게 간파하게 될 것이다. 또한 매집이 잘 된 종목이라고 해서 마구 덤벼들면 큰일 난다는 것도 알게 될 것이다.

　위의 종목들을 보면서 내가 왜 매수했는지, 왜 절대 매수하면 안 된다고 하는지 이해가 되는가? 이해가 되는 독자는 이미 충분한 실력을 갖췄으니 이 책을 읽을 필요가 없다. 이해가 도저히 안 되는 독자들은 걱정할 필요가 없다. 이 책은 초보자들도 쉽게 배워서 실전에 써먹을 수 있는 내용이니, 이 책을 다 읽고 난 뒤 위의 차트들을 다시 보시라. 한눈에 매수 근거가 보일 것이다. 안 보인다면 수고스럽더라도 한 번 더 읽으시라. 내 피 같은 돈을 쏟아 붓는 일인데, 주식판에서 누구와 싸우는지 제대로 알고 나서 싸워야 하지 않겠는가?

　기법을 설명하기 전에 주식 세계가 어떤 곳인지 미미르의 주식 유랑기를 통해 먼저 둘러보고 가자. 주식 기법보다도 독자들에게 더 전해주고 싶은 내용이다. 터무니없는 작전이 매년 반복해서 일어나지만 이상하게도 그 뻔한 수법에 여전히 많은 개미들이 당하곤 한다. 뻔한 내용 같더라도 미미르가 어떤 짓을 하고 다녔고, 어떤 일을 겪었는지 한번 보고, 독자들은 미미르가 빠졌던 수렁들을 피해가기 바란다.

뭘 해야 할지 배우기 전에
뭘 하지 말아야 할지부터 배우기

- 모르면 당하는 주식판

이 바닥이 어떤 곳인가 하면, 사돈 돈도 빼앗아 먹는 전쟁터다

사업에 몰두하던 1990년대 중반으로 기억한다. 포워딩 회사에 다니던 후배가 있었는데 만날 때마다 어디서 주워들은 주식 정보를 떠벌이곤 했다. 자꾸 듣다 보니 없던 마음도 생기기 시작했다. 그 무렵 어느 회계사무실에 다니던 지인이 종목 [E]를 추천했다. 사기만 하면 틀림없이 폭등한다는 말에 반신반의하며 계좌를 개설했다. 온라인 HTS(홈트레이딩시스템. 증권사가 제공하는 온라인 매매 프로그램)는 신세계였다. 온종일 사무실에 앉아 HTS의 기능들을 공부하며 주식 매매에 푹 빠졌다.

지인의 추천종목은 도무지 오를 기미가 없었다. 매일 들여다보기도 지겹던 어느 날 아침, 차라리 다른 종목을 사는 게 낫겠다는 생각에 팔아버렸다. 내가 팔고 몇 십 분도 지나지 않아 [E]는 당일 상한가를 시작으로 연일 폭등했다. '조금만 더 참으면 됐는데……' 아쉬움에 속이 썩었다.

다시 연락이 왔다. 이번에는 관리종목이었다(코스피와 코스닥에서 퇴출되는 걸 상장폐지라고 한다. 관리종목은 상장폐지로 향하는 길목에 있는 종목들이 대부분이다.)

"지난번에 추천했던 주식 [E]와 같은 세력이다. 걔들이 10배는 올릴 거라고 했다."

욕심이 눈을 가렸다. 몰빵하다시피 주식을 매입했다. 주가가 발표되는 매시 정각과 30분을 조마조마한 심정으로 기다렸다. 조만간 연상(연속 상한가)을 치며 폭등하리라는 믿음에 돈만 생기면 증권사로 허겁지겁 달려가곤 하던 내 모습이 지금 생각하면 얼마나 한심스러운지. 결국 올 것은 오는 법. 회사는 소기의 목적을 달성하고 문을 닫았다. 갑자기 차트가 고꾸라지더니 첫 하한가를 기록했다. 다음날도 시작과 동시에 하한가였다. 팔 기회조차 없었다(점하한가는 장 시작과 동시에 하한가를 기록, 팔려는 물량이 그날 최저점에 대기 중이나 사는 사람이 없는 경우다. 반대로 점상한가는 장 시작과 동시에 상한가를 기록, 사려는 물량이 당일 최고점에 대기 중이나 파는 사람이 없는 경우다. 점하한가는 팔 기회가 없고, 점상한가는 살 기회가 없다.).

상장폐지…

자신도 있는 돈 없는 돈 다 털어 넣고 빈털터리가 된 지인은 내 앞에서 고개를 들지 못했다. 그 사람 역시 피해자였다. 작전을 주도한 자는 문 닫은 회사의 사장이었다. 얼굴도 모르는 그 사람을 통해 나는 처음으로 작전세력이 어떤 존재인지 알게 됐다. 나중에 지인이 알아본 바에 따르면 사장의 주요 타깃은 딸의 부유한 시아버지와 그 친척들이었다. 딸의 시아버지는 사돈을 믿고 온 재산을 털어넣었다. 시아버지는 좋은 정보라며 가까운 사람들에게도 비밀리에 매입을 권유했다. 결국 시아버지는 지인들과 함께 빈털터리가 되었다. 관리종목으로 수백억을 해먹고 회사 문을 닫은 친정아버지는 이혼 당하고 돌아온 딸에게 뭘 해줬는지 모르겠다.

애널리스트라는 가면을 쓴 악마

쓰라린 신고식과 함께 시작된 주식은 내 인생의 일부가 되었다. 큰 수익도 큰 손실도 없이 매매를 계속하던 어느 날, 후배가 입이 마르도록 칭찬하던 사람에게 이메일을 보냈다. '우리나라에서 제일 유명한 애널리스트예요!' 후배 말에 따르면 그가 추천하는 종목은 항상 올랐다. 그의 분석법과 주식 노하우를 풀어놓은 글은 인터넷에서 가장 많이 소비되는 콘텐츠 가운데 하나였다. 추종자만 수십만이었다. 증시의 절대지존이었다. 그의 칼럼은 신세계처럼 느껴졌다. 다른 사람이라면 절대 비밀에 부칠 것 같은 정보와 차트분석 등 노하우를 아낌없이 공개하는 그가 증시판의 의인이자 영웅으로 보였다.

이메일을 보내면서도 솔직히 나 같은 사람에게 관심을 가지리라는 기대는 없었다. 나는 그때까지 입은 손실과 상황을 구구절절 설명하며 도와줄 수 없느냐고 간청하는 이메일을 보냈다. 뜻밖에도 연락이 왔다. 자금이 얼마나 남았는지 물었다. 그리고 종목 하나를 추천해주었다. 컴퓨터 관련 종목이었다. 고마운 마음에 얼른 매수했다. 그의 말대로 주식은 조금씩 계속 올랐다. 이젠 수익 냈으니 팔아도 되지 않느냐고 물었더니 아직은 더 올라야 한다며 기다리라는 답변이 돌아왔다. 내가 의구심을 보이면 비교적 자세한 근거로 설명하며 더 오른다고 팔지 말라고 했다. 어떻게 이런 상황에서 더 오를 걸 예측할 수 있나 반신반의하다가도 또 오르는 걸 보면 더 이상 그의 실력을 의심할 수 없었다. 역시 당대 최고의 애널리스트였다. 얼굴도 모르는 사람을 이렇게 진심으로 도와주는 그 사람은 이 시대의 진정한 의인이자 천사였다.

그러던 어느 날 주식의 움직임이 평소와 달라서 쪽지를 보냈으나 답이 없었다. 수차례 되풀이해서 같은 메시지를 보냈지만 묵묵부답. 그러다 정말 순식간이었다. 주가가 폭락하기 시작했다. 팔 기회도 없이 하한가를 맞았고, 다음날 아침 동시호가 때 하한가에 미리 매도를 걸었지만 팔리지 않았다. 애널리스트는 감감무소식이었다.

결국, 그도 작전 세력이었다.

나는 제법 투자액이 큰 개미였고 그는 자기가 추천하는 종목을 올리기 위해 내가 필요했던 것뿐이었다. 주식판에 천사는 없었다.

애널리스트 혹은 카페가 작전하는 방법

세월이 변해도 소규모 세력이나 카페들이 작전하는 모습은 비슷한 것 같다. 회원 수가 많은 대규모 카페나 유명 애널리스트에게 작전 세력이 협조를 구하는 경우가 있다고 한다. 종목 추천을 통해 주가를 올려주면 얼마를 주겠다는 제안을 받고, 세력의 요구대로 회원들에게 종목을 추천한다. 극히 일부에서 일어나는 일이겠지만 뉴스로 종종 뜨는 걸 보면 아직도 이러고들 있다는 얘기다.

작전 세력들은 회원들을 어떻게 이용해서 주가를 조작할까? 이런 작전을 펼치는 조막손 세력들의 특징은 회원들의 등급을 몇 단계로 나누는 것이다. 가장 일반적으로 벌어지고 있는 작전 방법을 살펴보자.

: 단계별 작전 방법 :

[1단계] 카페 회원이나 열심회원 규모에 따라 시가총액을 보고 종목을 정한다.
- ❶ 시가총액이 100~300억 정도에 이르는 종목을 고른다. 시가총액이 너무 크면 가격을 올린 뒤 내 물량을 사줄 세력이 없기 때문이다. 요즘은 카페들의 규모가 커져 시총 300억 이상 되는 종목에서도 후보 종목을 고른다는 후문이다.
- ❷ 거래량이 없는 종목을 고른다. 거래량이 많으면 카페 주인장(=방장)이 매집하는 중에도 하락할 수 있다. 방장의 매수만으로도 가격을 어느 정도 올릴 수 있는 종목이어야 방장이 피해를 안 입는다.

[2단계] 방장은 누구에게도 알리지 않고 매일 조금씩 매수한다.
- 워낙 거래량이 없는 종목을 고르기 때문에 방장이 혼자 조금씩 매수해도 5~15% 정도는 오른다. 일부러 조금씩 올리기 때문이기도 하다. 이때 방장은 이미 수익이 꽤 나 있는 상태. 하지만 매수하려는 사람들이 없기 때문에 아직은 수익을 내고 팔 수 있는 상황은 아니다.

[3단계] 자금력 있고 충성심 강한 핵심 회원 몇 명에게 매수하라고 시킨다.

- 방장도 조금씩 추가 매수(추매)하면서 가격을 올린다. 이때 10~30% 정도 더 오른다. 방장은 자기도 얼마에 샀다며 핵심 회원들에게 매수를 독려한다. 물론 자기가 미리 저가에 매집했다는 건 철저히 비밀이다.

[4단계] 열심회원들을 끌어들인다.
- 열심회원들에게 종목 추천을 하며 분위기를 띄운다. 제법 많은 회원이 매수를 하니까 매수세가 붙으면서 주가는 본격적으로 오르기 시작한다. 이때가 주가 상승폭을 거의 결정한다. 열심회원들에게 많이 오를 종목이니 절대 팔지 말 것을 당부, 또 당부한다.

[5단계] 전체 회원에게 알리고 수단방법 안 가리고 광고한다.
- 회원 수가 많은 카페의 위력이 이때 나타난다. 급등을 시작한 시점에서 전체 회원들에게 매수를 권하기 때문에 폭등세가 이어진다. 나 두고 갈까 봐 안달 난 개미들이 대거 달라붙는다(개미 = 일반회원 + 호기심 많은 개미). 상승세가 주춤하면 핵심회원들이 현재가보다 낮은 가격에 대량 물량을 받쳐둔다. 살 것처럼 하면서 현재가보다 낮은 가격에 주문을 걸어둔 대량 물량을 허매수라고 하는데 반드시 호가창에 보이게 한다. 이렇게 허매수를 받쳐두면 개미들은 이를 든든한 뒷배로 느껴 안심하고 매수에 나선다.
- 상승하는 주식은 시장가보다 높은 가격인 매도창에 주문이 많이 쌓이고, 하락하는 주식은 시장가보다 낮은 가격인 매수창에 주문이 많이 쌓인다. 주식을 조금이라도 아는 사람이라면 다 아는 상식이다(왕초보라면 이해가 안 될 수 있다. 이들은 주가가 내려가길 바라지 않는다. 물론 주식에 절대적 법칙이라는 건 없다.). 그런데도 개미들은 매수창에 큰 주문이 쌓여 있으면 안심을 한다. 반대로 높은 가격에 대량 매도 물량이 쌓여 있으면 겁을 먹는 게 개미다(저걸 누가 살까?). 하지만 대체로 실상은 이렇다. 세력이 주가를 올리고 싶을 때 100만 주가 넘는 엄청난 허매도를 쌓아놓고 개미에게 겁을 줘서 쫓아낸다(빨리 다 팔고 나가.).

[6단계] 방장은 이미 팔았다.
- 상승이 둔해지면 핵심회원이 받치게 하고 방장은 팔기 시작한다. 눈치 빠른 핵심회원들도 팔기 시작한다. 누군가 같이 판다고 느끼면 방장은 시장가로 물량을 처리한다. 주가가 흔들린다. 동시에 개미들이 못 털게 하기 위해 선동하는 글이 난무한다.

[7단계] 핵심회원이 매도에 가담하면서 폭락이 시작된다.
- 핵심회원들은 보유 주식이 많기 때문에 그들이 대량으로 팔기 시작하면 주가는 급락한다. 급락을 막기 위해 방장은 말 잘 듣는 핵심회원이나 열심회원들에게 더 오를 종목이라며 시장가 매수나 시장가 아래 물량을 받쳐놓으라고 권한다.

[8단계] 작전 끝
- 약간의 수익이 나서 기뻐하고 있던 열심회원들이 약간의 수익이나 약간의 손실 상태에서 물량을 던지기 시작한다(수익 상태에서 파는 것 = 익절, 손실 상태에서 파는 것 = 손절). 이제 주가는 걷잡을 수 없이 추락한다. 패닉 상태에 빠진 개미들이 손실이 더 커질까 두려워 시장가에 마구 버리기 시작한다(투매). 아무도 사는 사람이 없으므로 주가는 –30% 하한가로 직행한다.

[9단계] 마무리
- 더 오를 주식이 빠졌다는 등의 변명을 늘어놓는다. 차이는 있지만 대부분의 개미들이 약간의 수익 중이었다가 주가가 내려갔기 때문에 뭔가 좀 아쉽다. 이런 심리를 잘 아니까 이를 변명거리로 이용한다. "그때 팔았으면 손실은 안 났을 텐데 아쉽네요." 등등.

[10단계] 다음 작전 준비
- 아무튼 방장이 추천한 종목이 오르기는 했기 때문에 일반회원들 간에 수익을 못 낸 건 자신의 잘못이라는 '내 탓이요'의 자학성 분위기가 형성된다. 카페는 아쉬

움, 자책의 한탄과 함께 방장의 분석력을 칭송하는 분위기가 만들어진다. 열심회원들은 다음 종목 추천만을 학수고대한다.

– 그 사이, 방장은 다음 종목을 나 홀로 매수하기 시작한다.

[교훈] 인터넷에는 숱한 종목 추천 글들이 떠돈다. 어떤 종목이 대박 날 거라는 홍보성 글들이다. 이 글만 보고 매수하는 분들이 많다. 이런 종목들은 상장폐지의 전 단계인 관리종목이나 주가가 1,000원 미만인 동전주인 경우가 많다(동전주=10원, 100원, 500원의 동전으로 살 수 있는 종목을 동전주라고 한다. 1,000원 미만인 종목들이다.). 그런데도 대박을 꿈꾸며 그런 쓰레기 종목에 수천만 원씩 쏟아 붓는 분들이 여전히 많다.

무료 밴드나 증권 방송 등에서 추천하는 종목을 매수하는 분들도 많다. 이런 매매를 해야 하는 수준이라면, 매매를 당장 접기를 권한다. 쪽박을 차는 건 남의 일이 아니다. 먼 훗날에 닥칠 일도 아니다. 지금 당장 내 코앞에서 칼이 춤을 춘다. 누가 이 험한 세상에서 얼굴도 모르는 나를 위해 쉽게 돈 되는 정보를 주겠는가? 아무 근거 없는 글 몇 줄을 믿고 피 같은 재산을 쏟아 부은 자신을 원망하는 일이 생기지 않도록 해야 한다.

만인에게 공개된 정보로 매매하지 말자. 잠시의 희망이 평생의 절망이 되게 하지 말자.

문자메시지로 받은 종목에 현혹되지 마라

요즘 휴대폰 문자메시지로 종목 추천이 많이 온다. 내 전화번호를 어떻게 알았는지 몰라도, 아마 주식계좌를 가지고 있는 사람은 누구나 받는 것 같다. 보내주는 종목 중에는 다음날 급등하는 경우가 실제로 많다. 그래서 현혹되는 개미들도 많은 것 같다. 심지어 어떤 경우에는, 받은 적도 없는 종목을 언급하며 급등을 확인했느냐는 자극적 문자도 온다.

그들이 자선 사업가라서 그런 고급 정보를 주는 것 같은가? 그건 아무리 주식 시장을 모르는 사람이라도 믿지 않을 것이다. 당연히 유료 회원 가입을 권유하는 메시지다. 추천 종목이 실제로 급등하는 걸 보며 유혹을 느낀 분이 많을 것이다.

실제로 피해를 당한 분들이 증언하길, 전화를 걸면 대개 600만 원 정도 연회비를 받고 종목 추천을 해준다고 한다.

그런데 다음날 급등 종목은 독자도 쉽게 고를 수 있다는 사실을 알고 있는가? 시간외 상한가를 보면 누구나 다음날 급등주를 알 수 있다. 주식시장은 하루 세 번 열린다. 아침 9시에 시작해서 오후 3시 30분에 마감하는 정규장이 하나고, 오후 3시 30분에서 오후 4시 사이에 당일 종가로만 사고파는 장이 잠시 열리고, 마지막으로 오후 4시에 시작해서 오후 6시에 끝나는 시간외 장이 있다. 시간외 장은 10분마다 주문을 모아서 단일가로 체결된다. 이 시간외 단일가 시장에서 10% 상한가를 치는 종목이 있다(정규장은 상한 30%, 하한 -30%의 폭을 갖고 있으나 시간외 장은 상한 10%, 하한 -10%로 주가의 등락 폭이 좁다.). 이 시간외 상한가 종목들 중에서 다음날 실제로 급등할 것 같은 종목을 골라보라. 이제 문자가 올 것이다. 당신이 고른 종목들과 일치하는 게 많을 것이다(그러나 이걸 다음날 매매하라는 얘기가 아니다. 시간외에서 상한가를 친 종목들은 대개 아침 시작과 동시에 시가 갭을 띄운다. 전일 2,000원에 끝났다면 다음날 아침 2,300원, 혹은 2,500원에 시작할 수 있다는 말이다. 이렇게 높은 가격에서 시작하면 하루 종일 가격이 내려갈 확률이 매우 높다. 물리기 십상이다.). 매일 알림소리와 함께 뜨는 문자 메시지 종목 추천은 시간외 상한가나 급등 종목을 추천하는 경우가 대부분이다. 그들의 실력이 당신보다 뛰어나다는 증거도 없다.

굳이 유료 추천을 받고 싶다면, 최소한 그들이 추천하는 종목들이 어떤 성격인지 먼저 확인해보라.

네이버 밴드에 수많은 종목을 줄줄이 나열하며 수백 퍼센트씩 수익을 올렸다는 글에도 현혹되지 마라. 절망에 빠진 독자를 또 다른 지옥으로 인도할 수 있다. 꼭 유료 리딩을 받고 싶다면 한두 달이라도 시험 삼아 해보고 결정하라.

'강력 홀딩'을 권하는 글을 의심하라

급등하고 있는 주식이 있다. 몇 십만 원까지 오를 거라며 강력 홀딩을 권유하는 글들이 있다. 이들은 터무니없이 높은 목표가를 제시하며, 이미 오를 대로 오른 놈이 또 한 차례 장대양봉을 세우는 날, 다시 한 번 '강력 홀딩'을 외친다. 이런 글을 올리는 사람을 의심하라. 그런 날이 최고점이 되는 경우가 많다. 시뻘겋게 솟은 장대양봉이 긴 윗꼬리를 만들며 장대 음봉으로 바뀌는 건 순식간이다.

세력은 다양한 방법으로 개미가 수익 내고 나가거나 빠르게 손절을 치지 못하게 막으려 한다. 자기들이 다 팔아 치우기 전에 개미가 팔면, 자기들 물량을 털기 힘들기 때문이다. 자기 종목에 대해 비판적이거나 비관적인 글에 대해서는 인신공격도 서슴지 않는다. 대중은 쉽게 선동된다.

남이 제시하는 목표가는 무조건 불신하라. 낙관적인 글만 올리는 사람의 글은 무시하라. 당신의 주머니를 노리는 세력일 수 있다.

세력은 절대 혼자 활동하지 않는다. 대개 3~4명이 팀을 이뤄서 한 사람이 글을 쓰면, 다른 팀원이 그걸 옹호하는 댓글도 달고 부정적 글을 쓰는 사람을 공격하는 댓글도 단다. 여러 사람이 한 목소리를 낸다면, 그것도 세력이 아닌지 의심하라.

고마운 세력 아저씨 - 주문 실수를 막으려면 현금으로 한도를 걸어둔다

메인 종목을 매매하며 여러 종목의 차트를 돌려보다가 단타 치기 좋은 종목 [A]가 눈에 띄었다(단타=짧은 시간 안에 사서 파는 것으로, 당일 상승이 예상될 때 적은 액수로 작은 수익을 기대하고 매매하는 방식). 오늘 꼭 오를 것 같았다. 그런 종목이 보이면 200만 원씩 매수하고는 했다.

평상시처럼 200만 원 주문을 넣었다. 모니터링을 위해 메인 종목으로 다시 돌아왔는데 왠지 느낌이 싸하다. 뭔가 잘못됐다는, 뭔가 크게 잘못된 것 같은 느낌이 든다. 등골이 서늘한데 이유를 모르겠다. 잠시 후 그 이유를 발견했다. [A] 종목을 보니 사는 사람도 파는 사람도 없었다. 매매가 일순 멈춰 있다.

당시 나는 매수한 종목은 모조리 소형 주문창을 띄워 급변 사태에 대비하고 있었다. 세력들의 장난질이 심해 순간적으로 초급락시키는 경우가 많아서 여차하면 손해를 보더라도 시장가에 팔아치워야 하는 경우가 자주 있었다. 거래량이 많지는 않지만 꾸준히 매매가 이루어지고 있었는데 웬일인지 완전히 멈춰 있다. 왜 갑자기 매매가 멈췄을까? 둘러보다가 모골이 송연해진다.

7,000만 원어치 매수가 됐다. 200만 원어치 주문을 넣었다고 생각했는데 착오로 최대 매수 가능 금액만큼 사졌다(주문창에서 '최대매수가능수량'에 체크가 돼 있으면 매수가 가능한 만큼 미수로 사진다. 이와 비슷한 실수를 그 후에도 여러 번 했다. 절대 미수 매매를 하지 말아야 하는 이유 중의 하나. 현금 한도 내에서만 매수가 되도록 설정해놓는 게 좋다.).

거래량이 많지 않은 주식을 갑자기 7,000만 원이나 샀으니 이건 사고다. 대형사고. 재수 없으면 나 때문에 하한가 갈 수도 있다. 팔긴 팔아야 하는데 아무리 봐도 7,000만 원이나 되는 주식을 되팔 방법이 안 보인다.

"이걸 어쩌나. 다 팔려면 며칠은 팔아야겠네."

단 한 주도 매매가 되지 않고 있는 걸 보니 틀림없는 대형사고다. 세력이 무지 화가 났나 보다.

도대체 거래량도 많지 않은 주식이 어떻게 7,000만 원씩이나 사졌을까? 이해가 안 간다. 그것도 내가 매수를 집어넣은 그 가격에 사졌다. 한참을 고심하다가 슬그머니 매수한 가격에 전량 매도 주문을 넣었다. 수수료 손해보고 산 가격에 다시 내놓으니까 그냥 가져가주실 수 없나요(TT).

호가마다 몇 주 안 되는 주문만 있는 가운데 내가 매수한 엄청난 수량이 한 호가에 위압적으로 쌓여 있다. 한 주도 사주는 놈이 없다. 이런 젠장…… 사준다 하더라도 몇 주나 팔리겠어. 밑에 깔린 매수 잔량들을 보니 시장가로 던지면 하한가도 갈 수 있을 것 같다. 암담하다. 메인 종목이고 뭐고, 다른 보유 종목들은 눈길도 안 간다.

그때 기적이 일어났다. 내 눈이 믿어지지가 않는다. 내가 걸어놓은 매도 잔량이 갑자기 사라졌다. 보유주식을 보니 0주. 세력 아저씨가 사준 것이다.

"고마워 아저씨들. 착한 아저씨, 복 받을 거야."

잠시 후 다시 조금씩 매매가 된다. 내가 샀다가 판 흔적은 어디에도 없다. 그런 일이 있었다는 분위기도 전혀 느낄 수 없다. 수수료로 몇 십만 원이 날아갔지만 아깝다는 생각도 안 든다.

아무 일도 없었다는 듯 매매는 계속 됐고 [A] 주식은 계속 상승해서 종가는 제법 오르고 끝났다.

"나만 놀란 게 아니었구나. 세력 아저씨는 얼마나 놀랐을까."

계획대로 착착 올리고 있는데, 뜬금없이 작전을 눈치 챈 큰 손이 한 방에 7,000만 원을 매수하고는 "나는 네가 무슨 짓을 하고 있는지 알고 있다. 까불면 더 살 거야." 하고 협박을 하니 얼마나 놀랐겠는가. 혹은 자전 매매하려고 대량 주문을 넣은 절묘한 순간에 눈치 빠른 큰 손 개미에게 뺏겼다고 생각했을 수도 있다(자전 매매=자기 물량을 자기가 사는 것. 하루 거래량을 늘리기 위해 세력끼리 자전 거래로 거래량이 많아 보이도록 만드는 경우도 있다.).

[A] 주식은 그날 이후 계속 올랐고 연간 상승률 상위 10위 안에 들었다.

"고마워, 세력 아저씨. 그리고 놀라게 해서 미안해. 본의가 아니었어. 보약이라도 한 재 보내고 싶어도 아저씨 주소를 몰라. 마음만 받아줘."

미수, 절대 쓰지 마라

미수 이야기를 조금 더 해보자. 미수를 쓴다는 말은, 돈을 빌려서 투자한다는 말이다(비슷한 것으로 '신용'이 있다.). 미수를 이해하려면 증거금 비율의 뜻을 알아야 한다. 주식 종목을 보면 '증거금 100%'니 '증거금 30%'니 하고 증거금률 관련 정보가 뜬다. 증거금이 30%라는 말은 1,000원짜리 주식을 300원만 있어도 살 수 있다는 의미다. 증거금 100%는 미수를 쓸 수 없고 현금으로만 거래가 된다는 뜻이다.

테마주 대장주가 현금으로만 매수가 가능한 증거금 100%짜리 동전주인 경우도 있지만 증거금 30%짜리인 경우도 있으니 30%짜리로 설명하겠다(테마 대장주란 가장 많은 돈이 들어오며 해당 테마를 끌고 가는 종목이다. 증거금 100%인 경우가 간혹 있으나 드물다. 중대장 종목은 100%짜리가 꽤 있다. 급등을 하면 증권사에서 증거금을 100%로 묶는 경우도 있다. 같은 종목이라도 증권사마다 증거금률이 다르다.).

계좌에 100만 원이 있는 경우를 생각해보자.

계좌에 현금과 주식 잔고의 합이 100만 원이 있는 경우, 미수 증거금은 계좌에 있는 현금뿐 아니라 보유 주식의 총액을 합친 금액을 기준으로 산다. 즉 내가 사놓은 다른 주식도 증권사가 정한 비율만큼 현금으로 인정을 받는다. 종목별 증거금은 증권사마다 다르다.

<증거금 비율 30%일 때>

매수 가능 액수 : 330만 원(우수리는 빼고 대략 계산하자.)

A. 매수 후 상한가 30%를 달성하는 경우

최종액수 = 330 × 1.3 = 429만 원(100%가 130%가 되므로 1.3을 곱한다.)

실제수익 = 429 - 330 = 99만 원

B. 매수 후 하한가 -30%가 된 경우

손실액 = 330 × 0.3 = 99만 원(첫 투자금에서 30%가 손실액)

(* 참고로 미수는 딱 3일까지만 쓸 수 있으며, 기간 안에 팔지 않고 버티고 있다면 영업일 기준 4일째 오전에 장 시작과 동시에 강제로 팔리게 된다. 증권사가 돈을 회수하는 것이다. 이를 '반대매매'라고 한다.)

결과를 보면 어떤가? 내 계좌에는 보유 중인 주식 포함 100만 원이 있었는데 하한가 한 방에 100만 원이 다 날아간다. 반대매매로 잔고가 마이너스가 되는 것을 깡통계좌라고 부른다. 하루 이틀도 아니다. 단 몇 시간 만에도 계좌가 0이 될 수 있다. 우량 종목이 하한가 갈 리가 있느냐고 굳게 믿는 사람은 주식시장의 두려움을 못 겪어본 사람이다. 삼성전자도 연속 하한가 갈 수 있는 게 주식시장이다.

미수 매매는 주가가 오를 걸 알아도, 또 설령 오른다 해도 손실이 날 가능성이 높다. 이유를 자세히 설명하고 싶지만 지면 관계로 다음 기회로 미루고, 독자들에게 미수 매매는 절대 하지 말 것을 당부 드린다. 주가는 정작 올랐는데도 손실이 나 있는 현실을 겪어보면 내 말이 이해가 될 것이다.

세력 간접체험

[이상한 체결량 : 암호] 세력과 대화를 나눠본 적이 있는가? 대화를 해본 사람은 많지 않겠지만 세력 간의 대화를 목격한 사람은 무척 많을 것이다. 매수와 매도가 성사되면 체결창에 내역이 뜨는데 다음처럼 이상한 숫자들이 뜨는 경우가 있다.

7
77
777

세력 간의 암호로 의심되는 매수나 매도 주문을 종종 보게 된다. 암호 주문이 나오면 갑자기 호가창의 매수매도 잔량이 급변을 하거나(아직 팔리지는 않았지만 팔려고 내놓은 물량을 다 더해서 매도 잔량이라고 하고, 아직 사지는 않았지만 사려고 걸어놓은 주문을 다 더해서 매수 잔량이라고 한다. 매도 잔량 > 매수 잔량일 때 대체로 주가는 오르고, 매도 잔량 < 매수 잔량일 때 대체로 주가는 내려간다. 매수매도 잔량이 급변한다는 말은 주가의 방향이 바뀐다는 얘기다.), 주문이 쏟아지면서 급등이나 급락을 하는 경우가 많다. 어떤 경우는 앞으로 어떻게 할 것인지 상의한다는 느낌이 들 때도 있다. 이런 암호

숫자는 매매량이 폭증한 테마주 등에서 자주 등장한다. 수많은 주문 사이에서 자기들 암호를 알아채야 하기 때문에 갈수록 다양한 암호가 생겨나고 있다.

전기차 테마주로 유명했던 종목 [B]를 매매하다가 비밀을 알게 됐다. 삼성증권 창구가 대량으로 순매수 하면 그날은 꼭 종가가 상승 마감이었다. 그것만 노리고 들어가면 틀림없이 수익을 주곤 했다. 그러다가 또 하나의 비밀을 알게 됐다. 지수(코스닥, 코스피 지수)가 지속적으로 하락하던 때였는데(하락 추세장) 이 종목은 아침 장이 시작되면 눌렀다가(매도 우위) 나중에는 가격을 올리는데(매수 우위) 그 등락폭이 매일 같았다. 그걸 이용해 매일 40만 원씩 수익을 냈다.

어디까지 반등할지를 알고 매매하니 손해 볼 일이 없었지만 거래량을 감안해 일 40만 원 수익이 적당하다는 판단이었다. 며칠 반복되자 내가 매수하면 미묘한 분위기가 생겼다. 정확히 설명은 못하겠지만 세력이 이 새끼 또 들어왔다며 화를 내는 게 느껴졌다(당시는 어떤 식의 움직임을 통해 세력이 감정을 표출하는지 자세히 설명할 수 있었는데, 오래되니 이제 기억이 안 난다.).

그들은 오전에 얼마간 올려 개미들이 사게 하고 급락을 시키곤 했다. 하루는 세력이 나를 물리게 하려고 노력하는 게 느껴졌다. 그래서 평상시 매도하던 가격보다 몇 호가 밑에서 팔아치우고 나오자 세력이 씩씩대는 게 느껴졌다. 그날은 평소보다 약간 더 올랐다가 내렸다.

내가 자기들의 이익을 낚아채도 그들은 역시 세력. 조금 더 올려서 팔면 되는 게 권력의 힘. 자기들이 손해 볼 게 없는데도 그들은 이상하게도 나를 물리게 하려고 노력했다. 내가 매수를 하면 그들은 즉각 눈치를 챘다. 그리고 나를 노리는 움직임을 보였다. 얼마간 매일 40만 원씩 수익을 내다가 어느 날 더 이상은 세력을 이길 수 없다는 느낌이 강하게 들었다. 내가 매매를 그만뒀을 때 세력은 어떤 기분이었을까? 내가 떨어져나간 게 좋았을까? 나를 못 죽인 게 더 아쉬웠을까?

[갑작스런 정적 : 자전 거래 현장] 활발하게 매매가 되던 주식이 내가 매수를 하자 갑자기 멈칫 하는 걸 느낀 적이 있는가? 세력 간의 암호나 대화는 우리 생각보다 훨씬 정교한 것 같다.

대선 테마가 뜨던 초기에 유명 대장주를 매매할 때다. 무지막지하다고 할 수밖에 없는 거래량이 터지고 있는 데 20,000주, 22,000주의 덩치 큰 체결량이 쏟아졌다. 나도 그들과 동일한 수준으로 20,000주를 매수했다. 순간, 멈칫.

엄청난 거래량이 동반되며 주가가 미친듯이 변하고 있던 순간, 내 주문이 들어가자마자 진짜 멈.칫.했.다.

세력들이 상의하는 게 느껴졌다. 얼마간 정적과 같은 시간이 흐른 후 다시 전과 같은 큰 주문이 쏟아졌다. 자기들 중의 누가 실수한 건지 방해꾼이 들어왔는지를 확인했다는 느낌이 들었다. 느낌이라기보다는 확신이었다. 보기엔 그냥 엄청 많은 주문이 폭주하고 체결되는 것처럼 보이는데 모든 게 잘 짜인 각본대로 한 치 실수 없이 진행되고 있다는 걸 깨닫는 순간이었다.

믿거나 말거나, 어떤 주식을 매매할 때는 세력이 "야, 조금 줄 테니까 빨리 팔고 나가라. 버티면 가만 안 둔다."고 말하는 걸 들은 적도 있다. 느꼈다고 해야겠지만 그 분위기는 들었다고 하는 게 더 정확하다.

세력의 규모는 주식의 시가총액에 따라 다르고, 동원되는 팀과 인원도 다르다. 동호회나 카페 형식으로 모여서 작전을 하는 조막손 세력들도 있고, 테마주를 마음대로 들썩거리는 세력도 있다.

그들은 수십, 수백 개의 계좌를 만들어서 자기들끼리 사고판다. 이게 자전 거래다.

"야, 1시 1분 15초에 내가 5,000주 팔자로 낼게. 사당동 현대증권 A가 동시에 6,000주 매수 걸어."

이들의 움직임은 상상을 초월할 정도로 빠르다. 프로그램 된 컴퓨터로 주문을 주고받는다는 의심이 여러 번 들었다. 이들이 바쁘게 움직일 때 매수/매도가를 지정하지 않고 시장가로 매매하면 터무니없이 비싼 가격에 사지거나 싸게 팔린다.

개미에게 유리하게 사거나 팔리는 경우는 필자의 경우에는 없었다. 11,800원에 매매되는 걸 보고 시장가로 넣으면 훨씬 비싼 가격에 사지기도 했다. 팔 때도 마찬가지였다.

내 주식이 팔렸으니 아는 거지, 팔리지 않았다면 그 순간에 그 가격까지 왔다 갔다는 것마저 모를 정도로 주가의 움직임이 빠른 경우도 많다. 그러나 단 한 번도 나에게 득인 경우가 없었기 때문에 그들의 정밀한 움직임에 경외감까지 느끼곤 했다. 움직임이 너무 빠르기 때문에 그래도 시장가로 사거나 팔아야 하는 경우가 많다. 특히 시장가가 아닌 지정가로 매도를 하면 내 건 안 팔리고 주가가 주르륵 밑으로 미끄러지는 경우가 많다. 그러면 매도 기회가 다시 안 오기도 하고 잠시 관망하다 보면 큰 수익이 졸지에 손실로 변해버리기도 한다.

주가 등락폭에 비해 나의 매매차익이 너무 작은 게 억울해서 현재가로 매매를 시도해봤지만, 신기하게도 내 것만 안 팔리고 내려갔다. 살 때도 마찬가지였다.

이때 매도가 안 되면 수익을 다 토해내야 했다. 움직임이 너무 빨라 손실이 날 수도 있었다. 그래서 초단타는 시장가 매매 외에는 답이 없다는 결론을 내렸다. 그 후로 그 종목을 단타 치는 동안은 내내 시장가로만 매매를 했다.

"실력 없다는 얘기구나. 결국 자백하네."

뒤에서 흉보는 아저씨들, 부끄럽지만 내 실력이 이것밖에 안 돼. 아저씨들 너무 좋아 죽는다.

작전 세력은 정규시장만 관리하는 게 아니다. 장이 끝나면 장외 시장가 매매를 관리하고 자기들끼리 주식을 교환하기도 한다. 키움 증권에서 낮에 사들인 주식을 현대나 삼성증권으로 옮기는 건 기본이다. 외국계 증권사를 이용하기도 한다. 매수 창구를 분석하는 개미들에게 혼란을 주기 위해서일 것이다. 외국 증권사를 이용하는 세력을 '검은 머리 외국인'이라고 한다. 외국인이 사들이는 것처럼 현혹시키거나 자금 세탁의 목적으로 외국의 증권사를 이용해 매매한다.

저점 매수의 중요성 : 개미의 강제 존버가 세력들이 수익을 만드는 원천이다

−30% 하락한 주식이 원금이 되려면 30%만 오르면 된다고 믿는 개미가 의외로 많다. −30% 하락한 주식이 원금 회복하려면 42.9%가 올라야 한다.

예를 들어 1,000원짜리 주식이 −30% 하한가를 맞았다. 현재 가격은 700원. 이 가격에서 30% 상한가를 치면 최종 주가는 다음과 같다.

$$700원 \times 1.3 = 910원$$

여전히 90원이 손실이다. 물론 세금과 수수료까지 포함하면 손실폭은 더 커진다. 조금이라도 더 낮은 가격에 사려는 노력이 필요한 이유를 실감할 수 있을 것이다. 700원에 산 사람들이 30% 수익을 거둘 때 나는 여전히 9% 손실을 입고 있다. 700원을 기준으로 매수가인 1,000원이 되려면 42.9%가 올라야 한다. 거기에다가 세금(수수료가 더 나가지만 빼고 계산하자.)도 있다.

$$300 \div 700 = 42.86\%$$

−30% 하락한 주식을 손실 내지 않고 빠져나오려면 42.9%가 반등을 해야 한다. 설령 다음날 상한가를 치더라도 나는 아직도 9% 손실이 나 있기 때문에 더 오르기를 기다리지만 700원에 산 사람들은 언제 팔까 행복한 고민에 빠진다.

세력은 물려 있는 개미가 쉽게 손실을 만회하고 빠져나가도록 내버려두지 않는다. 1,000원까지 오르기를 바라는 개미들은 억울한 마음에 못 팔거나, 조금만 더 오르면 원금이 회복된다는 헛된 희망에 30% 반등에도 팔지 않고 버틴다. 이는 손절을 못 치는 사람들의 아주 보편적이고 아주 일반적인 심리다. 이 심리를 세력들은 잘 알고 있다. 이 심리 때문에 그들이 팔지 않을 걸 알고 있다. 이 심리 때문에 매도세가 약하다는 걸 안다. 이걸 알고 있는 세력은 어떻게 할까? 주가를 급락시킨 뒤 개미들이 물려 있는 가격대까지 올리지 않고 그 아래 가격대에서 매집도 하고 수익도 거둔다.

폭락을 통해서 수익을 거두는 세력도 있는 반면 폭등으로 수익을 내는 세력도 많다.

오히려 이 편이 세력에게는 큰 수익이 된다. 이미 저점에서 매집이 끝난 세력이 가격을 급등시키고, 당일상승률 상위권에 종목이 오르면 그때부터 개미들이 꼬이기 시작한다. 중요한 대목에서 세력이 등장하여 가격을 돌파시키며 더 높은 가격에 개미들이 사도록 유도한다. 그렇게 해서 주가가 10배 오른다. 그런 종목을 개미들이 안절부절못하며 추격 매수를 한다. 나 혼자 두고 가지 말라고 애걸복걸하며 따라간다. 그런데 개미가 10% 수익이 나면, 세력은 수익이 100%다. [신풍제약]처럼 20배가 오른 종목은, 5%만 수익이 나도 세력은 매집가의 100%가 오른다. 왜 세력 좋은 일을 시키는가?

바닥이란 낮은 가격을 의미하는 게 아니라 오르기 직전의 가격을 뜻한다

당신이 배를 타고 내를 따라 내려가고 있다고 상상해보라. 물도 얕아서 뱃바닥이 땅에 닿기도 하는 등 인내를 해야 하는 시기도 있다. 내가 넓어지고 물이 깊어지면 배는 노를 젓지 않아도 천천히 흘러간다. 강을 만나면 배는 속력이 붙어 도도히 흘러가게 된다. 도도히 흐르던 강물이 점점 빨라진다. 앞에는 무엇이 있을까 궁금해 미치는 당신. 배가 빨라질수록 궁금증은 더해간다. 배는 점점 빨라지고 기대감으로 아드레날린이 넘친다.

그리고 마침내 드러나는 목적지(Terminus)!

배는 겁날 정도로 빨라지고 앞에는 낯선 굉음이 들린다. 이과수 같은 거대한 폭포가 당신을 기다리고 있다. 토인비는 역사는 돌고 돈다고 했다. 그 역사의 끝에는 폭포가 있기 마련이고 폭포에서 추락하면 다시 서서히 흘러가게 된다.

주가가 안 움직일 때는 관심도 없다가, 야금야금 오를 때는 너무 올랐다며 다시 내리면 사겠다고 버티다가, 급등을 하면 왜 그때서야 못 사서 안달이 나는지 생각해보라. 폭등한다는 것은 토인비가 말하는 역사의 어느 시점에 있는 것인지 생각해보라.

바닥에서 잡자. 바닥에서 잡아서 묵묵히 기다리자.
남들이 열 번, 백 번 사고 팔 때 바닥에서 잡은 종목 몇 개만 꽉 붙잡고 있자.
바닥에서 잡기 싫어서 안 잡는 게 아니라 어디가 바닥인지를 모른다고?
그걸 알려고 당신이 이 책을 산 것 아니겠는가?
바닥이란 무조건 낮은 가격을 의미하는 게 아니다.
역사의 순환처럼 오르기 직전의 가격이 바닥이다.

내게 맞는 딱 하나의 매매법을 찾는 데 주력한다

캔들 분석법, 이평선 매매법, 일목균형표, 피보나치수열, 볼린저밴드, 스토캐스틱, MACD, RSI, OBV 등등 다양한 매매법과 보조지표에 대한 지식에 연연하지 말라. 독자보다 훨씬 이전부터 연구에 연구를 거듭해 독자는 도저히 따라갈 수 없는 수준에 오른 사람들이 널리고 널려 있다.

그런데 그들이 주식 투자로 얼마나 돈을 벌었을 것 같은가?

다양한 분야의 많은 지식을 쌓으려 하지 말고 그 시간에 차트를 보며 개미가 어떻게 당했는지, 세력이 어떻게 개미를 갖고 놀았는지 생각해보라. 윗꼬리, 아래꼬리가 어떤 의미인지, 양봉과 음봉, 이평선과 거래량이 각각 어떤 의미인지 정도만 알면 주식에 필요한 지식은 거의 갖췄다고 생각해도 된다. 보조지표는 한두 가지 정도 신뢰가 가는 걸 집중 연구하는 게 다양한 지식을 쌓는 것보다 실전 매매에 도움이 된다.

무엇보다 자기에게 맞는 한 가지 매매법을 찾는 데 목표를 두어야 한다.

고수들 중에는 보조지표를 아예 안 보는 사람도 있다. 이평선마저 지우고 캔들과 거래량만 보는 고수도 있다. 그들은 무수한 시행착오를 거쳤고 그 결과 과감하게 자신만의 길을 택한 것이다. 그들이 겪은 시행착오를 답습하지 말라. 남의 실패에서 배우고 나에게 진짜로 필요한 것이 무언지 다시 생각해보라.

남들이 세상에 떠도는 온갖 지식을 다 배우며 잡학 박사가 되어갈 때 우리 독자들은 진정한 주식 사냥꾼이 되기 바란다. 세상의 무수한 천재들보다 내가 더 낫다고 생각한다면 공부하라. 하지만 그런 사람이 얼마나 있겠는가? 어디에 칼럼을 쓰거나 지식을 자랑할 목적이 아니라면 지식을 쌓는 노력은 당장 그만둬도 좋다.

다방면으로 잘 하려고 하지 마라. 나에게 맞는 단 하나의 매매법을 찾는 데 주력하라. 모의 매매 등을 통해 검증하라. 복잡한 매매법보다는 단순한 매매법을 찾아라. 복잡하면 알아도 따라 하기 힘들다.

분석하고 매수하고 기다려라

급등 직전에 매수하고 싶은 건 누구나 같은 심정이다. 나 역시 마찬가지다. 하지만 그렇게 되지 않을 때도 많다.

독자들에게 꼭 당부하고 싶다. 계좌에 넣어 놔도 되는 여유 자금이 아니라면 아무리 좋은 종목을 발견해도 수익을 낼 수가 없다. 저 종목이 먼저 갈 것 같아서, 이 종목을 팔고 갈아타면 산 놈은 내려가고 판 놈은 올라간다. 결국 갈 놈은 간다. 하지만 언제 갈지는 세력만이 알고 있다.

내 매매법을 배워 성공하고 싶다면 미수 매매나 대출 등으로는 절대 불가능하다는 걸 밝힌다.

내 매매법은 기다리는 매매법이다. 공격하는 매매법이 아니다. 분석이 끝난 종목들을 같은 비율로 나눈 금액으로 매수하고 기다리라. 그런 뒤 분석을 믿고 버티며 필요하면 추가 매수도 해야 한다. 그래야 큰 수익이 나는 매매를 할 수가 있다.

차트에 중요한 내용들을 기록해서 저장해두면 필요할 때 쉽게 매수 이유를 기억해 낼 수 있다.

나는 열심히 분석하고서도 시간이 지나면 매매 근거를 잊고는 했다. 그래서 지금은 습관처럼 매수 근거를 차트에 그려 넣거나 메모창에 저장해놓는다. 매수 후 갈등이 생길 때는 매수한 이유를 다시 보며 버틸 수 있는 힘을 얻는다. 차트에 그려 넣는 방법도 애용한다.

[차트 1-15] 매매 근거를 차트나 메모창에 적어두고 흔들릴 때마다 꺼내 본다.

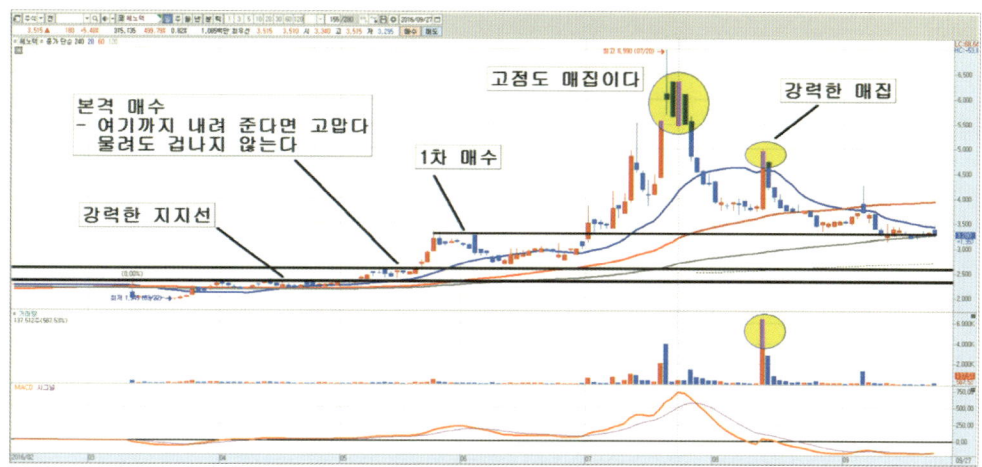

[차트 1-16] 메모의 또 다른 예

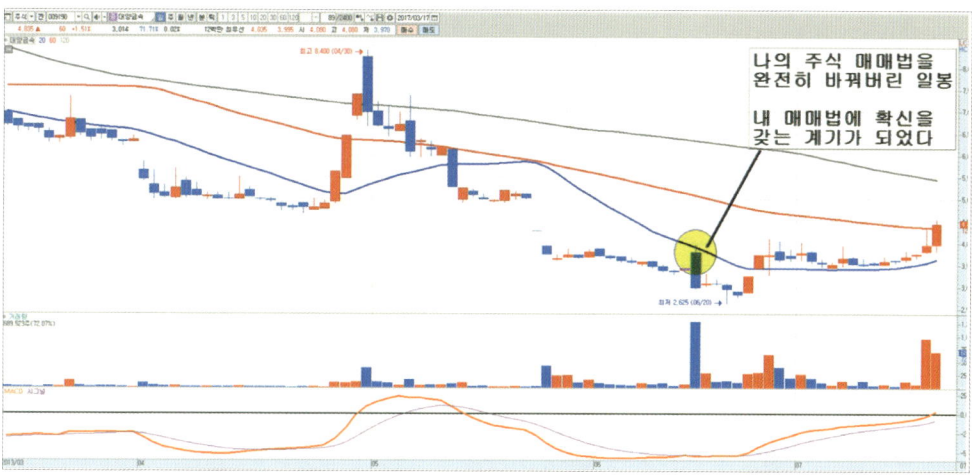

나는 가능한 한 논리적 근거를 찾아서 주식을 매매하려고 한다. 모든 주식에서 논리적 근거를 찾을 수 있다면 좋겠지만 그렇지 못하다. 하지만 여러 종목의 차트를 탐색하다 보면 간혹 힌트를 주는 종목들이 있다. 논리적 근거는 중장기 매매용 종목을 고르는 데 도움이 될 뿐 아니라 단타 종목을 골라내고 매수 타이밍을 잡는 데도 유용하다. 내가 개발한 매매법과 그 논리적 근거가 무엇인지 이제부터 소개한다.

장 시작

내일 왜 오르는지 알고 사기

―

매수 근거 찾기와 미미르 핵심 기법

미미르 필살기 ❶
<역계단> 매매 기법

- 별 볼 일 없던 종목이 갑자기 거래량을 터뜨리며
  장대 양봉을 세울 때

여러 달 거래량도 없고 가격 등락폭도 없어서 아무도 관심을 주지 않던 종목이 있다. 그런 종목이 어느 날 거래량을 터뜨리며 솟구친다. 차트는 쉴 새 없이 움직이며 가

[차트 2-1] <역계단> 예시 : 아래 종목은 [아바코]다. 노란색 동그라미를 친 두 개의 봉이 <역계단>이다. <역계단> 발생 다음날 오전에 매수해서 하루 뒤 15% 수익을 내고 매도했다. 매도일 다음날 <역계단>이 다시 한 번 출현, 다음날 아래꼬리에서 다시 매수했고, 10% 추가 수익을 냈다.

격을 끌어올린다. 장대 양봉이 터지는 날이다. 이 장대 양봉으로부터 〈역계단〉 매매 기법이 시작된다.

〈역계단〉은 일봉과 거래량만 가지고 세력의 매집을 쉽게 알아챌 수 있는 방법으로, 단타 매매법으로도 성공 확률이 높다. 또한 〈역계단〉이 나온 후 몇 개월 안에 큰 상승이 나오는 경우가 종종 있다.

〈역계단〉은 초보자도 쉽게 이해할 수 있고 익숙해지면 한눈에 알아볼 수 있다. 쉬운 기법인데도 수익을 줄 확률이 무척 높다. 때로는 〈역계단〉이 출현한 다음날 곧장 상한가로 날아가기도 한다.

〈역계단〉 조건 ❶ 장대양봉 다음날 작은 양봉

〈역계단〉은 아래 차트처럼 거래량이 터진 장대 양봉(1봉)으로 시작한다. 다음날 일봉(2봉)이 〈역계단〉 여부를 판가름한다. 다음날 일봉, 즉 2봉은 소폭의 양봉이어야 한다. 보통 2봉의 종가는 아래 차트처럼 1봉의 윗꼬리 안에 갇혀 있다. 그러나 종가는 1봉보다 높다. 또한 2봉은 1봉의 종가보다 낮은 가격까지 하락을 한 뒤 반등해야 한다(아래꼬리가 달린다.).

[차트 2-2] 역계단은 차트에 표시한 것처럼 1봉과 2봉으로 구성된다. 장대양봉(1봉)이 서고 난 다음날, 전일 종가를 깨뜨렸다가 반등한 작은 양봉(2봉)이 나오면 〈역계단〉이 나온 것이다.

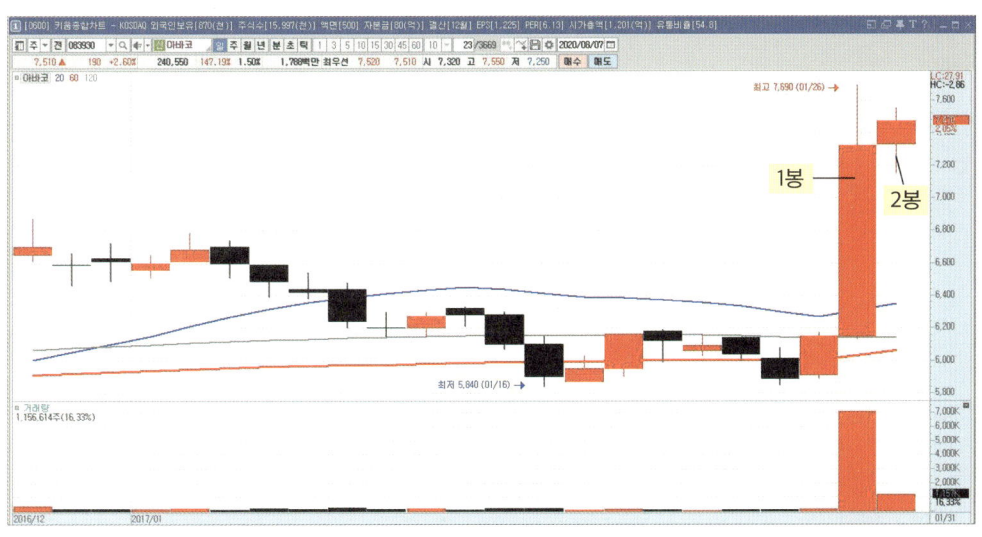

<역계단> 조건 ❷ 1봉은 거래량(A)이 급증해야 한다

1봉이 장대양봉이더라도 거래량이 1) 갑자기 2) 현저하게 많아져야 좋은 <역계단>이다. 종종 거래량 없이 장대양봉이 뜨는 경우가 있다. 또한 갑자기 터진 거래량이 아니라 전부터 계속 꾸준히 터지는 종목도 많다. 물론 그런 조건일 때도 <역계단>이 통할 수 있다. 그러나 상대적으로 확률이 떨어진다.

아래 차트를 보면 1봉이 선 날, 거래량도 거대한 양봉(A)을 만들었음을 알 수 있다. 거래량은 전일보다 월등하게 많을수록 좋다. 단, 굳이 전일보다 거래량이 몇 배 많아야 한다고 설명하지 않는 이유는, 차트를 보면 한눈에 알 수 있기 때문이다.

[차트 2-3] 1봉은 거래량(A)이 터져야 좋다.

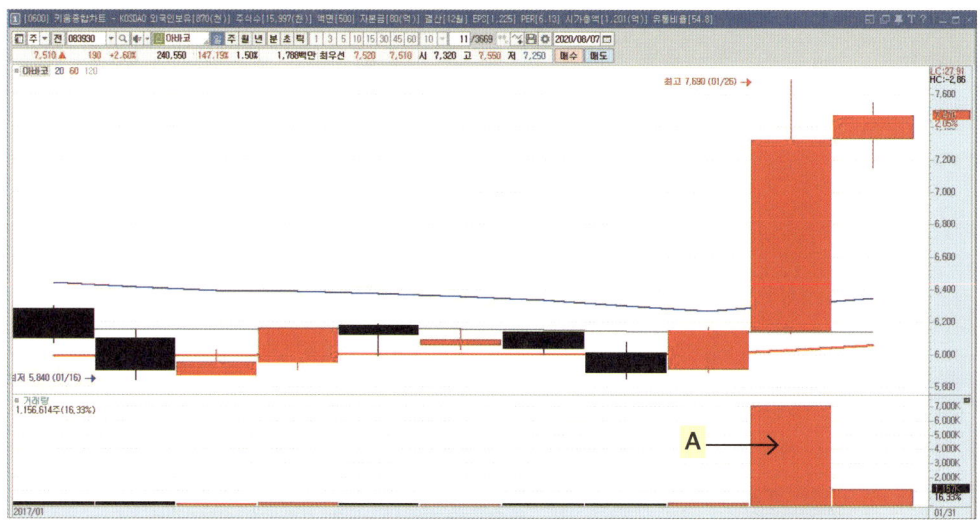

<역계단> 조건 ❸ 2봉의 거래량(B)은 1봉보다 적고, 평일보다 많아야 한다

2봉의 거래량(B)도 평일보다 많아야 좋은 <역계단>이다. 만일 평일보다 적거나 비슷하다면 상승의 힘이 약할 수 있다(혹은 아직 2봉이 나오지 않은 것일 수 있다.). 이 기법은 복잡한 수치 계산 없이 차트만 보면 시각적으로 분별이 가능하다는 게 장점이다. 한눈에 봐도 2봉 거래량이 평일 거래량보다 많아 보이면 된다. 반면 1봉보다는 많으면 안 되고, 1봉에 비해 절반 이하로 현저하게 거래량이 줄어들어야 더 좋다.

(* <역계단>... 차트를 보면 가격 일봉은 계단이 높아진다. 반면 거래량 일봉은 계단이 낮아진다. 마치 데칼코마니 같다. 이 모양을 기억하자.)

[차트 2-4] 2봉 거래량(B)은 1봉보다 적지만 평일보다 눈에 띄게 많아야 한다.]

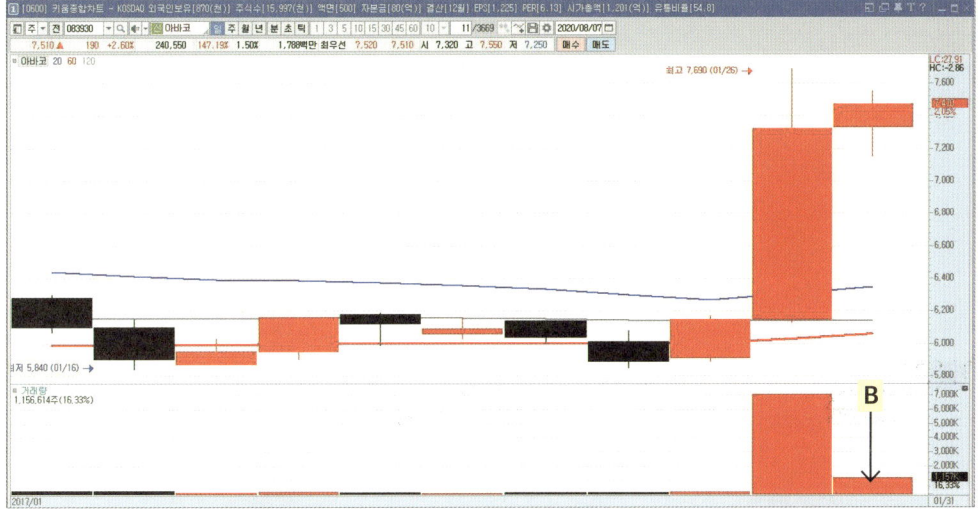

2봉의 거래량 조건은 중요하다. 대부분의 경우, 예시로 든 [아바코]의 차트처럼 1봉과 2봉이 연속해서 나오지만 1봉이 나온 뒤 며칠 뒤에야 2봉이 나오는 경우도 있다. 이때 2봉의 거래량은, 1봉과 2봉 사이에 낀 일봉들의 거래량보다는 많아야 한다. 달리 말해 평일보다 거래량이 많을 때만 2봉이라고 부를 수 있다는 말이다(뒤에 예시로 든 종목 [엔에스]를 참조하라).

언제 살까? - 다음날 음봉 때

언제 살까? 2봉까지 확인했다면 다음날 장이 개시하기를 기다린다. 대개 이 날, 2봉의 종가(아래 차트 검정선) 밑으로 가격이 내려간다. 일봉이 파란색 음봉으로 변할 때다. 그 때를 기다려서 매수한다. 내려갔던 주가는 높은 확률로 다시 오르기 시작할 것이다. 설령 예상을 벗어나서 하락으로 그림이 바뀌어도 손실 폭이 크지 않아 가볍게 손절을 치고 빠져나오면 된다. 비교적 안전하면서도 수익 폭이 큰 매매법이다.

1봉 + 2봉까지 확인 후 다음날 오전, 2봉의 종가를 깨뜨리고 내려갈 때 "매수"

[차트 2-5] 아래 차트에 7,400원 위에 그어 놓은 선이 전일 종가다. 그 선 아래로 가격이 내려갈 때를 기다린다. 예상이 맞다면 대개 오전에 내려간다.

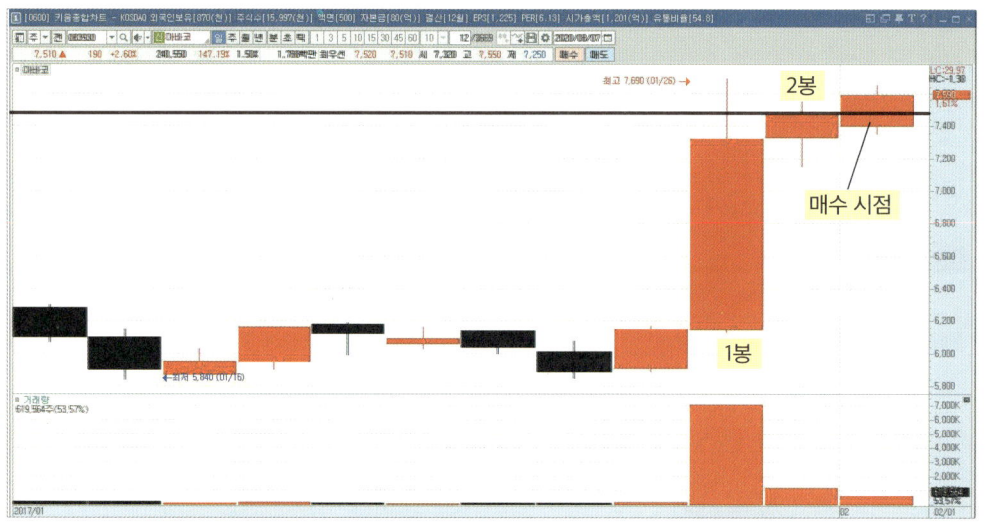

언제 팔까? - 1~2봉 고점 위에서, 중장기 이평선 아래에서

〈역계단〉은 1~2봉의 고점을 돌파하여 오를 것으로 예상하고 매매하는 방법이다. 따라서 최소 목표가는 1~2봉 고점 위가 된다. 그렇다면 어디까지 오를까?

차트를 보며 매매하는 사람들이라면 이평선이 강한 저항이라는 걸 잘 알 것 같다(저항이란 쉽게 못 뚫는 가격대를 의미한다.). 특히나 중장기 이평선, 즉 60일선이나 120일선은 그 자체로 매우 강력한 저항이다. 실제로 120일선만 만나면 날개 잃은 새처럼 정신 줄 놓고 파르르 떨어지는 종목을 자주 본다. 같은 맥락이다. 중장기 이평선이 머리 위에 있으면 이평선을 뚫지 못하고 하락할 가능성이 크다고 보는 게 안전한 접근법이다.

〈역계단〉 형태는, 아무도 거들떠보지 않던 종목에 갑자기 돈이 들어오는 경우라서 하락 추세를 이어가던 종목일 때가 많다. 당연히 현재 가격은 장기 이평선 아래에 있을 확률이 매우 높다. 따라서 〈역계단〉 매매에서 목표가는 중장기 이평선으로 잡는다.

대개 중장기 이평선은 한 번에 뚫을 수 없다. 이평선을 뚫으려면 일단 한 번 뚫고 오른 뒤에 다시 내렸다가 재차 뚫는 시도를 하게 마련이다. 만일 머리 위에 60일선이나 120일선이 가까이 있다면, 해당 이평선까지만 오른다는 마음으로 매매하는 게 좋다. 그걸 뚫을 때까지 기다리다가는 모처럼의 수익도 반납해야 할지 모른다. 줄 때 먹자.

한 가지 더. 그럼 어떤 날 팔까? 매수한 날? 아니면 매수한 다음날? 파는 날이 정해진 건 아니다. 위의 조건을 만족하는 모습이 나오면 당일이든 다음날이든 팔면 된다. 〈역계단〉은 단타로 접근한다는 것을 기억하자.

한편, 〈역계단〉은 대상승의 초기 단계에서 종종 나타나거나 혹은 주가를 지속적으로 하락시키다가(추세 하락) 세력이 중간 매집을 할 때 나타나기도 한다. 이 때문에 급등 후 하락하더라도 시간이 흐르면 다시 급반등이 나오는 경우가 많다. 만일 〈역계단〉을 발견하고 때에 맞게 매매를 하여 성공적으로 수익을 냈다면 버리지 말고 관심종목에 넣어두고 장기적으로 추적 관찰한다.

변형 ❶ 1봉과 2봉 사이에 작은 봉들이 낄 때

아래 종목은 [엔에스]다. 1봉과 2봉 사이에 거래량이 적은 음봉 2개가 끼어 있는 〈역계단〉이다. 2봉이 되려면 평일보다 현저히 많아 보여야 한다. 반면 1봉보다는 적어야 한다. 동시에 1봉보다 종가가 높을수록 좋다.

[차트 2-6] 1봉 출현 다음날과 그 다음날 이틀에 걸쳐 1봉 종가를 뛰어넘지 못하는 일봉이 나왔다. 거래량도 부족하다. 그러다 3일째 2봉이 등장했다.

변형 ❷ 2봉의 몸통 길이가 길다

앞에서 다룬 [아바코]와 달리 [엔에스]는 1~2봉 사이에 음봉이 두 개 끼어 있다. 또한 2봉의 몸통 길이가 길고, 1봉의 고점을 갱신하며 올랐다가 내려왔다. 그러나 마찬가지로 〈역계단〉이다. 2봉 종가가 1봉 종가보다 위에 있고, 2봉의 아래꼬리가 1봉의 종가를 깨뜨렸다가 올라왔기 때문이다.

2봉 다음날, 주가가 2봉의 종가 아래로 하락할 때 분할매수를 하면 2봉이 솟구쳤던 고점을 뚫고 오르는 게 대부분이다.

물론 아래 차트처럼 머리 위에 60일선(빨간 선)이나 120일선(검정 선), 240일선 등 중장기 이평선이 있는 경우는 이평선 부근에서 절반 정도 수익 내고 팔고 나머지는 매수세가 얼마나 강한지를 보며 청산한다. 물론 주가가 어디까지 오를지는 아무도 모른다. 설령 머리 위에 중장기 이평선이 없고, 매물대를 완전히 뚫은 경우라도 상승폭은 예측할 수 없다. 그래서 중장기 이평선에서 반 팔고, 나머지는 실시간으로 대응하며 팔기를 권한다(분할매수, 분할매도는 그냥 원칙이라고 여기자.).

[차트 2-7] <변형 역계단>. 1봉과 2봉 사이에 두 개의 음봉이 끼어 있고, 2봉도 길다. 그러나 개념은 똑같다. 2봉 다음날 오전에 음봉일 때, 즉 차트처럼 검은 선 아래로 가격이 내려갈 때 분할매수 하여 1) 전일 고점 위에서, 2) 장기 이평선 부근에서 판다.

<역계단> 고급편 ❶ 왜 장기간 추적 관찰이 필요할까?

이 내용은 <역계단>의 고급편에 해당한다. 초보 수준이라면 앞에서 설명한 내용만으로도 충분히 수익을 거둘 수 있다. 그러나 진짜 수익은 고급편에서 나온다.

<역계단>은 시간이 지나서 보면 매집의 초기 단계였던 것으로 드러나는 경우가 많다. 보통 세력의 매집은 짧으면 몇 개월, 길면 몇 년간 이어지기도 한다. 매집이 이루어질 때는 아래 차트처럼 특정 가격대 안에서 더 떨어지지도 않고 더 오르지도 못한 채 박스권을 형성하며 옆으로 횡보를 한다. 1봉, 2봉, 그리고 수익을 거두었던 날의 일봉이 고점이 되고, 이후로 K 일봉이 등장하기 전까지 고점을 건드리지도 못한다.

[차트 2-8] 차트에 표시된 K는 미미르 매매에서 중요한 역할을 하는 봉, 즉 Key가 되는 봉을 뜻한다. K의 출현으로 이 종목은 세력이 물량을 모으고 있다는 점을 짐작케 한다. 상승이 임박한 것이다.

[엔에스] 역시 <역계단> 후 2개월 넘게 횡보하다가 기어이 <역계단> 이후의 모든 개인 물량을 흡수하는 일봉 K가 나왔다. <역계단>이 매집이었다는 걸 증명해주는 일봉이다. K의 윗꼬리는 대개 길다. 왜? <역계단> 출현 때 높은 가격에서 샀다가 물린 개미들이 있다. 이 개미들에게 세력들이 기회를 준다. '오늘이 기회니 팔고 나가'라는 얘기다. 그러나 수익을 줄 수 없다. 높게 솟구쳤다가 후드득 떨어지는 차트를 보면 마음이 다급해진 개미들이 물량을 던지기 시작한다. 그래서 윗꼬리가 길게 달린다.

K는 앞으로 제법 큰 폭의 상승이 나올 수 있다는 걸 암시하는 일봉이다. 왜? 세력들이 아직 안 팔았기 때문이다. 만일 세력이 이 날 자신들의 물량을 처리한 것이라면 최소한 거래량이 〈역계단〉 때만큼은 나와야 한다. 그런데 차트를 보면 어떤가? K의 거래량이 〈역계단〉 때의 거래량에 훨씬 못 미친다. 단타를 치는 목적이었다고 해석하는 것도 힘들다. 단타는 이처럼 너무 높이 올리지 않고 적당한 수준까지만 올렸다가 내린다 (짧은 기간 물량을 모아 개미들에게 넘기기 위해 10% 수준으로 짧게 올리는 경우가 있다. 이렇게 올려서 넘기는 물량을 이식매물이라고 한다.). 그런데 이 차트는 너무 고가까지 올랐다가 내렸다. 물량을 떠넘기고 튀기 위한 행동이 아니다. 한편 차트의 왼쪽에 또 한 번 거래량이 터진 때가 있다. 225만 주가 터진 윗꼬리 긴 음봉 K1이다. 나는 이것도 매집일 가능성이 높다고 본다. 실은 모든 게 여기서부터 시작되었다고 분석한다. 만일 내 분석이 옳다면 K에서 팔고 나간다는 건 말이 안 된다. 대상승의 예고다.

이해하기 힘들 수 있다. 그러나 첫 술에 배부를 수 없다. 초보자도 따라 올 수 있는 책을 쓰는 게 목적이기 때문에 기본 중심으로, 또 단계적으로 설명을 할 수밖에 없다. 또한 너무 디테일한 내용까지 설명하기에는 지면의 한계도 있다. 그러나 어느 정도 기초를 닦은 분들은 이 책을 읽다보면 퍼즐이 맞춰지듯 저절로 이해가 될 것이다. 지면이 허락하는 대로 이런 매집성 일봉에 대해서 최대한 설명하겠다.

〈역계단〉 고급편 ❷ 1봉이 음봉인 변형 역계단

앞에서 변형 어쩌고 했지만 진짜 변형은 여기에 있다. 〈역계단〉에는 1봉이 양봉인 〈빨간 역계단〉과 1봉이 음봉인 〈변형 역계단〉이 있다.

보통 음봉을 전일 종가보다 현재가가 낮은 상태라고 생각하는 분들이 있다. 그러나 음봉은 당일 시가보다 현재 가격이 낮다는 뜻이지 전일 종가와는 무관하다. 시가가 전날 종가보다 높게 시작하거나 낮게 시작하는 것과 상관없이, 시가보다 종가가 높게 끝나면 빨간색 양봉, 낮게 끝나면 파란색 음봉으로 표시된다.

아래 차트가 1봉이 음봉인 〈변형 역계단〉이다. 2봉 이후 매수를 하는 날에 음봉이 나왔으나 다음날 급등을 했다(매수하는 날의 음봉 거래량이 2봉에 비해서도 매우 적고, 1~2봉의 폭을 이탈하지 않았다는 게, 즉 1봉의 저가를 깨뜨리지 않았다는 게 버티는 근거가 된다. 유연하게 생각하면 이 음봉도 2봉으로 해석할 수 있다.).

[차트 2-9] 시가갭이 뜨면서 음봉인 1봉이 나왔다. 다음날 가격 계단을 높이는 동시에 거래량 계단을 낮추는 2봉이 출현했다. 2봉 다음날인 매수일에 1~2봉 높낮이 안에서의 조정이 있었으나 이후 급등이 나왔다.

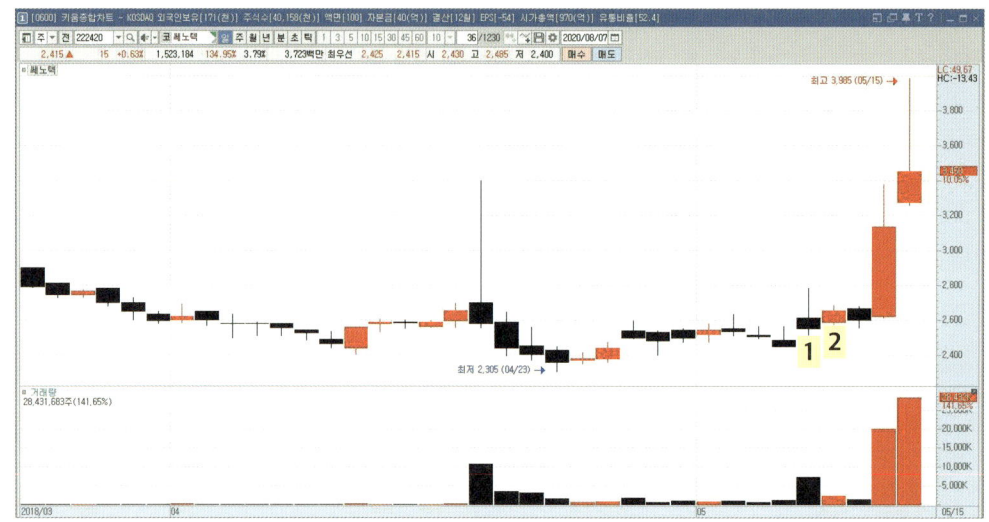

기법을 고지식하게 적용하지 말자

매수 당일 급등하지 않는 경우도 있다. 너무 고지식하게 대응하면 주식이 어려워질 수 있다. 유연하게 사고하고, 원리를 보다 넓게 해석해야 한다. 내가 만든 모든 기법이 무엇을 찾고 있는지 알아야 한다. 나의 기법들은 매집을 찾는 게 목적이다. 매집 이후 세력들이 가격을 올리는 직전 단계에서 같이 합류하는 것이 우리의 목적이다. 기법을 융통성 있게 해석해서 유용하게 사용하길 바란다. 차트에서 발생하는 모든 상황을 다 설명할 수도 없고, 기법화할 수도 없다. 에너지 낭비이자 시간 낭비이기도 하다. [쎄노텍]을 왜 〈변형 역계단〉이라고 했는지 이해하고, 독자도 다양한 〈역계단〉을 찾아내기를 바란다. 다양한 〈역계단〉을 다 보여주고 설명할 수는 없으니, 차트를 하나 더 소개하고 다음 기법으로 넘어가자.

[차트 2-10] <역계단> 예시 : 종목 [파버나인]은 <매물벽 때리기>가 선행된 후에 나온 <역계단>이어서 강한 상승을 기대했는데, 역시 급등했다. 청소봉, 매물벽 때리기는 뒤에서 설명한다.

2장

미미르 필살기 ❷
<사지탈출> 매매 기법

- 가격을 확 떨어뜨려 개미를 다 털어낸 뒤
  다시 급반등시키기

경사가 완만한 내리막길을 따라 굴러가는 공처럼 천천히 하락하는 종목이 있다. 혹은 평평한 평지에 놓인 공처럼 가끔 누군가 툭툭 차며 옆으로 이동시키는 종목이 있다(횡보). 이렇게 별 볼 일 없던 종목에 어느 날 날벼락이 친다. 갑자기 땅이 꺼지고 공이 추락한다. 이 싱크홀이 <사지탈출>의 시작점이다.

<사지탈출>은 완만한 하락 혹은 거래량 없이 횡보하던 주가가 갑자기 급락한 뒤 급격하게 반등하는 형태를 말한다. <사지탈출>은 강력한 개미 털기이기 때문에 <사지탈출> 후에 큰 상승이 나오는 경우가 많다.

<사지탈출> 매매법은 예전부터 주식계에 잘 알려진 격언을 기반으로 한다.

"하락이 끝나려면 급락이 나와야 한다."

거꾸로 말하면 충분히 하락했다고 하더라도 급락이 아직 나오지 않았다면, 아직 하락세가 끝난 게 아니라는 말이다. 무슨 말인가 하면, 같은 하락이라도 평범한 하락과 급격한 하락은 다르다는 얘기다. 하락을 만드는 주체가 다르다. 개미는 절대 급등과 급락을 못 만든다. 그러므로 급락은 세력이 들어왔다는 1차 신호다.

급락 후 세력은 반등을 만든다. 그런데 한 차례 급락을 경험한 개미는 다시 급락이 나올까 봐 겁을 먹는다. 실제로 추가 하락이 나오는 경우도 많다. 세력은 개미들의 심리를 120% 활용한다. 공포에 떨고 있는 개미들의 손절 물량을 뺏은 뒤 급등을 시키는 게 급락을 시키는 이유다.

그러면 어떻게 상승할 놈과 하락할 놈을 구분할 것인가? 그 해답을 찾아보려 개발한 것이 〈사지탈출〉 매매법이다.

필수 사전 지식 : 〈다이버전스〉 기법 알고 가기

〈사지탈출〉을 알기 위해서는 〈다이버전스〉를 알아야 하다. 〈다이버전스〉는 기초 중의 기초인 기법인데 모르는 분들이 많다. 기초 편에서 소개했으니, 여기서는 간략히 다룬다.

〈다이버전스〉 기법은 추세의 전환을 알아차릴 수 있는 방법이다. 주가가 꾸준히 하락하다가 반등으로 돌아서거나, 반대로 꾸준히 상승하다가 하락세로 돌아서는 걸 짐작할 수 있다. 대중에 공개된 여러 매매법 가운데 내가 유일하게 인정하는 기법이다. 그렇다고 이 기법을 그대로 따라 하면 돈을 벌 수 있을까? 그건 아니다. 다만 〈다이버전스〉 기법을 통해 위기를 감지할 수 있고, 주가의 방향 전환 가능성을 엿볼 수 있다. 특히 여기서 소개하는 〈사지탈출〉에 적용할 때 매우 유용하다.

〈다이버전스〉 기법은 보조지표인 MACD와 일봉 차트를 비교하며 힌트를 찾는다. 아래 [GH신소재]의 차트를 보면 일봉 아래에 오르락내리락하는 연장 곡선이 있다. 이게 MACD다. 이 곡선과 그 위의 일봉 차트를 대조하여 다른 움직임을 찾는다. 먼저 일봉을 본다. 저점이 낮아지는 지점(A)이 보일 것이다. 그런데 같은 구간의 MACD는 어떤가? 저점이 도리어 높아진다(A-1). 이때가 상승 추세로 전환되는 시점을 암시한다. 반대로 일봉 차트에서 고점이 높아지는 구간(B)이 보이는가? 같은 구간에서 MACD는 어떤가? 고점이 낮아지고 있다(B-1). 이때는 하락 추세로 전환되는 시점을 암시한다. 이처럼 가격 차트와 MACD 값이 다를 때 '다이버전스(괴리)가 생겼다'고 말한다. 중요한 기점이 된다. 물론 모든 종목이 〈다이버전스〉 기법대로 움직이지는 않는다. 그러나 대형주일수록, 특히 초대형주일수록 잘 맞는 경향이 있다.

[차트 2-11] 서로 짝이 되는 A와 A-1, B와 B-1의 기울기가 정반대일 때, 이를 다이버전스가 출현했다고 말한다.

<사지탈출> 조건 ❶ 추세를 벗어난 급락

아래 [GH신소재] 차트의 노란 박스가 <사지탈출>이다. 노란 박스 이전 상황을 먼저 보자. 차트에서는 총 3개의 언덕과 3개의 골짜기가 만들어졌다. 먼저, 언덕의 높이부터 보자. 언덕이 계속 낮아지고 있다. 이를 고점이 하락한다고 말한다. 골짜기의 경우도 골짜기를 새로 만들 때마다 골짜기가 더 깊어진다. 이를 저점이 낮아진다고 말한다. 이처럼 고점과 저점이 다 낮아지는 경우를 추세 하락이라고 한다. 이 종목은 추세상 하락하고 있던 종목이다. 그러나 일정한 추세가 느껴진다. 앞에서 진행되어온 흐름을 보면 어느 점에서 저점을 잡아주고 반등이 나와야 한다. 그런데 개미지옥이 열린다. 노란 박스 구간에 이르자 굳건하던 바닥에 거대한 싱크홀이 뚫린다.

[차트 2-12] <사지탈출> 예시 : 노란 박스 이전 흐름을 보면 추세가 느껴진다. 그러다 노란 박스 구간에서 급락이 출현한다.

<사지탈출> 조건 ❷ 급락이지만 거래량은 많지 않다

급락이 나오면 가격에만 시선이 머무르면 안 된다. 거래량부터 빠르게 체크한다. 어떤가? 특별히 거래량이 많지 않다. 거래량 차트를 보면 파란색 음봉 하나가 작은 돌부리처럼 튀어나와 있을 뿐이다. 왜 그럴까? 놀란 개미들이 다 던졌다면 거래량이 더 많아야 할 것 같은데 왜 별로 없을까? 겁 많은 개미들은 이미 이전에 대부분 청소가 됐기 때문이다. 그런데도 아직 버티는 개미들이 있기 마련이다. 급락은 마지막까지 껌처럼 붙어서 떨어지지 않는 이 '악질 개미들'을 털어내기 위한 세력의 대청소다(앞으로 '청소'라는 단어와 자주 만나게 될 것이다. 이 용어는 세력이 개미들로 하여금 팔고 나가도록 만들거나, 손바꿈을 유도하여 매물대를 약화시키기 위해 동원하는 모든 방법을 지칭하기 위해 내가 만들었다.).

<사지탈출> 조건 ❸ 급락에 이어 급등이 나와야 한다

무서울 정도로 깊은 급락 이후 수직 반등이 나올수록 좋다. 거래량은 어떨까? 마찬가지로 반등할 때도 거래량이 많지 않은 게 좋다. 개미들이 두려워서 매수에 적극 동참하지 못했다는 뜻이기 때문이다. 세력은, 개미들이 달라붙는 걸 극도로 싫어한다.

<사지탈출> 조건 ❹ <다이버전스> 기법에 맞아야 한다

앞에서 MACD 얘기를 했다. 가격 차트에서 고점 혹은 저점이 낮아지는데 MACD 곡선은 도리어 고점 혹은 저점이 높아지면 그때 상승 추세로 전환이 일어난다는 걸 암시한다고 얘기했다. 아래 차트를 보자. A와 A-1을 비교해 보면 어떤가? 뭔가 전환이 일어난다는 징후가 느껴지지 않는가? MACD는 이처럼 가격 차트와 역전 현상이 일어나야 한다. 그래야 <사지탈출> 후 상승할 가능성이 더 커진다.

[**차트 2-13**] <다이버전스> 기법을 동원한다. A와 A-1의 기울기를 보면 A는 고점이 낮아져 있지만 A-1은 반대로 고점이 높아지고 있다. 무슨 뜻인가? 하락 추세에서 상승 추세로 바뀔 수 있다는 얘기다.

MACD의 값은 중요하다. 아래 차트는 [뉴인텍]의 차트다. 위에서 설명하며 예시로 든 [GH신소재]보다 〈다이버전스〉가 훨씬 좋아서 가져와 봤다. 가격 차트의 A와 A-1 구간에서 MACD의 값(B와 B-1)이 어떻게 변하는지 보자. A와 A-1 구간에서 고점이 낮아지고 있는데 B와 B-1에서는 고점이 더 높아지는 것을 두 눈으로 확인할 수 있다. 이처럼 MACD가 고점을 많이 높일수록 상승의 힘이 강하다. 실제로 이후 진행 과정은 급등으로 이어진다.

[차트 2-14] [GH신소재]와 [뉴인텍]의 큰 차이 가운데 하나는 MACD 값이 다르다는 점이다. MACD 차트의 중앙에 보면 검정색 선이 그어져 있다. MACD 값은 0을 기준으로 위로 오르면 플러스 값이 되고, 밑으로 내리면 마이너스 값이 된다. MACD가 최소 0보다 높을 때가 본격적인 상승의 신호탄이 되는데 [GH신소재]의 경우 〈사지탈출〉 후 MACD 값이 0보다 낮았지만 [뉴인텍]은 0에 닿아 있다.

〈사지탈출〉 조건 ❺ 20일선이 60일선을 뚫고 오를 것

아래 두 종목의 차트에서 파란색 선이 20일선, 붉은색 선이 60일선이다. 〈사지탈출〉 후 20일선이 60일선을 관통하는 모습(이를 '20-60X'라고 부르자.)을 자주 볼 수 있다. 확률적으로 20-60X가 나오면서 급등으로 이어지는 경우가 많다. 이때도 물론 MACD는 〈다이버전스〉가 나와야 하고, MACD 값이 0이 되어야 본격 상승 탄력이 붙는다.

참고로 〈사지탈출〉 구간에서 거래량이 도리어 많아지는 경우가 있다. 〈사지탈출〉

전에 매집이 충분히 되지 않았기 때문에 벌어지는 현상이다. 만일 사전에 매집이 충분히 이루어지면 아래 종목 [시공테크]처럼 <사지탈출> 구간에서 거래량이 늘지 않는다.

[차트 2-15] <사지탈출>에서는 20일선이 60일선을 돌파하는 광경을 자주 목격할 수 있다. 아래는 [시공테크]와 [GH신소재]의 20-60X 모습.

[차트 2-16]

급등이 먼저 나오고 20-60X가 나오는 경우도 많다. 이때의 움직임은 조금 다를 수 있다. 통계적으로 이때는 주가가 다시 하락해서 60일선을 딛고 2차 상승을 하는 경우가 많다. 앞 차트 2개 역시 60일선으로 하락 후 다시 반등하는 모습을 확인할 수 있다. 만일 선 급등 후 20-60X라면 60일선까지 다시 하락하기를 기다려서 매수를 하면 수익이 날 가능성이 높다.

[차트 2-17] <사지탈출>의 전형. 고점은 낮아진 반면 MACD 값은 훨씬 높아졌다. MACD가 0을 돌파하고, 20-60X가 나오면서 급등했다.

<사지탈출> 조건

1. 급락일수록 좋다. 하락이 가파르고 깊어야 좋다.
2. 급락할 때와 반등할 때 거래량이 적어야 좋다.
3. 반등한 후에 오른쪽 어깨의 높이가 왼쪽보다 낮고(고점이 낮아지고), MACD는 왼쪽보다 더 높아야(고점이 높아져야) 좋다.
4. 반등 후 횡보를 하다가 20일선이 60일선을 뚫고 오르면서 급등하는 경우가 많다.

같은 일은 반복된다

앞에 소개한 [시공테크]는 2016년 모습이다. 2020년 4월 [시공테크]는 다시 한 번 〈사지탈출〉을 연출한다.

[차트 2-18] 4년 만에 다시 한 번 〈사지탈출〉을 연출한 [시공테크]

<다이버전스>를 충족하지 못했다면 탈출한다

가격 차트의 움직임과 MACD 값이 다를 때를 주목하는 게 <다이버전스>다. 그런데 아래 종목 [바이오로그디바이스]처럼 <사지탈출>은 출현했지만 <다이버전스>가 애매한 경우가 있다. MACD 값이 0 미만이고, 동시에 고점이 높아졌다는 징후가 뚜렷하지 않다. 실제로 이 종목은 상승을 만들지 못하고 횡보하다가 하락했다. <다이버전스>가 애매한 경우, MACD 값이 0 미만인 경우는 <사지탈출>이 아닐 가능성이 크니 손을 터는 게 좋다.

[차트 2-19] MACD가 확연하게 고점을 높이는 모습을 보일 때가 좋다.

[차트 2-20] 종목 [덕산하우징]은 2차례에 걸쳐 <사지탈출>이 나왔다. 두 번 모두 <다이버전스>가 확연했고, MACD가 0을 돌파하면서 본격 상승 및 급등이 나왔다.

[차트 2-21] <사지탈출> 후 MACD가 높은데도 오르지를 못하고 120일선을 맞고 하락한 경우다. 이런 경우도 간혹 있다. 이는 장기적인 포석에서 세력의 청소나 매집이었을 가능성이 있다. 실제로 종목 [비에이치아이]는 장기간의 횡보 후에 급등을 했다. 아래는 이후의 차트다.

[차트 2-22] [비에이치아이]의 이후 진행 과정. 이것이 매집이었다고 주장하지는 않는다. 나의 경험상 그런 경우가 많더라는 것이지 증명할 수 있는 방법이 없다.

변형 ❶ V자형이 아닌 U자형

〈사지탈출〉의 핵심은 개미를 털어내기 위해 급락을 시키는 것이다. 보통은 하락 중에 V자형으로 나타나지만 종목 [이엠넷]처럼 완만한 각도의 U자형으로 〈사지탈출〉을 만들기도 한다. 이 종목은 기간도 꽤 길다. 참고로 [이엠넷]은 뒤에 소개하는 또 다른 기법 〈MA 2단〉으로도 설명이 되는 〈U자형 사지탈출〉이다. 아무튼 이 경우에도 〈다이버전스〉가 확인되어야 하고, MACD 값이 0보다 커야 한다. [이엠넷] 역시 〈U자형 사지탈출〉 후 20-60X가 나오면서 급등이 시작됐다.

[차트 2-23] 차트를 보면서 1) 다이버전스를 찾고, 2) 20-60X를 찾는다.

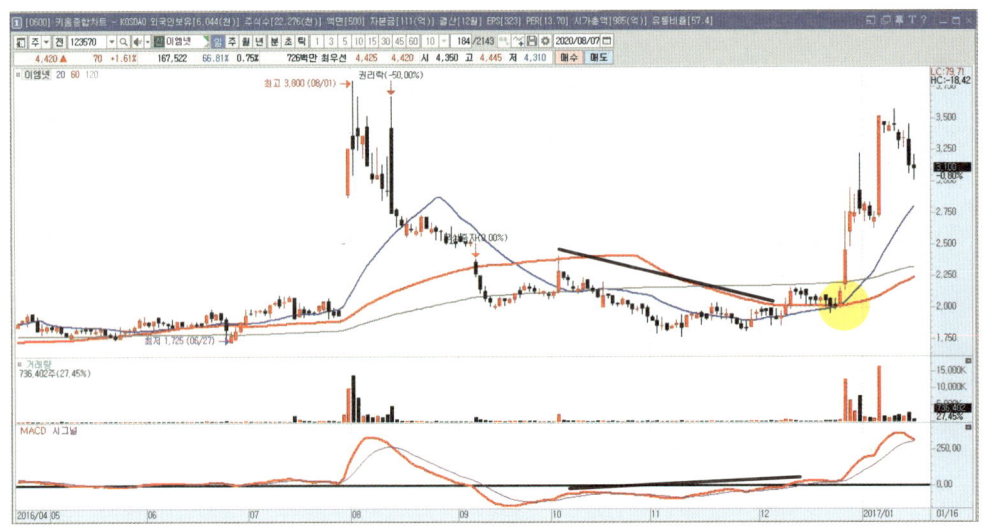

변형 ❷ 연속된 <사지탈출>

깊은 <사지탈출>이 나온 후 작은 <사지탈출>이 연속되는 경우가 있다. 이때는 세력이 개미를 정성스럽게 청소하는 과정일 가능성이 크다.

[차트 2-24] 4차례에 걸쳐 <사지탈출>을 만든 뒤 급등하는 모습

2020년 3월에는 대폭락장 이후 대반등이 나오면서 대규모로 <사지탈출>이 연출되었다. 다음은 이 무렵에 등장한 대표적인 두 종목이다. 차트 감상을 끝으로 <사지탈출> 설명을 끝낸다. 잘 공부해서 유용하게 사용하기 바란다.

[차트 2-25] 최근 <사지탈출>을 연출한 [SGA솔루션즈]

[차트 2-26] 최근 <사지탈출>을 연출한 [현대비앤지]

잠깐! 미미르 기초 다지기
고점에서 물리지 않는 방법

오르기 직전의 형태를 배우는 것도 중요하지만 그에 못지않게 중요한 게 있다. 떨어지기 직전의 모습이다. 대표적인 예가 급등주다. 왜 다들 급등주 꼭대기에서 잡고 물렸다며 한탄할까? 하루 주가의 변동폭은 플러스마이너스 30%다. 상한가를 노리고 꼭대기에 있는 급등주를 잘못 따라가면 최대 −60% 가까이 손실을 낼 수도 있다.

−30~−20% 손실까지는 방법이 없는 건 아니다. 상한가 한 방이면 원금이 회복되고, 또한 분석에 자신이 있다면 추가매수로 평균가격을 낮춰 어렵지 않게 손실을 복구할 수 있다. 하지만 손실이 −50%가 되면 현재 가격의 2배가 올라야 원금이 회복되기 때문에 복구는 사실상 불가능하다. −50% 손실을 낸 사람이 100% 수익을 쉽게 달성할 리 없다.

'떨어지기 직전에 나타나는 징후' 몇 가지를 소개한다. 잘 숙지해서 꼭지에서 전 재산 털어 세력 유흥비 보태주는 일은 없어야겠다.

절대 사서는 안 되는 차트 ❶ 헤드앤숄더(Head & Shoulder)

차트 흐름이 사람의 머리와 어깨 모양을 만들 때가 있다. 세 개의 봉우리가 만들어지는데 가운데가 높고 양쪽이 낮다. 〈헤드앤숄더〉다.

여러 가지 분석할 필요도 없다. 이 형태가 나타나면 주가가 하락할 때가 됐다고 생각하자. 실제로도 잘 맞기 때문에 가장 잘 알려져 있고 많이 사용된다.

[차트 2-27] <헤드앤숄더>다. 세 개의 봉우리가 만들어진다. 가운데 봉우리가 가장 높다.

종목 [세종공업]에서도 <헤드앤숄더>가 확인된다. <헤드앤숄더>가 의심되면 오른쪽 어깨에서는 일단 파는 게 안전하다. 팔고 지지선까지 기다리거나 또 다른 매수 신호가 나오기를 기다려 다시 진입하는 게 좋다. <헤드앤숄더>가 뜨면 큰 하락으로 이어지는 경우가 있다.

[차트 2-28] <헤드앤숄더>가 뜨면 급락의 위험성이 높아진다.

밋밋한 어깨 형태

아래 차트는 고깔모자처럼 가운데만 뾰족하고, 어깨에 해당하는 봉우리가 납작한 형태다. 그러나 이 역시 〈헤드앤숄더〉다. 선입관을 버리고 형태를 주시한다.

거래량도 같이 보자. 거래량만 보면 어떤가? 종목 [이그잭스]는 고점에 거래량이 별로 없다. 고점처럼 안 보인다. 이 정도 거래량이면 아직 세력이 팔고 나간 게 아니라는 생각이 든다. 절대 꼭지일 리 없다는 믿음으로 〈헤드앤숄더〉가 아니라고 판단하고 들어갈 수 있다.

하지만 세력은 칙칙폭폭 달리는 기관차가 아니다. 정류장에 들러야 하고, 가끔은 직선 길을 두고도 손님들을 내려주기 위해 우회로로 돌아가기도 한다. 직선 길로 달려가고 싶은 건 내 욕심이다. 나는 세력이 모는 기차의 승객일 뿐이다.

[**차트 2-29**] 변형 〈헤드앤숄더〉. 왼쪽 어깨도 그렇지만 오른쪽 어깨는 더욱 납작하다. 그래도 가운데가 뾰족 솟았으니 〈헤드앤숄더〉라고 보는 게 옳은 접근법이다.

주식은 각종 다양하고 복잡한 기법들보다 이렇게 한눈에 직관적으로 볼 때 더 정확한 경우가 많다. 이론보다 주식 차트를 그림으로 생각하고 많은 차트들의 변곡점들을 보다 보면 아! 하고 무릎을 탁 치는 일이 많아진다. 각종 지표를 이해하고, 어려운 경제 이론을 열심히 공부하는 것만이 주식을 공부하는 옳은 길이며, 직관에 따르는 매매는 무식한 짓이라는 선입관을 가진 사람들은 생각을 바꿔야 한다. 만일 지표와 이론에 능통한 사람이 주식을 잘한다면 경제학 박사나 회계사들이 주식을 가장 잘해야 하고, 그들은 백전백승을 해야 한다. 하지만 현실은 그렇지 않다. 천재의 대명사인 아이작 뉴턴도 주식에 실패했다는 건 유명한 일화다.

차라리 직관적으로 눈에 보이는 형태가 솔직한 세력의 모습일 때가 더 많다는 게 내 생각이다.

주식이 감자나 관리종목 지정, 상장폐지 등을 당하기 전에 엄청난 주문 체결, 분기 흑자 전환, M&A 체결 가능성 고조, 초대박 기회를 놓치지 말자는 팬 카페가 생기기도 한다. 회사가 좋은 실적 발표를 했는데도 속살은 달라서, 안심하고 있던 개미들을 한순간에 알거지로 만들기도 한다. 그런 종목에 수많은 주식 전문가들이 물렸던 일이 과거에 실제로 종종 있었다.

주식 세계는 살벌한 무림 세계이며, 거짓과 속임수가 난무하며 말도 안 되는 강도짓이 벌건 대낮에 합법의 탈을 쓰고 벌어진다. 상장폐지를 눈앞에 둔 놈이 유상증자를 해서 끝까지 개미들의 주머니를 한 톨마저 털고 가는 게 주식 시장이다.

나 외에는 믿을 놈 하나도 없는 게 주식이라는 무림 세계라는 걸 알아야 한다.

납작한 머리 형태

이건 〈헤드앤숄더〉가 아니라고 하는 사람도 있다. 〈헤드앤숄더〉라면 머리가 더 높아야 하는데 이 놈은 양 어깨가 더 높다. 명칭이 중요한가? 〈헤드앤숄더〉가 아니라도 이런 식의 3봉형 역시 고점에서 잘 등장한다. 이 차트를 같이 올리는 이유는 너무 고지식하게 적용하지 말고 열린 눈, 열린 상상력으로 주식을 보라는 의미에서다.

[차트 2-30] 머리가 납작한 〈헤드앤숄더〉

　세 번째 봉우리가 만들어질 때 직전 봉우리의 고점을 돌파하지 못하면 큰 하락으로 이어진다. 이런 3봉형 차트에서 가장 위험하고 알아보기 쉬운 게 〈헤드앤숄더〉다. 3봉형이 나오면 일단 관망하거나 혹은 지나가자.

　간혹 세 번째 봉우리가 전 봉우리의 고점을 뚫고 오르는 경우도 있다. 이때는 〈다이버전스〉가 나오는지 주목하는 게 좋다. 만일 가격은 고점을 갱신했는데 MACD 값이 반대로 고점이 낮아진다면 위험하다. 혹시라도 이 지점에서 물리면 다시는 돌아오지 않을 역대 최고가 고점이 될 수도 있다.

　이 외에도 3봉형은 다양한 형태로 나타날 수 있다. 주식에서 고정관념은 금물이다. 고정관념에 빠지면 위기가 코앞에서 음흉하게 웃고 있을 때도, 기회가 앞에서 안타깝게 올라타라고 손짓할 때도 내 생각에만 빠져 못 알아보기 쉽다. 열린 마음을 가져보자.

　이것도 저것도 다 해봤는데, 여전히 안 된다면 과감히 틀을 깰 필요가 있다. 말도 안 된다고 생각되는 시도가 도리어 기회의 문을 열어줄 수도 있다.

마지막으로 차트 하나만 더 보고 〈헤드앤숄더〉 설명을 끝낸다. 〈헤드앤숄더〉가 보이는가? 더 많은 실례를 차트에서 찾아보며 실전에서 활용할 능력을 갖추기 바란다.

[차트 2-31] 〈헤드앤숄더〉가 보이는가?

절대 사서는 안 되는 차트 ❷ 쌍봉

 3봉형도 나쁘지만 쌍봉도 못지않다. 예전에 어떤 짓궂은 세력은 여자 가슴처럼 좌우 봉우리 곡선까지 정확히 일치하는 쌍봉을 그리며 폭락시킨 적이 있다. 그 고점에 이르렀을 때 세력으로 의심되는 누군가 개미를 가장하여 "나는 여기서 팔고 나간다. 더 오르지 않을 거라는 건 아니다. 여러분은 수익 나기 바란다."는 댓글을 남긴 적이 있다. '이런 쉬운 그림도 못 알아보는 놈들이 주식을 한다는 게 코웃음 나온다.'는 조롱조의 내용이었다. 그는 눈 뜬 장님 같은 무식한 개미들을 얼마나 비웃었을까. 그때는 나 역시 무식한 개미였기에 기억이 더 생생하다. 쌍봉은 그만큼 중요하고 상식적인 내용이며, 자주 등장하는 형태이다.

 쌍봉은 2개 고점의 높이가 비슷하다. 어느 한쪽이 약간 높기도 하지만 대개 비슷하다. 그래서 이전 봉우리의 고점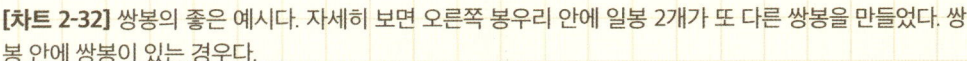(=전고)까지 주가가 올라가면 주의해야 한다. 전고를 돌파하고 오를 거라고 판단하려면 일단 근거부터 찾아야 한다. 근거가 없다면? 들어가면 위험하다.

[차트 2-32] 쌍봉의 좋은 예시다. 자세히 보면 오른쪽 봉우리 안에 일봉 2개가 또 다른 쌍봉을 만들었다. 쌍봉 안에 쌍봉이 있는 경우다.

일봉 두 개로 만든 쌍봉

2019년 5월 17일 [에이텍티앤]이 시가 25% 갭 상승으로 출발했다. 엄청난 갭 상승이다. 힘도 좋으니 상한가를 굳힐 걸로 믿고 따라 들어간 개미가 많을 것 같다. 하지만 상한가까지 도달하지도 못하고 약 3.5% 오른 11,050원에서 최고가를 기록한 후 급락, 전일 대비 2% 상승한 장대 음봉으로 끝났다. 3일 후 다시 17% 갭 상승해서 일시적으로 양봉을 만들며 오르는 것 같더니 17일보다 50원 적은 11,000원에서 고점을 찍고 재차 하락했다.

이렇게 비슷한 고점에서 윗꼬리를 만들며 음봉이 나오면, 일단 조심해야 한다. 쌍봉이 될 가능성이 높다. 결국 토끼 귀처럼 기다란 두 개의 장대 음봉을 만든 뒤 내리막길을 걸었다.

[차트 2-33] 이전 일봉의 고점 부근에서 유사하게 움직인다? 쌍봉 가능성이 농후하다.

일봉 쌍봉은 생각보다 자주 나온다. 종목 [에이텍티앤]는 2019년 5월에 이어 2019년 9월 4일에 다시 한 번 쌍봉을 만들었다. 이날 주가는 10,050원까지 올랐다가 윗꼬리를 달고 내려갔다. 이틀 후 10,100원을 고점으로 하락, -26%인 7,160원까지 급락했다. 앞 일봉 고점과 주가가 비슷한 곳에서 하락하며 윗꼬리를 만들면 긴장하라. '오르겠지. 설마 이런 자리에서 쌍봉이 나오겠어?' 하고 방심하는 심리를 세력은 노린다.

[차트 2-34] 쌍봉의 징후가 보이면 일단 청산하고 지켜보는 게 현명하다.

쌍봉은 이렇게 봉우리 형태로 나타나기도 하고, 일봉으로 나오기도 한다. 쌍봉은 앞 고점(전고)이 강한 저항 역할을 하기 때문에 자주 나올 수밖에 없다. 봉우리 형태의 쌍봉은, 전후 관계를 보면 어느 정도 예측이 가능하다. 반면 일봉 형태의 쌍봉은 당일 만들어가는 모습을 모니터링하면서 유추해야 한다. 만일 쌍봉이 되는 가격에서 주가가 윗꼬리를 만들기 시작하면 일단 쌍봉 가능성이 높다고 생각하고 최대한 보수적으로 접근한다.

[차트 2-35] 종목 [풍강]을 다시 보자. 봉우리 쌍봉과 일봉 쌍봉이 다 같이 있는 모습이다. 이런 형태는 눈으로 익히기를 바란다.

아래는 몇 가지 쌍봉의 예들이다. 여러분도 직접 차트에서 찾아보자. 자기가 스스로 찾아보며 자주 나오는 현상이라는 걸 느껴야 실전에서 능동적 대처가 가능하다.

[차트 2-36] 이 종목은 <사지탈출> 후 횡보를 하며 이평선들이 가까이 모이도록 한 뒤 급등을 했고, 쌍봉을 만들며 급락했다. 두 번째 봉이 터질 당시의 거래량을 보면 아직 하락할 때가 되지 않은 것 같지만 결국은 쌍봉을 만들며 하락했다. 3봉이라고 볼 수도 있다.

[차트 2-37] 토끼 귀처럼 생긴 일봉 쌍봉. 장대 음봉 2개가 쌍봉을 만들었다. 의외로 자주 나온다.

[차트 2-38] 거래량으로 혼란을 주는 차트. 거래량만 봐서는 윗꼬리 일봉으로 쌍봉을 만들었어도 고점이라는 느낌이 들지 않는다. <헤드앤숄더>로 볼 수도 있고, 3봉으로도 볼 수 있는 고점을 만들고 하락했다. 하락을 하다가 <사지탈출>로 다졌던 강한 지지선을 딛고 반등을 하고 있다.

[차트 2-39] 이 차트에는 2개의 쌍봉이 있다. 일봉 쌍봉과 봉우리 쌍봉이다. 앞에 나오는 연속된 일봉 2개가 고점이 거의 같은 윗꼬리 쌍봉을 만들고 폭락했다. 몇 달 후 이 일봉 고점과 비슷한 위치까지 다시 올랐다가 하락했는데 이것도 쌍봉이다. 이런 그림도 쌍봉이냐고 반발하는 사람들이 있을지 모른다. 쌍봉 개념을 너무 고지식하게 해석하는 사람들이다. 핵심은 이렇다. 전 고점은 쉽게 돌파하지 못한다!

[차트 2-40] 내가 <게형(crab)>이라고 부르는 형태의 쌍봉이다. 차트 전체를 보면 게처럼 생겼고, 쌍봉에 해당하는 '게 눈'도 보인다. 고정관념을 버리고 보면 쌍봉이 보인다. 쌍봉은 전 고점을 뚫는 게 어렵다는 걸 보여준다. 반대로 말하면 전 고점을 뚫어줄 논리적 근거가 보일 때만 조심스럽게 접근하는 것이다.

[차트 2-41] 쌍봉은 최고점이 아닌 곳에서도 나온다. 하락 중에도 개미에게 물량을 팔고 나오기 위해 일시적으로 고점을 만들기도 한다. 그 지점이 고점이 되어 이런 차트를 만든다.

[차트 2-42] 특정한 생김새를 머릿속에 새기지 말고, 원리를 되새기자. 윗꼬리가 연속해서 나왔거나 긴 윗꼬리가 나왔던 앞 고점은 특히 강한 저항선이 된다는 걸 명심하자.

가장 위험한 쌍봉

지금까지 설명한 내용의 핵심은 이렇다. "앞에 봉우리든 일봉이든 고점을 찍고 있는 게 있다면 다음번에 이를 뛰어넘기 어렵다!" 그중에서도 특히 다음과 같은 모습이 전 고점 부근에서 나오면 주의가 필요하다.

(전 고점 가격까지 오른 뒤)

- 윗꼬리가 긴 일봉을 만들 때
- 윗꼬리 일봉이 반복해서 나올 때
- 윗꼬리 장대 음봉을 만들 때
- 윗꼬리 쌍봉 일봉을 만들 때
- 거래량이 많이 터질 때
- 오랜 기간 박스권 횡보를 할 때

절대 사서는 안 되는 차트 ❸ 3봉 고점

이밖에도 자주 나오는 고점의 형태로 〈3봉〉이 있다. 나는 3봉을 주가 3봉, MACD 3봉 등 몇 가지 형태로 나눈다.

아래 차트는 [삼성전기]의 2018년 차트다. 3봉이 보이는가? 대형주나 거래량이 많은 종목에서 자주 등장하는 〈3봉 고점〉 형태다. 표시한 3개 일봉의 고점이 거의 비슷하다. 비슷한 가격에서 하락을 반복하더니 3봉이 완성된 뒤에는 본격 하락했다.

[차트 2-43] 표시된 3개의 노란색 원이 3봉 고점이다. 거래량이 많은 대형주에서 종종 나오는 형태다.

3봉은 잘 나오지 않는 특수한 형태라고 생각하는 분들을 위해 다른 예를 찾았다. 첫 번째 봉우리 구간과 뒤의 봉우리 구간 사이에 거리가 있지만 그건 상관없다. 1봉의 고점과 2~3봉의 고점이 유사하며, 3봉 이후 깊은 하락이 나왔다는 점은 똑같다.

[차트 2-44] SK는 1~3개의 봉을 합쳐 3봉으로 봐도 되고, 2와 3봉만 따로 쌍봉으로 봐도 무방하다.

앞의 사례처럼 3봉의 고점 가격이 거의 비슷한 경우도 있지만 조금씩 다른 경우도 흔하다. 다음은 [현대차]에서 나온 3봉이다. 3봉이 몇 개가 보이는가?

[차트 2-45] 3봉이 중첩되는 사례

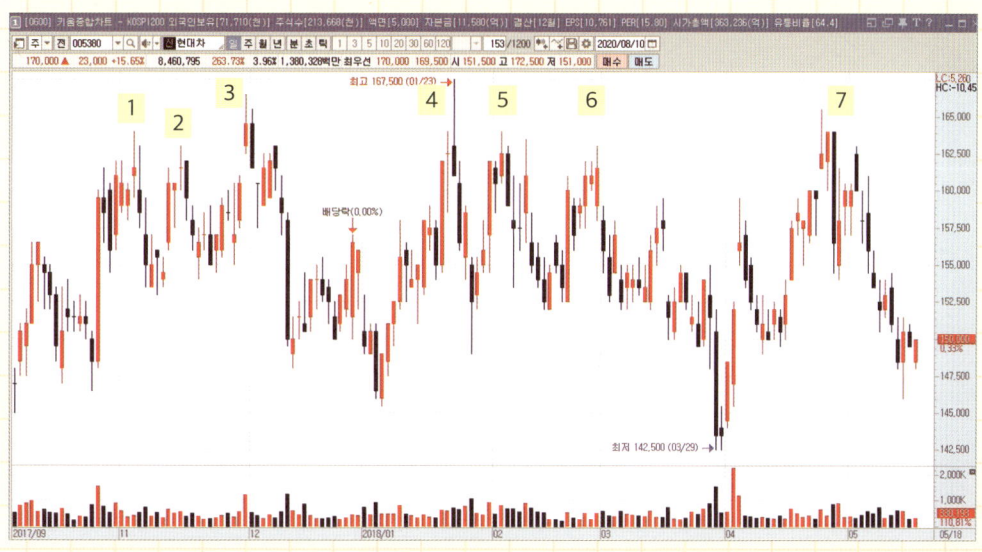

이 차트에는 크게 3개의 3봉이 있다. 1~3도 3봉이요, 4~6도 3봉이다. 그리고 (1~3), (4~6), 7 도 커다란 3봉이다.

101

3봉이 중요한 이유는, 3봉 이후에 하락폭이 크기 때문이다. 1, 2봉 때의 하락보다 3봉 때는 가파르고 더 깊게 하락하는 경향이 있다. 다음 차트는 [현대차]의 이후 상황이다.

[차트 2-46] 3봉 이후에는 미친 듯이 하락하는 경우가 왕왕 있다. 이래도 사고 싶은가?

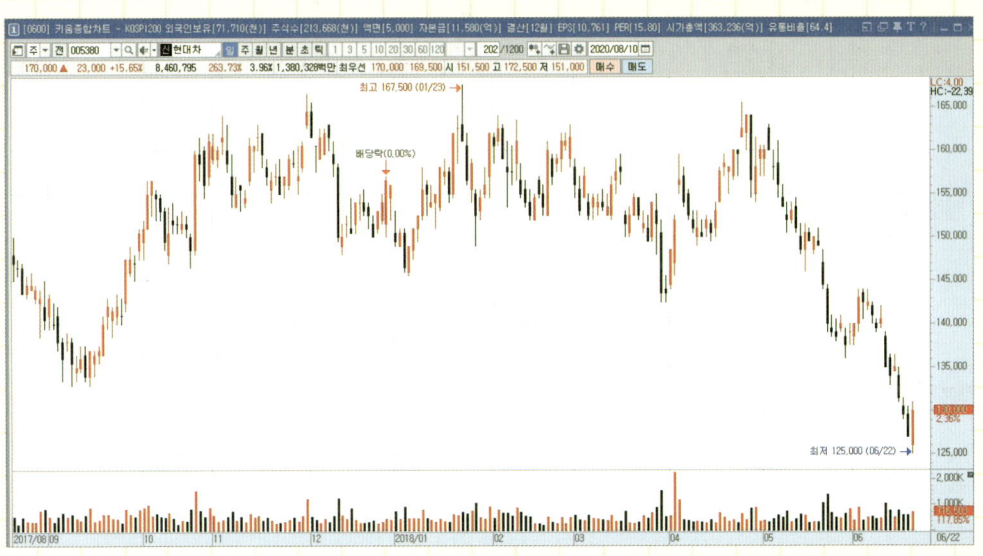

절대 사서는 안 되는 차트 ❹ <링시아>

<링시아>는 주가가 기세등등하게 올라 꼭대기를 건드리고 하락을 시작할 때 자주 나오는 현상이다. 겉으로 보면 주가가 급격히 오른다. 지금 따라가야 할 것 같다. 그런데 실제로는 세력이 열심히 팔아먹고 있을 때가 있다. 그때 <링시아>가 나타난다. 앞에서 설명한 <헤드앤숄더>나 <쌍봉> 등은 많이 알려진 내용이다. 그런데 왜 여기서 다시 설명했는가 하면 <링시아>를 이야기하기 위해서였다. <링시아>는 다음에 다룰 기법으로 이걸 이해하기 위해 기초가 필요해서 지금껏 고점에 대해서 이야기했다. 페이지를 넘겨서 진도를 빼보자.

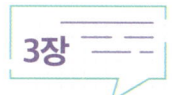

미미르 필살기 ❸
<링시아> 기법

- 강한 상승이 나온 종목,
  더 오를 것인지 판단하는 방법

앞에서 이야기했듯이 봉우리가 연속으로 나타나면(3봉, 쌍봉) 일단 경계부터 해야 한다. 그런데 실상은 어떤가? 개미들은 연속 봉우리가 나타나면 이렇게 생각한다. "개미 청소가 끝났고 급등이 시작됐다." 그런 믿음으로 대거 매수에 동참한다. 웬만큼 노련한 개미들도 이 마지막 속임수에 넘어가 높은 가격에서 추격 매수하는 경우가 많다. 오르면 다행이지만 그게 아니라면?

그 속임수를 간파하는 방법이 있다. 〈링시아〉다.

〈링시아〉를 찾기 위해서는 차트에 두 개의 보조지표 MACD와 스토캐스틱(STOCHASTIC)을 깔아야 한다. 설정하는 방법은 뒤에 설명하고, 우선 〈링시아〉의 예를 보자.[링시아는 '0下(0아래)'의 중국식 발음으로 내가 붙인 이름이다. 인터넷 검색하지 마시라.]

[차트 2-47] 〈링시아〉의 예 : 지금 보면 음봉이니까 당연히 저런 곳에 안 들어간다고 생각하겠지만 장중에는 저게 빨간색 양봉으로 상승 중이었다. 그때 개미들이 '드디어 928원의 전 고점을 돌파하겠구나' 하고 따라 들어간다.

〈링시아〉를 알면 고점에 물리는 걸 보다 더 확실히 피할 수 있다

차트 2-47의 종목은 [SG세계물산]이다. 노란색으로 표시한 부분이 개미들이 자주 물리는 단골 지점이다. 거래량 지표를 보는 투자자들은 이 지점에서 거래량이 별로 나오지 않았다는 점에 주목하고 매수에 들어간다. 왜 이렇게 판단하는 것일까? 시간을 조금 앞당겨 이전 차트의 모습을 보자. 주목할 곳은 아래 차트의 노란색 박스 부분이다.

[차트 2-48] A-B 구간의 거래량을 세력의 매집으로 본다면 당연히 아직 팔지 않은 게 된다.

　A에서 B에 이르는 구간을 세력의 매집으로 본다면 그 아래 노란색 박스로 표시한 거래량이 지금까지 세력이 모은 물량이 된다. B 이후 주가는 928원의 고점을 찍고 조정에 들어간다. 조정 때는 거래량도 별로 없다. 이 모습을 보면서 개미들은 이렇게 생각을 확대시킨다. '물량을 팔지 않았다. 따라서 이건 하락이 아니다. 조만간 양봉이 나올 거다!' 그렇게 추가 상승의 기대감에 젖는다(실전 경험이 적은 독자라면 거래량을 보고 이렇게 판단하는 게 잘 이해되지 않을 수 있다. 그러나 걱정 마시라. 이 책을 읽다보면 거래량의 의미를 자연히 이해하게 될 것이다. 당장은 이해 못해도 괜찮다. 〈링시아〉의 개념만 잡으면 된다.).

[차트 2-49] 노란색으로 표시한 일봉이 오늘이고, 그 뒤로는 아직 차트가 그려지지 않았다고 상상하며 차트를 보자.

928원을 찍고 하락하던 주가가 20일선마저 깨뜨리고 내려갔다가 노란색 박스의 양봉 하나를 만들며 '나 아직 안 죽었어!'라고 말한다. 차트 하단의 거래량 지표를 보니 오랜만에 거래량이 빨간색으로 솟아올라 있다. 뭔가 시작되는 기분이다. 강한 반등을 기다린다.

[차트 2-50] 노란색으로 표시된 윗꼬리 음봉이 뜨던 날로 돌아가 보면, 장중에 이 음봉은 빨간색 양봉이었다. 그 모습을 상상하며 차트를 보자.

드디어 기다리던 반등이 나온다. 며칠 동안 갇혀 있던 박스권을 뚫고 고개를 내민다. 자, 드디어 시작이다. 지나고 보니 윗꼬리 달린 음봉이지만 분명 장중에는 928원의 고점을 돌파할 것처럼 기세등등한 빨간색 양봉이었다. 그때 사기 시작한다. 이건 분명 간다. 그런데 장 후반으로 갈수록 주가가 내려간다. 계속 내려간다. 미친듯이 내려간다. 그런데 신기하다. 아직도 거래량이 충분히 터지지 않았다. 세력이 아직 팔지 않은 것 같다. 기다리기로 한다…… 그렇게 폭포에서 탈출할 기회를 놓치고 수직 낙하한다. 이걸 어떻게 피할 수 있을까? 〈링시아〉에게 물어보자.

〈링시아〉 조건 ❶ 고점에서 하락하던 주가가 급반등한다

앞에서 독자가 경험한 바로 그 모습이 〈링시아〉다. 주가가 많이 오른다. 고점 부근에서 움직인다. 하락하는 척하다가 갑자기 급등한다. 이게 첫째 조건이다. 이 급등지점을 나는 '희망봉'이라고 부른다. 그러나 실제 모습은 절망의 골짜기다. 허무한 가짜 희망봉이다.

<링시아> 조건 ❷ MACD가 하락한다

MACD는 <다이버전스>에서 언급했다. 그때는 고점이나 저점이 낮아지는지 혹은 높아지는지 확인할 때 썼다. 이때는 조금 다르다. MACD에는 두 개의 선이 있다. 하나는 굵은 선으로 표시되는 MACD 선이고, 하나는 가는 선으로 표시되는 시그널 선이다. 이름은 중요치 않다. 굵은 선과 가는 선이 어떤 흐름으로 움직이는지 확인한다. 다음 차트를 보자. 1) 굵은 선(MACD)이 하락한다. 2) 굵은 선(MACD)이 가는 선(시그널) 밑으로 내려간다(이처럼 밑으로 뚫고 내려갈 때 데드크로스라고 한다. 반대는 골든크로스). 3) 일봉상 반등이 나온 날, 굵은 선도 일시 반등한다. 그러나 가는 선을 뚫지는 못한다(3번의 이런 현상을 'MA눌림'이라고 부르기로 한다. 이건 기억하기 바란다.).

[차트 2-51] <링시아>를 찾는 MACD 조건

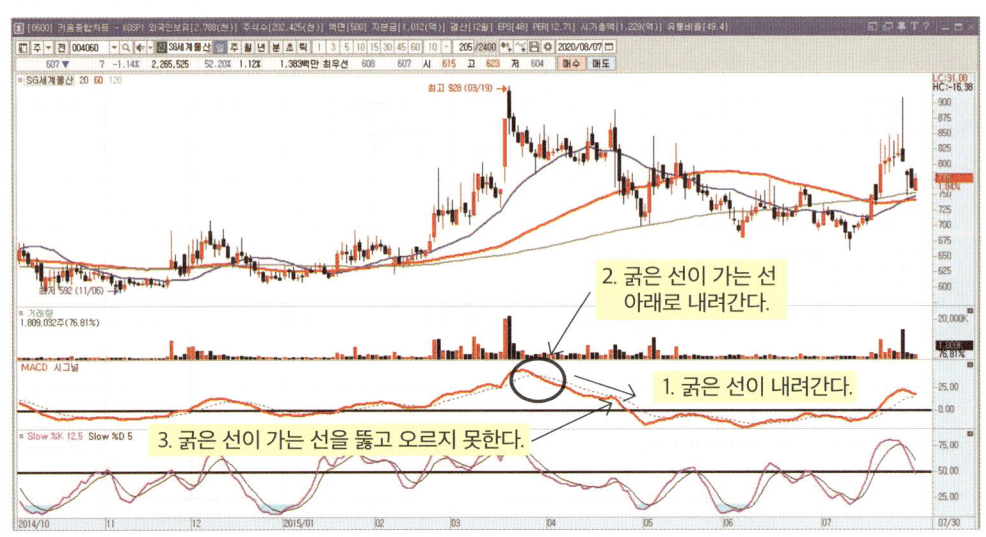

<링시아> 조건 ❸ 스토캐스틱(Stochastic)이 기준선(50) 아래로

아래 차트를 보자. 제일 아래에 있는 보조지표가 스토캐스틱이다. 검은 선이 가운데 그어져 있다. 이게 기준선이다. 주가가 반등하던 날의 스토캐스틱을 보면 살짝 반등하는 것처럼 보이지만 기준선을 뚫고 오르지는 못한다. (stocastic 기준선은 50으로 설정한다. 아래 설정 방법 참조)

[차트 2-52] 스토캐스틱이 반등하지 못하고, 기준선 아래에 있다.

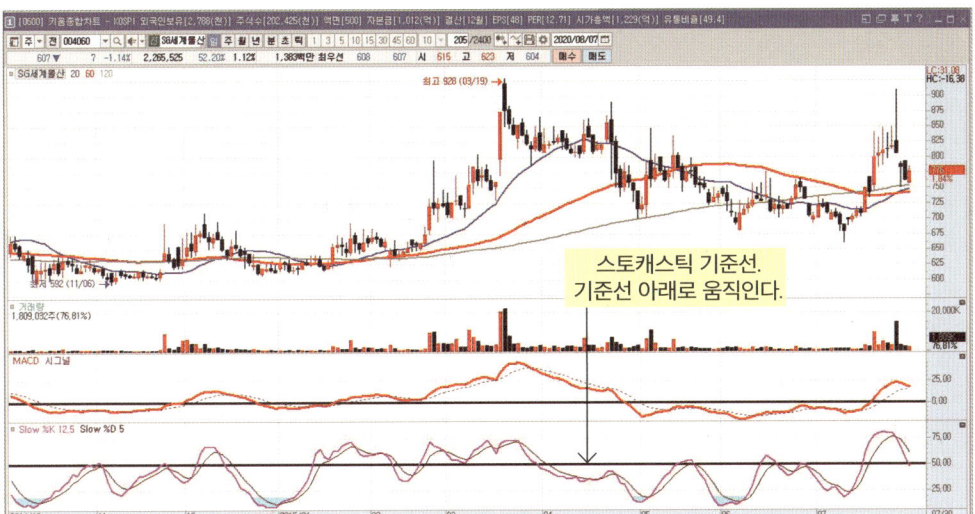

이 3가지 조건이 동시에 충족되면 〈링시아〉라고 부른다. 〈링시아〉가 나타나면? 도망쳐야 한다. 처음 보는 분들에게는 낯설겠지만 부지기수로 등장한다. 그림만 보면 즉시 알 수 있어서 유용하다.

<링시아> 예시들

이해가 안 되는 독자를 위해 몇 가지 예를 보자. 아래는 종목 [로지시스]다. 고점까지 오른 뒤 횡보나 하락을 하다가 매번 급반등을 만들며 희망봉으로 개미들을 유혹한다. 이 희망봉에서 세력들은 개미들에게 물량을 떠넘기고 급락을 시켰다(다시 싼 값에 받기 위해). 차트 모양만 보지 말고, 아래 MACD의 흐름과 스토캐스틱도 같이 본다. 이게 눈에 익어야 한다.

[차트 2-53] 주가가 이전 고점에 가까워지면 MACD와 스토캐스틱부터 확인하자.

또 다른 종목 [진양산업]에 등장한 <링시아>다. 노란색 원이 급반등한 날이다. 이 날 MACD는 어떤 모습인가? 가는 선을 돌파했는가? 스토캐스틱은 어떤가? 기준선을 뛰어넘었는가? 아니라면 <링시아>다.

[차트 2-54] 마찬가지다. MACD와 스토캐스틱을 확인하라.

<링시아>를 만드는 세력들의 의도

세력이 충분히 팔아먹지 못한 경우가 있다. 이때 주가를 하락시키다가 앞 고점(=전고) 부근까지 순식간에 급등을 시킬 때가 있다. 왜 급등일까? 조금씩 올리면 개미들의 관심을 끌기도 힘들고, 설령 눈치 챈 개미가 있더라도 '이게 가려는 거야, 마는 거야?' 하고 의구심만 자아낸다. 이런 의구심을 지우고 조급증을 불러오려면 순식간에 올리는 방법밖에 없다. 급등이 나오면 시장에 참여하고 있는 웬만한 사람들이 다 알아차린다. 그리고 오늘의 타깃이 되는 개미들이 들어온다. 호구가 들어온 걸 알아차린 세력들은 이제 개미들에게 물량을 팔아치운다. 충분히 팔았다 싶으면 순식간에 급락을 시킨다. 위에서 물린 개미는 적당히 손절하고 빠져나올 기회도 없다.

왜 MACD를 보고 <링시아>를 판단할까?

MACD에 대해서 잠깐 이야기해 보자. MACD의 굵은 선은 언제 오를가? 나는 '매수세가 매도세보다 강할 때 오른다'고 해석한다. 한마디로 사는 사람이 파는 사람보다 더 많다는 뜻이다. 이때는 세력이 주가를 올리기로 마음을 먹었다고 잠정 판단한다. 가격은 계속 오를 것으로 생각된다.

그런데 반대의 경우가 있다. 가격이 오르는데도 사는 물량(매수세)보다 파는 물량(매도세)이 더 많을 때도 있다. 그럼 어떤 일이 벌어지는가 하면 가격은 오르는데 MACD의 굵은 선은 오르지 않는다. 괴리 현상이 벌어진다. 이 괴리 현상이 〈다이버전스〉다.

무슨 속사정일까? 세력이 주가를 올리면서 물량을 팔아먹고 있다는 증거다. 그래서 어느 정도 가격이 오르다가 세력이 가짜 매수를 멈추면 급락이 나온다. 정리하면 이렇다.

- 사는 세력이 더 많으면(=매수세가 강하면) MACD가 오른다.
- 파는 세력이 더 많으면(=매도세가 강하면) MACD는 내린다.
- 사는 세력과 파는 세력이 팽팽하면(매수세와 매도세가 비슷하면) MACD는 횡보한다.

보통 사람들은 주가가 오르는 모습을 보며 '매수세가 강하다'라고 생각한다. 그러나 이런 생각은 위험하다. 매수세가 약한 데도 주가가 오르는 경우가 있기 때문이다. 따라서 주가의 등락 모습만 보고 매수세가 강하다는 걸 판단하지 말아야 한다. 대신 나는 MACD를 본다. MACD가 골든크로스가 나기 전에는, 즉 굵은 선(MACD)이 가는 선(시그널)을 뚫고 오르기 전에는 매수세가 아직 강한 게 아니라고 생각한다.

다시 한 번 강조하지만, 나는 사전적 정의를 무시하고 철저히 실용적인 관점에서 나만의 개념을 사용한다.

많이만 알면 뭐 하는가? 독자가 경제학 교수나 주식 전문가들만큼 잘 이해하고 활용할 자신이 있는가? 나는 애초에 그 정도 공부할 마음도 없고 자신도 없기 때문에, 나만의 길을 찾아 지금껏 주식판에서 생존했다. 나보다 똑똑한 사람이 널려 있는 세상에서 남들이 다 가는 길을 따라만 가서는 답이 없다는 게 내 생각이다. 그 노력과 시간을 나만의 방법을 찾는 데 투자하자는 게 내 생각이다. 내가 쓰는 방법은 MACD의 본래 정의와는 다른 해석일 수도 있다. 나는 철저히 현상을 관찰하고 그에 따른 해석으로 보조지표를 이용하자는 주의이며, 개념 정의가 주식 매매에 결코 중요하다고 생각하지 않는다.

관찰과 분석으로 이 보조지표가 이럴 때는 이런 현상을 보이고, 저럴 때는 저런 현상으로 나타난다고 알고 쓰면 그걸로 충분하다고 생각한다.

헷갈리는 대목 : MACD가 잠시 골든크로스를 냈다가 원래대로 돌아가는 경우

거래량이 많이 터지며 주가가 급등을 하면 아무래도 매수세가 강해지기 쉽다. 나중에 보면 〈링시아〉가 분명하지만 급등 당시에는 MACD 값도 좋다(심지어 골든크로스가 나오기도 한다. 즉 급등 때 굵은 선이 가는 선을 잠시 살짝 뚫기도 한다. 그런데 주가가 다시 하락하기 시작하면 언제 골든크로스가 났었냐는 듯 다시 원 위치로 돌아간다. 지나간 차트로 보면 당시에 골든크로스가 났었다는 것을 알 수 없다.). 현실적인 고민에 부딪치는 순간이다. 〈링시아〉인가, 아닌가? 이런 헷갈리는 순간에 대비하여 아래 3가지 조건을 추가적으로 만족하는지 체크한다.

매수에 동참할지 판단하기 위한 3가지 추가 조건

1. MACD 값이 0보다 위인가?

    만일 MACD가 기준선(0) 아래라면 절대 사지 마라. MACD 값이 0을 돌파해야 상승 탄력이 본격적으로 붙는다. 때문에 MACD〈0인 조건은 아직 상승세라고 판단하지 않는다.

2. MACD 값이 앞 고점 때의 MACD 값과 유사한 수준까지 올랐는가?

    주가가 많이 올라서 앞 고점(=전고) 가까이 올랐다. 이때 앞 고점의 MACD 값과 현재의 MACD 값을 비교하라. 그때보다 MACD 값이 많이 낮은가? 그렇다면 절대 사지 마라. 앞 고점 가까이 올랐는데 MACD가 너무 심하게 차이를 보이면 안 된다. 매수세가 정말로 강하다면, 그래서 추가적으로 상승 여력이 있다고 판단하기 위해서는 MACD도 어느 정도는 따라서 올라가야 한다.

3. 스토캐스틱이 기준선 위인가?

    스토캐스틱의 값을 보자. 기준선보다 높은가? 만일 낮다면 절대 사지 마라.

MACD나 스토캐스틱(STO)의 기준선은 아주 중요하다(그래서 기준선을 굵게 만들어서 잘 보이도록 설정하고 쓴다. 방법은 이 장 제일 끝에 있다.). 이 책을 읽는 독자들은 앞으로 MACD나 스토캐스틱(STO)이 기준선을 뚫지 못하고 하락하면 주가가 폭락하는 현상을 자주 보게 될 것이다. 반대로 하락하다가 기준선 위에서 지지를 받고 반등이 나오면 급등으로 이어지는 장면도 자주 보게 될 것이다. MACD나 스토캐스틱(STO)이 기준선과 가까워지면 좋은 의미든 나쁜 의미든 긴장해야 한다.

꼭 기억해야 할 4가지 용어와 4가지 기호

아래 차트를 보자. 4개의 용어가 있다. MA골드, MA데드, STO골드, STO데드다(MACD의 굵은 선은 MACD 선이고, 가는 선은 시그널 선이다. 스토캐스틱의 밝은 선은 %K, 어두운 선은 %D 선이다. 이 장 말미의 설정방법 참조).

MA골드 : MACD의 굵은 선이 가는 선을 뚫고 위로 오를 때
MA데드 : MACD의 굵은 선이 가는 선을 뚫고 아래로 내려갈 때
STO골드 : 스토캐스틱의 밝은 선이 어두운 선을 뚫고 위로 오를 때
STO데드 : 스토캐스틱의 밝은 선이 어두운 선을 뚫고 아래로 내려갈 때

(* STO골드와 데드는 따로 얘기한 적은 없으나 MACD의 골든크로스, 데드크로스와 똑같다고 생각하면 된다. STO에도 두 개의 선이 있고, 선이 선을 뚫고 오르거나 내릴 때를 골든크로스와 데드크로스라고 한다.)

[차트 2-55] MA골드와 데드, STO골드와 데드

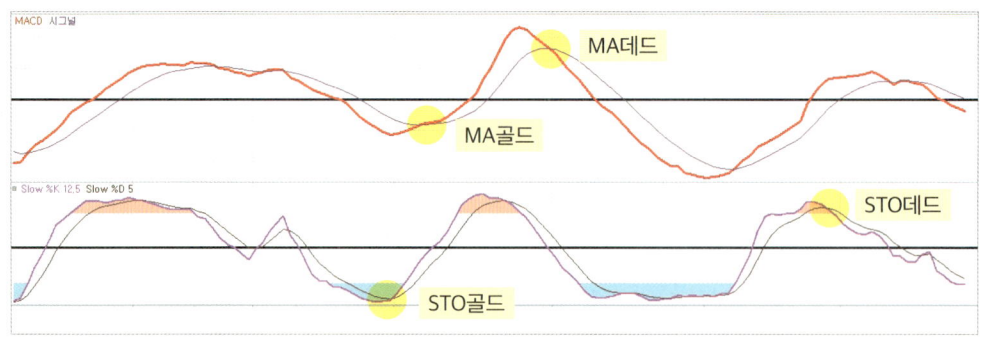

4개의 기호도 있다.

MA〉0 : MACD 값이 기준선 위에 있을 때

MA〈0 : MACD 값이 기준선 아래 있을 때

STO〉0 : 스토캐스틱이 기준선 위에 있을 때

STO〈0 : 스토캐스틱이 기준선 밑에 있을 때

(* 스토캐스틱은 기준선이 50이지만 편의상 STO〉0으로 표시)

굳이 이런 명칭을 붙이는 이유는 앞으로 자주 써야 하기 때문이다. 그때마다 일일이 설명할 수는 없으니 꼭 숙지하면 좋겠다.

<링시아> 눈에 익히기

〈링시아〉의 예를 몇 개 더 보면 얼마나 간단하고 유용한지 알 수 있다.

종목 [한네트]다. 고점에서 개미를 속이기 위한 급반등이 나오지만 MACD는 따라 오르지 않고 도리어 MA데드가 났다. 스토캐스틱은 여전히 기준선 아래다(sto〈0). 욕심이 나더라도 희망봉을 강하게 의심해야 한다. 가끔 희망봉이 진짜 급등으로 이어지는 경우가 생기더라도, 희망봉을 조심해야 큰 손실을 피한다. 어쩌다 운 좋게 한 번 수익 내는 것보다 훨씬 중요한 건, 내 계좌를 지키는 일이다.

[차트 2-56] 주가가 급등했으나 MACD는 도리어 MA데드가 나왔다.

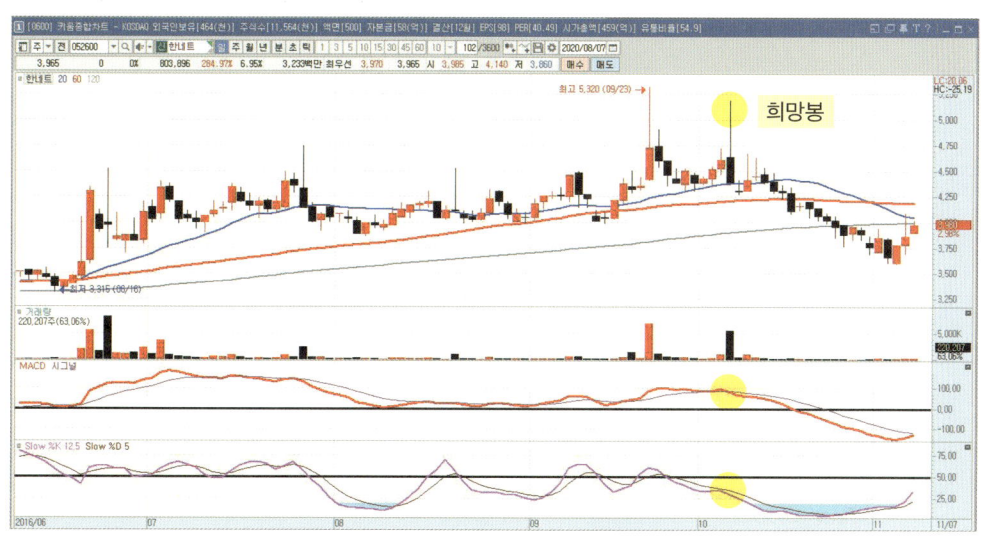

아래 종목 [정원엔시스]의 차트에서 노란색 표시 부분을 보면 주가가 급등을 하는데 스토캐스틱은 여전히 STO골드를 내지 못하고, 하락을 하며 기준선을 뚫고 내려갔다 (STO〈0〉). 따라서 이것도 〈링시아〉라고 판단한다.

스토캐스틱은 주가에 상당히 예민하게 반응한다. 주가가 오르면 쉽게 위로 향하고, 하락 반전하면 쉽게 아래로 꺾인다. 그런데 이 차트는 주가가 고점을 뚫고 치솟는데도 STO의 두 선이 거리를 좁히지 못한 채 하향하고 있다. 이럴 때는 아무리 욕심이 나더라도 따라 들어가면 안 된다.

[차트 2-57] 여러 가지 이야기가 담겨 있는 차트다. MACD 값은 MA>0이지만 MA데드이고, 스토캐스틱은 STO데드에다가 기준선에 가까워지고 있다. 한 가지 더 언급하자면 희망봉 이후 매집이 나오면서 반등이 나오는 대목을 볼 수 있다. 매집에 대한 이해가 생기면 반등 가능성을 엿볼 수 있는 차트다.

희망봉 이전에 매입해서 들고 있는 사람들은 어떻게 할까? 판단은 독자의 몫이지만, MACD나 스토캐스틱이 사이를 좁히지 못한 채 하락하고 있는데도 반등이 나왔다면, 속임수 반등이 아닌가 하는 보수적인 시각으로 접근하는 게 좋다. 이 주식의 경우는 하락 후 다시 더 큰 반등이 나왔다. 거래량 분석으로 보면 세력이 전혀 판 게 없다는 게 한눈에 보인다. 그걸 분석할 능력이 있다면 희망봉에서 팔고 다시 20~30% 싼 가격에 사는 게 좋아 보인다.

<링시아>가 나오면 보수적으로 접근하자

<링시아>는 하락세로 접어든 뒤, 세력이 중간 단타를 칠 때 나타난다. 아직 다 팔지 못한 물량이 있을 때 이를 마저 팔기 위해 나오기도 한다. 주가가 급반등했으나 <링시아>라면 보수적인 관점으로 접근해야 한다. 물론 <링시아>가 만능은 아니다. 때로는 오르는 경우도 있다. 그러나 분명 도움이 된다.

차트들을 보면 <링시아>는 대부분의 고점에서 다양한 형태로 나온다. 독자 스스로 찾아보고 내 걸로 만들어서 세력에게 돈 갖다 바치는 인생을 청산하자.

마지막으로 다음 차트에서 <링시아>를 찾아보라. 나는 이 글을 쓰면서 아무 종목이나 차례로 내려가며 위의 예들을 찾아내고 있다. 특별히 고른 게 아니다. 어느 차트에서든 <링시아>는 대부분 쉽게 찾을 수 있다.

[차트 2-58] 어디가 <링시아>일까? 일봉보다는 MACD와 스토캐스틱에서 답을 찾아 버릇한다.

<링시아> 차트 설정하는 법

차트에 MACD와 스토캐스틱을 설정하는 방법을 소개한다(키움증권 기준).

우선 MACD와 스토캐스틱의 보조지표를 불러와서 띄운다. 다음 MACD 선 위에 마우스를 갖다 대고 더블클릭을 하면 다음처럼 설정 화면이 뜬다.

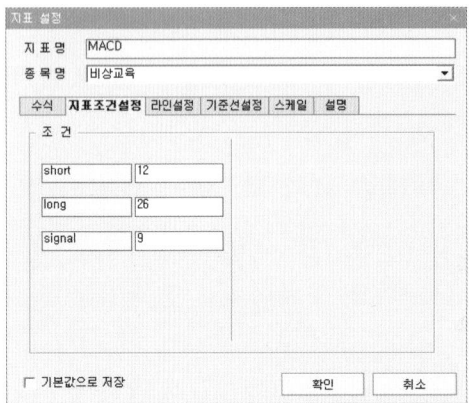

여기는 손 댈 게 없다. 다음, '기준선설정'을 눌러서 '색상'과 '너비'를 아래와 같이 조정한다.

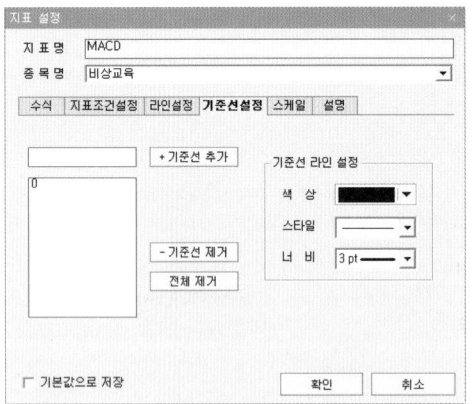

한편 MACD를 차트에 추가하면 가는 선으로 표시되는 시그널 선도 같이 뜬다. '라인설정'에서 두 개의 선(MACD=굵은 선, 시그널=가는 선)의 색상이나 굵기도 조정할 수 있다.

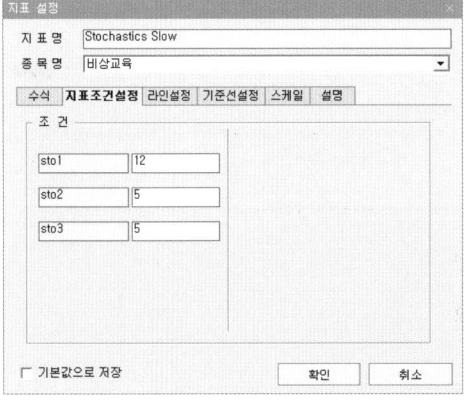

스토캐스틱도 마찬가지다. 선을 두 번 클릭하면 옆의 그림이 뜬다. 여긴 건드릴 게 없다.

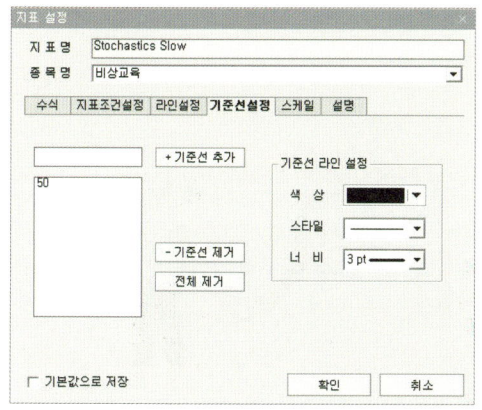

'기준선설정'을 눌러서 기본으로 설정되어 있는 '20, 80'을 지우고 기준선 추가에 50을 써넣고 기준선 추가를 누른다. 20과 80을 지우려면 '전체 제거'를 누르면 된다.

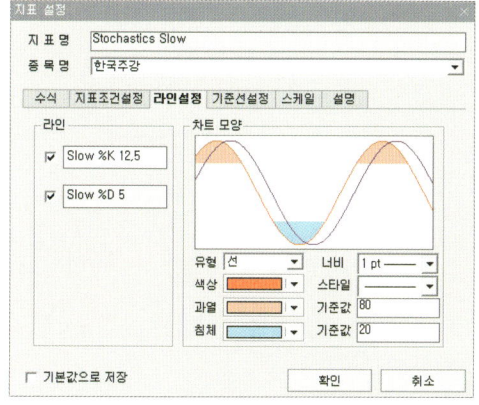

기준선의 '색상'과 '너비' 등을 조정하려면 '라인설정'을 누른 뒤 밝은선 %K와 어두운선 %D의 색상을 바꾸거나 굵기를 조정한다.

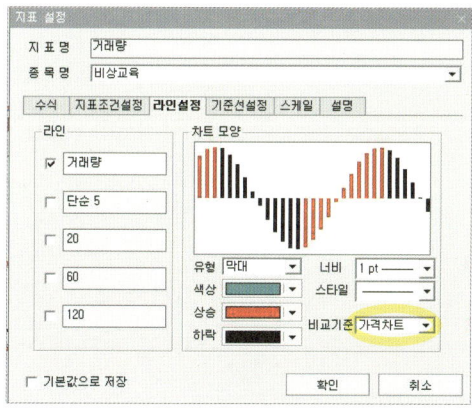

참고로, 거래량 차트의 색상을 가격 일봉과 일치시키는 게 좋다. 초기 설정으로는 '어제보다 거래량이 적으면 음봉, 많으면 양봉'으로 뜬다. 그걸 '가격이 오르면 거래량도 양봉, 가격이 내리면 거래량도 음봉'으로 바꾸는 것이다. 거래량을 더블클릭해서 다음과 같이 설정한다. '라인설정'에서 '비교기준'을 눌러 '가격차트'나 '현재시가'로 설정한다.

설정이 어려우면 증권사 콜센터로 전화하면 친절하고 자세하게 알려준다. 그래도 안 된다면 증권사 직원에게 원격으로 설정해달라고 하라. 아주 상냥하게 해줄 것이다.

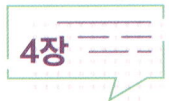

미미르 필살기 ❹
지지와 저항, 그리고 기법 하나

- 지지와 저항을 활용한 기법, <박스권 돌파 N자형 패턴>

〈지지〉와 〈저항〉으로 매매하는 독자가 많을 것 같다. 〈지지〉와 〈저항〉은 일반 투자자들이 가장 많이 애용하는 방법이기도 하다.

〈지지〉와 〈저항〉은 쉽게 말해 바닥과 천장이다. 바닥은 추락을 막아주고, 천장은 상승을 막는다. 마찬가지로 〈지지〉란 주가가 특정 가격 밑으로 하락하지 않게 버텨주는 힘이고, 〈저항〉은 특정 가격 위로 오르지 못하게 막는 힘이다. 왜 이런 일이 벌어질까? 가격이 〈지지〉 가격대까지 내려가면 사려는 사람들이 많이 붙고, 〈저항〉까지 오르면 팔려는 사람들이 많아진다는 얘기다.

그런데 〈지지〉가 평생 〈지지〉인 건 아니다. 〈지지〉는 〈저항〉으로 변하기도 하고, 〈저항〉은 〈지지〉로 바뀌기도 한다. 바닥이었던 곳, 계속 버텨주던 곳, 즉 강한 지지선이었던 가격이 깨지고 나면 이번에는 이 가격이 도리어 〈저항〉으로 변하여 가격이 오르지 못하게 막는다. 반대로 천장이 되었던 곳, 계속 맞고 내렸던 곳, 즉 강한 저항선이 되었던 가격대가 돌파되면 이번에는 도리어 강한 지지선이 되어준다. 이 가운데 〈저항〉이 〈지지〉가 되는 것이 〈지지·저항〉을 활용한 매매법의 핵심 가운데 하나다. 청소를 끝마친

곳으로 다시 내려가서 또 한 번 청소할 필요가 없다는 것도 〈지지·저항〉 매매의 중요한 포인트다.

〈지지·저항〉은 절대적인 개념이 아니라 확률에 더 가깝다고 생각한다. 즉 어떤 것이 더 강한 〈지지·저항〉을 형성하는지 통계적으로 찾아보고, 그 이유를 논리적으로 분석해 그에 맞게 매매를 하는 게 바람직해 보인다.

가장 강한 〈지지·저항〉이 되는 자리는 매물대이지만, 때로는 특정 가격이나 이평선이 〈지지·저항〉이 될 수도 있다. 3,000원 벽을 못 뚫는 것일 수도 있고, 20일선을 못 뚫는 것일 수도 있다. 〈지지·저항〉이 되는 매물대 가격과 이평선이 일치하는 경우가 많지만 때로는 어떤 특정 이평선이 매물대와 상관없이 〈지지·저항〉의 자리가 되기도 한다. 우선은 가격과 매물대로 〈지지·저항〉을 설명해 보자.

매물대 지지·저항 ❶ 박스권 매물대

〈매물대〉는 매매가 많이 일어났던 가격대를 뜻하는데 현실적으로는, 특히 개미들에게는 내가 사서 물려 있는 곳을 뜻할 때가 많다(네이버 주식 게시판에 보면 '45층에 사람 있어요. 살려주세요.'라는 글들이 종종 올라온다. 4,500원대에 샀는데 현재 주가는 그 밑이라는 얘기다. 상승하면 팔고 도망치겠다는 뜻인데 대부분이 그렇듯이 4,500원 근처까지는 올라가지만 쉽게 4,500원을 돌파하지는 않는다. 왜 그럴까?).

예를 들어 [A]라는 종목이 어제 하루 1,990원에서 2,010원 사이에 1,000만 주가 거래되었고, 나도 그때 사서 들어가 있다. 지금 주가는 1,900원이다. 나는 지금 손해 중이고, 추가매수로 물타기를 하면서 평균단가를 낮출지, 아니면 손절할지 고민 중이다. 가장 좋은 그림은 주가가 상승하는 것이다. 아침 장이 시작되자 누군가 주식을 빠르게 사기 시작한다. 1,900원이 1,910원이 되고 1,930원이 된다. 다시 1,950원이 되고 1,970원이 된다. 조금만 더 오르면 2,000원을 돌파할 것 같다. 그때 팔고 나가면 될 것 같다. 그러다 매수세가 약해진다. 주가는 1,970~1,975원 사이를 천천히 오간다. 매수호가창에 받치는 물량도 별로 없다. 서로 눈치를 보던 중 누군가 2만 주를 연달아 판다. 아뿔싸, 너도 나도 다투어 물량을 버리기 시작한다. 1,970원까지 오르던 주가는 다시 1,900원도 못 지켜주고 1,900원 밑으로 내려간다. 제길, 별수 없다. 나도 손절한다.

많이들 경험한 내용일 것 같다. 이때 1,990원에서 2,010원처럼 주가 상승을 가로막는 장벽을 〈매물대〉라고 부른다. 많은 개미들이 매물대에 같이 들어가서 물려 있기 때문에 매물대라는 말을 싫어할지 모른다. 그러나 매물대가 아래에서 든든히 버텨주는 경우도 있다. 혹은 뚫기 힘들던 강력한 매물대를 시원하게 돌파하며 주가가 오를 때도 있다. 이런 움직임을 찾아내는 게 〈매물대 지지·저항〉을 활용한 매매법의 핵심이 된다.

먼저 살펴볼 것은 〈박스권 매물대〉다. 〈박스권 매물대〉는 가장 흔히 발견된다. 또한 매물대 개념의 핵심이기도 하다.

종목 [모나리자]를 보자. 일봉들이 노란 박스 안에 갇혀 있는 것을 볼 수 있다. 주가가 그 박스의 상단과 하단을 오르내리며 옆으로 이동하는 것을 박스권 횡보라고 한다. 저점과 고점이 잘 잡혀 있다. 돈 많은 누군가가 고점에 팔려고 내놓은 물량을 다 사주거나 혹은 주식 많은 누군가가 저점에서 사려고 대기 중인 사람보다 더 많은 주식을 팔아치우며 가격을 깨뜨리지 않는 한 개미들은 이 안에서 놀 수밖에 없다.

[차트 2-59] 주가가 박스에 갇혀 있다. 위로 오르지도 못하고, 아래로 내려가지도 않는다. 이를 박스권 매물대라고 한다. 박스권의 상단과 하단은 단단한 벽이 된다.

1번 박스권이 만들어지기 전부터 살펴보자. [모나리자]는 처음 하락을 하다가 〈사지 탈출〉을 하고 박스권을 만들었다. 1번 박스 속에서 주가가 길게 횡보하다가 2016년 7

월 22일 급등하는 양봉이 나오면서 새로운 2번 박스권으로 진입한다. 2번 박스권에 진입한 뒤 가격은 더 이상 1번 박스 구간으로 떨어지지 않는다. 1번의 상단이 지지 역할을 해주고 있다(물론 지지해주지 못하고 하락하는 경우도 많다. 모든 박스권이 이런 식으로 움직이는 건 아니다.).

이처럼 일봉이 어떤 가격의 고점과 저점 안에서 오르락내리락 하며 박스권에 장기간 머물면 그 구간은 벽처럼 단단해진다(그 벽을 위에 두고 있으면 〈저항〉이 되고, 그 벽을 아래에 두고 있으면 〈지지〉가 된다.).

박스권의 계단식 상승

종목 [모나리자]의 움직임처럼 주가가 박스권을 이루며 수십 일 횡보를 하다가 계단을 오르듯 한 단계씩 오르며 새로운 박스권을 만들어가는 것을 '박스권의 계단식 상승' 혹은 '주가의 계단식 상승'이라고 한다. 그냥 딱 봐도 한 눈에 계단처럼 보인다. 이런 계단식 상승은, 세력이 꼼꼼하게 개미를 청소해나가는 전형적인 패턴이다.

긴 시간 좁은 박스권에 갇혀서 횡보를 하면 웬만한 개미는 지치거나 불안해져서 팔고 싶어진다. 그렇게 시간 싸움이 시작된다. 그러다 '이 정도면 개미들이 많이 팔고 나갔구나.' 싶을 때 세력은 갑자기 급등을 시켜서 한 계단 올린다. 팔고 나간 개미는 뒤늦게 이마를 치지만 박스에 갇혀 고생했던 기억을 떠올리며 치를 떨 뿐, 감히 추격 매수에 나서지 못한다.

'세력이 하는 짓이 참 쪼잔하다.'며 입에 거품 물고 화를 내는 독자가 보인다. 좀 화끈하게 개미에게 수익도 좀 나눠주면서 올리면 얼마나 좋을까만, 고양이 쥐 생각하랴. 대신 우리는 세력이 왜 이런 식으로 올리는지 이해하는 게 중요하다.

도대체 세력은 왜 이렇게 차트를 만드는 걸까?

각 박스권의 상단에 수평선을 그어보자. 무엇이 보이는가? 수개월 전으로 돌아가면 유사한 가격대에서 〈지지〉와 〈저항〉이 똑같이 일어난 게 보일 것이다. 박스권 1~4번이 그런 움직임을 보인 것은 이 종목이 그런 역사를 갖고 있기 때문이다. 세력은 수개월 전의 강한 매물대에 개미들이 물려 있다는 것을 알고 있고, 그 매물대에 물려 있는 개미들로 하여금 팔고 나가게 하기 위해서 박스 위로 쉽게 가격을 올리지 않는다. 그런데 왜 굳이 박스권을 4개씩이나 만든 걸까?

[차트 2-60] 각 박스권의 고점에 선을 그어보면, 수개월 전에도 유사한 가격대에서 〈지지〉와 〈저항〉이 일어나는 걸 볼 수 있다. 이 가격대가 임의적으로 만들어진 게 아니라 종목의 역사를 통해 만들어진 가격대라는 걸 알 수 있다.

주먹 대장 시라소니가 10대1로 싸울 때 코너를 등지고 달려드는 상대를 일대일 구도로 만들어 한 명씩 쓰러뜨렸다는 전설이 있다. 마찬가지다. 계단식 박스권 상승은 세력이 많은 개미를 한꺼번에 상대하지 않고 작은 구역으로 잘게 나눠 각개격파를 펼칠 때 흔히 나온다.

당하는 개미 입장에서는 분통 터지는 일이지만 세력 입장에서 보면 최소비용 최대효과의 효율적인 방법으로 문제를 타개하는 것이다. 박스권 1~4를 만드는 동안의 이자비용이 부담스러워 거대 박스권 A(차트 2-61)를 한 번에 뚫는 게 낫다고 판단한 세력이라면 개미에게 환영받는 착한 세력이 될 수도 있겠지만 그렇게 돈 없고 착한 세력을 만나기가 어디 쉬운 일인가?

[차트 2-61] 박스권 A를 보면 1일 평균 거래량 자체는 많지 않지만 긴 시간을 지나며 많은 거래량이 누적된 곳이다. 이처럼 거대한 박스권 매물대 A가 앞에 놓여 있다. 물린 개미들이 주가 상승만을 손꼽아 기다리고 있다. 세력은 이 거대 매물대 A에서 물량을 빼앗기 위해 박스권을 4개의 계단으로 쪼개어 접근한다.

[차트 2-62] 지지부진하던 박스권의 천정을 뚫고 오를 때는 평소보다 많은 거래가 이루어지며 장대양봉이 등장했다.

<사지탈출>도 주목하자

종목 [모나리자] 차트에서 짚고 가야 할 게 하나 더 있다. <사지탈출>이다. 거대 박스권 A를 잘 만들어가던 어느 날 갑자기 급락이 나오며 박스권 하단으로 가격을 끌어내린다. 심리 싸움이 시작된다.

[개미 심리] 급락이 나오면 개미들은 심리적으로 무너진다. 긴 박스권을 인내하며 근근이 버텨오던 개미들은 이 급락이 마지막 투매를 유도하는 것인지도 모르고 공포에 질려 보유 물량을 전부 팔아버린다. 조금이라도 손해가 적을 때 팔려고 한다.

[세력 심리] 개미들이 파는 모습을 지켜보던 세력은 공포가 극에 달한 시점까지 가격을 내린 뒤 재빨리 급등으로 전환시킨다. 그래야 팔았던 개미들이 다시 사자고 덤비지 못할 테니까.

[개미 심리] 길고 긴 박스권에서 오랫동안 안 팔고 버텼다면 나름 믿는 구석이 있다는 말이다. 그런데 뜻하지 않은 급락이 나와서 팔고 나왔지만 차트가 반등 기미를 보인다면 언제든 팔고 나온 가격에 다시 사려고 할 수 있다.

[세력 심리] 개미들의 이런 심리를 읽어내고 급락과 급등을 빠르고 깊게 만든다. 적당한 손절 타이밍도 못 잡게 하고, 손절하고 나온 가격에도 다시 살 수 없도록 급격히 올린다.

[개미 심리] 반등 역시 빨라서 개미들이 정신을 차린 뒤에는 이미 자기가 투매한 가격보다 한참 올라 있다. 저 높은 가격에 다시 사려니 너무 부담스럽다. 포기한다. 세력의 승리다.

[세력 심리] <사지탈출> 후 그래도 안 나가는 개미들 털어내기 위해 마지막으로 횡보를 한다.

[차트 2-63] 급락으로 개미의 투매를 유도한 뒤 급등을 시키며 <사지탈출>을 완성한다. <사지탈출>은 두껍게 형성된 박스권 매물벽을 뚫고 오르기 전에 종종 나타난다.

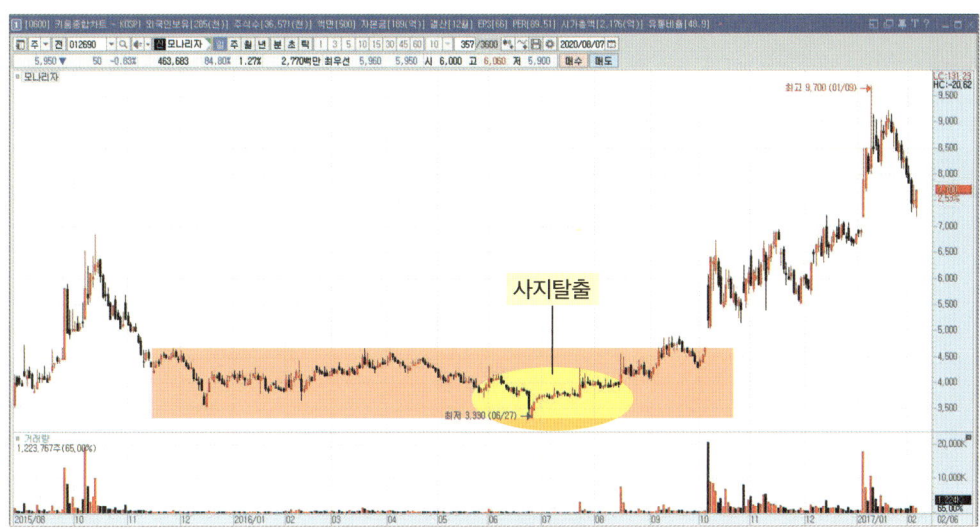

[차트 2-64] '공포 극대화'라는 말을 보다 정확히 이해할 필요가 있다. 이 주식을 매수한 개미들에게는 어느 가격 아래로는 떨어지지 않을 것이라는 믿음이 있을 것이다. 차트 아래쪽에 그어 놓은 검정 수평선(지지선)을 보자. 2015년 12월 중에 가격이 떨어졌다가 급등했던 지점이 보인다(동그라미 A). 개미들은 A에서 <지지>를 확인한다. 그런데 <사지탈출>에서 A를 깨뜨린다(동그라미 B). <지지·반등>으로 매매를 하는 개미들은 '저점이 깨졌다', '지지해주지 않았다', '바닥이 무너졌다'고 여기고 화들짝 놀라 같이 팔게 된다.

세력을 이기려고 하지 마라

주식은 개미에게 일방적으로 불리한 게임이다. 바로 정보의 불균형 때문이다. 개미는 세력만큼 정보를 얻을 수가 없다. 세력은 개미가 어떤 가격에 얼마나 많은 주식을 갖고 있는지, 얼마나 오래 물려 있었는지 등등 패를 다 들여다보며 게임을 한다. 반면 개미는 차트와 공시, 뉴스처럼 이미 만들어지고 난 뒤의 정보, 즉 후행성 정보나 혹은 거짓 정보에 흔들리며 싸워야 한다.

더구나 세력은 차트를 만들어가는 능력마저 있다. 가격을 올리고 싶으면 재력을 동원해서 마구 사들이거나 자전 거래를 하며 올리면 되고, 하락시키고 싶다면 갖고 있는 물량을 마구 시장가로 집어던지면 된다. 많이 던질 것도 없다. 주식을 사는 사람이 개미밖에 없을 때는 세력이 던지는 물량을 받으며 버티기는 불가능하니까.

따라서 주식은 개미가 무조건 지는 게임이라고 생각하고 접근하는 게 좋을 것 같다. 이걸 인정하고 나면 개미의 살 길이 보인다. 세력의 의중을 읽고, 그들에게 묻어가는 방법을 찾는 것뿐이다.

삼성전자 같은 초대형 주식은 세력이 없지 않느냐고 반론할 수 있지만 크루드 오일 선물 같은 거대한 시장도 장난감 갖고 놀 듯 주물럭거리는 세력이 있는 걸 보면, 세력이 없는 주식은 없는 것 같다. 물론 개미가 주로 관심을 보이는 종목은 시총이 큰 무거운 종목이 아니라 변동성이 비교적 높은 코스닥이나 중소형 종목이 대부분이다. 변동성이 클수록 세력이 흘린 단서가 많을 수밖에 없다. 완전 범죄가 힘들듯이 세력도 가끔 단서를 흘리는 경우가 있기 때문에 나 같은 사람들도 그 조각들을 찾아내서 세력의 마음을 읽어보려 노력하는 것이다. 세력을 미워하고 적대시하기만 해서는 주식에서 살아남을 수 없다. 그들이 개미를 어떻게 속였는지, 무슨 짓을 하고 있는지 이해하려는 부단한 노력만이 개미의 유일한 살 길이다.

매물대 지지·저항 ❷ 거래량 매물대

원래 길이 없는 숲이었으나 매일 10명 수준의 사람들이 수개월, 수년에 걸쳐 걸어 다니다 보면 길이 생긴다. 그런 길이 〈박스권 매물대〉다. 그 길을 벗어나는 게 이상하게 보일 정도가 되면 〈박스권 매물대〉가 생긴 것이라고 보면 맞다. 이와 유사한 게 〈거래량 매물대〉다. 박스권은 차트에서 박스가 만들어져서 시각적으로 쉽게 발견이 되지만 〈거래량 매물대〉는 일반 차트에서는 눈에 들어오지 않는다. 거래가 어느 가격에서 많이 이루어졌는지 차트만으로는 알기 어렵기 때문이다. 그런데 〈매물대 차트〉라는 걸 활용하면 거래가 활발히 이루어진 가격 구간을 알 수 있다. 〈거래량 매물대〉는 주가의 향방을 예상하기 위해 거래가 활발했던 구간을 분석하는 방법이다.

거래량 매물벽을 보려면 우선 〈매물대 차트〉로 바꾸어야 한다. 차트에서 일봉에 마우스 커서를 대고 두 번 클릭하면 〈차트 유형〉이 뜬다. 현재 설정은 '봉차트'일 것이다. 그 아래에 보면 '매물대 차트'가 보인다. 클릭하면 차트 2-65처럼 화면이 바뀐다.

[차트 2-65] 차트를 가로지르는 여러 개의 막대가 뜬다. 이것이 '매물대 차트'다. 막대가 길수록 매매가 많이 일어난 가격대를 의미한다. 매물대 차트를 이용하면 어느 가격대에서 얼마만큼의 거래가 있었는지 한눈에 알 수 있다.

차트에 연두색 막대가 그려진다(색상은 설정 나름). 막대 안에는 숫자가 있는데 거래량과 거래 비중이 표시된다(숫자를 지울 수도 있다.). 매물대를 표시하는 연두색 막대는 그 가격대에서 얼마나 많은 거래가 있었는지 보여준다. 막대가 가장 긴 게 가장 거래가 많이 터졌던 곳이다. 가격으로 보면 5,726~6,132원 사이에서 거래가 가장 많이 일어났다. 총 거래량의 22.9%가 이 곳에 몰려 있고, 누적 거래량은 94,890,940주라고 친절하게 보여준다.

매물대 차트를 볼 때 주의할 점

매물대 차트는 특정 기간에서 발생한 거래량 비중을 보여준다. 예를 들어 오늘이 2017년 1월이라고 해보자. 언제부터 오늘까지로 잡아볼까? 만일 시작점을 2015년 9월로 잡으면 매물대는 차트 2-66처럼 달라진다.

[차트 2-66] 2015년 9월에서 2017년 1월까지의 매물대

시작점을 당기고 싶다. 2016년 2월부터 오늘까지로 차트를 조정하면 아래처럼 매물대의 모양이 달라진다. 차트 2-66에서 가장 길었던 구간 위로 더 긴 구간이 나타난다.

[차트 2-67] 2016년 2월에서 2017년 1월까지의 매물대. 매물대 모양이 달라진다.

같은 종목이라도 기간이 달라지면 당연히 매물대가 다르게 표시된다. 기간이 길어지면 거래된 날짜가 많아지니 당연히 각 가격대의 누적 거래량이 달라진다. 따라서 매물대 차트를 활용하려면 먼저 분석하려는 구간을 언제부터 언제까지로 할 것인지 분명히 정해야 한다(참고로 나는 매물대 차트를 쓰지 않는다. 그럼에도 매물대 차트는 어느 가격대에서 얼마나 많은 거래량이 있었는지 알려주는 유용한 차트다.).

거래량이 많은 가격대는 시간이 제법 오래 흐른 뒤에도 강한 〈지지·저항〉의 자리가 된다. 〈박스권 매물대〉와 마찬가지로 세력이 〈거래량 매물대〉를 뚫으려고 계획을 세우고 나면 다양한 작전을 동반하면서 개미를 회유하고 협박하게 된다.

지지·저항 기준점 ❶ 거래량 터진 일봉의 종가는 돌파 후에 강력한 지지선이 된다

거래량이 많이 터진 곳이 어떻게 지지가 되고 반등이 되는지 예를 보자. 첫째, 거래량이 많이 터졌던 일봉의 종가는 하락 때 강한 저항이 된다.

아래 종목은 [SDN]이다. 주목할 지점은, 차트에 'K'라고 표시된 일봉이다(K는 'key'를 뜻한다. 중요한 일봉이라는 뜻에서 이렇게 이름 붙였다.). 거래량이 2,550만 주 터지며 상한가를 쳤다. 그 다음 흐름은 어떤가? 하락해서 박스권 횡보를 한다. 그러다가 12월 14일에 또 다시 거래량이 터진다. 차트를 보면 K일봉의 고점까지 오른다. 그러나 K일봉의 고지를 탈환하지 못하고 윗꼬리를 만들며 하락했다. 다음날은 우리가 공부한 거다. 〈역계단〉이다. 윗꼬리가 달린 일봉이 나왔다. 다음날 일시적 음봉일 때가 매수 타이밍이라고 앞서 말했다. 이 날 다시 K고점까지 상승했다가 하락한다.

[차트 2-68] K일봉에서 고점이 만들어진다. 이걸 뚫고 오르는 게 세력의 목표다.

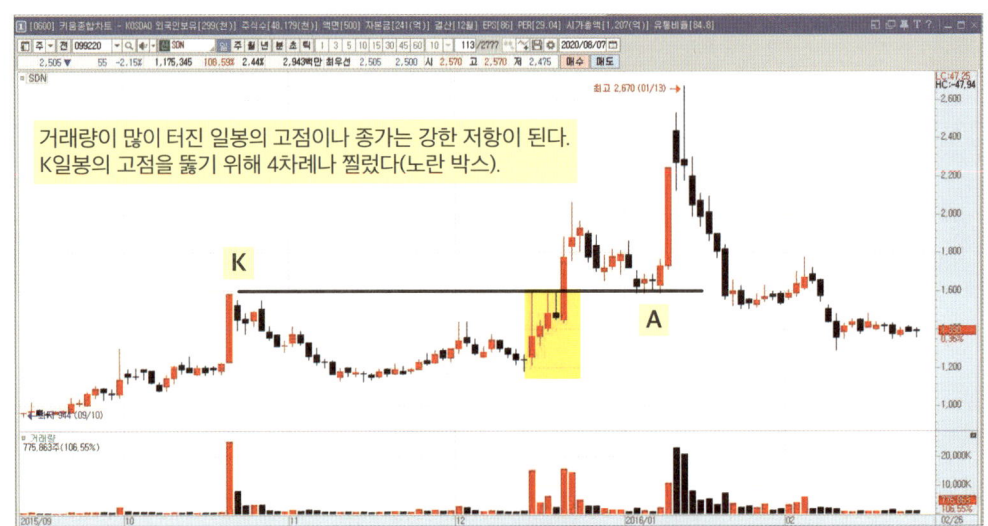

이쯤 되면 세력이 K고점을 뚫고 싶어서 안달이 났다는 게 보일 것 같다. 다음날 또 다시 K고점을 공략하는 시도가 나오며(음봉으로 끝났다.) 4일간 총 세 차례 고지 탈환을 노렸다. 그리고 다음날 드디어 K고점을 뚫는 장대 양봉이 출현한다.

만일 우리가 이 종목을 공략하고 있다면 우리의 시선은 〈K의 종가〉를 향해야 한다. K의 종가는 주가가 오를 때 뚫기 힘든 벽(저항)으로 작용한다. 이를 뚫기 위해 세력은 자금을 동원하여 3타 4파(3번 때리다가 4번째 돌파)와 〈역계단〉 등 강력한 무기를 총 동원했다.

뚫고 난 뒤, 우리가 볼 곳은 차트의 A다. 3타 4파와 〈역계단〉을 통해 K종가를 돌파한 주가가 다시 K종가 부근으로 내려오자 어떤 일이 벌어지는가? 4일이나 연속해서 K종가의 지지를 받다가 상한가를 쳤다. 거래가 터진 K종가는 이렇게 무서운 힘을 발휘한다.

하락할 때 주목해야 할 것 : 거래량이 얼마나 되는가?

이번에는 시선을 B로 옮겨보자(차트 2-69). 상한가 이후 무서운 하락이 나온다. 그러다 K종가 부근에 이르자 또 다시 지지해주는 움직임이 나온다(차트에서는 K종가보다 약간 아래쪽에서 지지 라인이 형성된다.)

이제 우리의 관심사는 하락을 할 때 과연 K종가에서 다시 한 번 반등을 해줄까 하는 점이다. 반등의 가능성을 점치기 위해서는 하락 때의 거래량을 봐야 한다. 상승할 때의 거래량과 비교하여 현저히 적다면 이렇게 의심할 수 있다.

"세력이 다시 2차 상승을 준비를 하고 있는 게 아닐까?"

차트를 보고 거래량의 크기를 읽어보자.

[차트 2-69] 상한가 후 하락할 때의 거래량은 이후 지지 반등을 가늠하는 좌표가 된다. 거래량이 적은 하락이라면 반등 가능성은 높아진다. A는 K종가 딛고 반등. B는 K종가를 살짝 깨고 횡보한 뒤 C반등의 내딛는 힘으로 K종가를 일시적으로 뚫었다.

우리가 주목할 지점은 A 반등과 B 반등이다. 이 둘을 비교해 보자. A 반등이 나올 때까지 주가는 하락을 했는데 이때 거래량이 어떤가? 밋밋하다. 작다는 말이다. B 반등이 나올 때까지 역시 주가는 하락을 했는데 이때는 거래량이 어떤가? 이번에는 거래량이 폭발했다. 오를 때보다 훨씬 많은 거래량이 연속 터졌다. 만일 반등을 노리고 들어간다면 A 반등을 노려야 한다. B는 위험하다.

C 이후 하락을 시키는 대목도 좋은 공부 거리다. K종가가 강한 지지선이기 때문에 뚫고 내려가려면 강한 힘이 필요하다. 그래서 K고점을 하락 돌파한 주식이 곧장 내리지 않고 B 저점을 구축하면서 박스권 횡보를 하다가 슬금슬금 올라간다(C 반등은 세력이 짧게 단타를 치는 구간이다.). 이렇게 B가 저점을 구축하는 형태를 취하면서 강한 지지벽을 여러 번 두들기는 것이 〈쌀자루 밑단 찌르기〉다. 〈쌀자루 밑단 찌르기〉로 매물대 상단을 약화시킨 뒤 속임수 반등을 했다. 그러다가 어느 순간 급락을 시키는데 이미 〈쌀자루 밑단 찌르기〉로 매물벽을 약화시켰기 때문에 이번에는 쉽게 뚫고 내려간다(〈쌀자루 밑단 찌르기〉는 뒤에서 살펴보자.). 이렇게 해서 1단계 작전이 마무리된다.

상식적으로는 이렇게 거래량이 많이 터지며 하락할 때는 K종가도 쉽게 무너뜨리고 하향 돌파해야 한다. 하지만 많은 주식들이 이런 자리에서 주춤거리곤 한다. 더 하락을 하든 반등을 하든 이 자리는 세력이 꼭 다시 청소를 해야 하는 자리이기 때문이다.

지지·저항 기준점 ❷ 앞 고점을 뚫은 일봉의 종가는 강력한 지지선으로 바뀐다

둘째, 앞 고점을 뚫은 일봉의 종가는 나중에 중요한 지지 자리가 된다.

아래 차트는 종목 [서울전자통신]이다. 먼저 주목할 곳은 숫자 1로 표시된 일봉의 고점이다. 이 날 거래량이 터지며 고점을 만들었다. 세력의 목표는 봉 1의 고점 돌파다. 다음 K일봉으로 시선을 옮겨보자. 봉 1을 뚫기 위해 고점 가격을 3일간 찌르고 4일째에 돌파했다(3타 4파).

[차트 2-70] K일봉이 나오면서 앞 고점인 봉 1을 뚫었다. 돌파하고 한참 뒤, 2번 자리에서 강력한 반등이 나왔다. 돌파 전 고점은 저항이지만 돌파한 뒤에는 지지로 바뀐다.

K일봉이 왜 두 개일까?

앞에서는 K일봉이 하나였다. 그런데 이 차트에서는 K일봉이 두 개다. 앞의 K를 K1, 뒤의 K를 K2 일봉으로 구분해서 디테일하게 살펴보면 이런 형태로 움직인다.

K1 : 봉 1의 고점을 터치했으나 마치 못 뚫을 것처럼 하락한다.
K2 : 주가가 K1 종가 아래로 내려간다. 일시적으로 음봉이 된다. 그러나 언제 하락했냐는 듯이 주가가 다시 오른다.

이렇게 전일에는 윗꼬리를 만들고 당일에는 아래꼬리를 만드는 이유는 개미를 털어내기 위한 움직임인 경우가 많다. 〈3타 4파〉로 고점 돌파를 시도하며 청소한 자리를 다시 한 번 더 청소하는 것이다(개미 입장에서 보면, 윗꼬리와 아래꼬리가 연달아 나오면 '어, 이거 못 가나?' 하는 생각이 들기 마련이다. 세력 입장에서 보면, 따라붙으려는 개미들이 팔고 나가기를 기대하며 하는 행동이다.). 이런 중요한 자리에서 K1~2처럼 2개의 양봉으로 마지막까지 청소를 꼼꼼히 하는 경우가 종종 나온다.

K1의 종가와 K2의 시가가 같을 때가 많다는 게 무슨 뜻?

앞 고점 돌파 자리는 나중에 강한 지지선이 된다. 그런데 이걸 유추해 볼 수 있는 또 한 가지 징후가 있다. K1의 종가와 K2의 시가가 같은 경우다. 예를 들어 K1이 1,200원에 마감했다면 다음날 K2가 시작할 때도 1,200원에서 시작하는 경우가 있다(이런 돌파 자리에서는 자주 등장한다.). 이처럼 종가=시가가 같은 가격이 나오면 강한 지지선이 될 가능성을 한층 높인다.

시각적으로 쉽게 지지 자리를 찾을 수 있다

〈지지·저항〉의 강도를 결정하는 게 있다. 개미가 얼마나 많이 물려 있는지, 세력이 그 자리에서 얼마나 많이 사들였는지에 따라 강도가 달라진다. 이런 걸 시각적으로 쉽게 찾을 수 있는 게 장기간 박스권 횡보를 했던 구간이다. 박스권을 탈출한 종목은 이후 하락 때 과거 박스권의 상단에서 강력한 지지를 기대할 수 있다. 마찬가지로 앞 고점을 뚫은 종목도 지지가 기대되는 지점을 시각적으로 쉽게 찾을 수 있다는 장점이 있다. 아래 종목은 [화일약품]이다. 노란색 가로막대를 보자. 하락하던 주가가 어느 선에서 강력한 지지를 받고 있는가?

[차트 2-71] B에서 나타난 강력한 반등은 A에서 힌트를 찾을 수 있다.

역시나 A 자리다. 돌파 전에는 강력한 저항이었으나 이걸 한 번 돌파하고 나자 B에서 확인할 수 있듯이 강력한 지지 자리가 될 가능성이 매우 크다. 시각적으로 참 찾기 용이하다.

B 부근의 모습을 잠시 살펴보자. 주가는 노란색으로 표시한 가격대를 깨뜨리고 하락할 것 같은 모습을 수차례 연출했다. 하지만 완전히 뚫고 내려가면 개미들이 다시 매수에 나설 가능성이 있다. 그러면 또 다시 매물벽(저항)이 될 가능성이 높아진다. 이런 이유로 깨뜨릴 것처럼 툭툭 건드리다가 반등하는 경우가 많다.

한편 한 가지 더 기억할 게 있다. [화일약품]의 경우, A 자리를 포함하여 이전에도 고점 돌파를 시도하는 모습이 수차례 나온다. 이렇게 고점 돌파 시도가 여러 번 나올수록 훗날 강력한 지지 자리가 되는 경우가 많다. 또한 A 자리에서 비슷비슷한 여러 봉우리들이 있다면 그중에서 가장 높은 봉우리가 지지선이 될 가능성이 높다.

지지·저항 기준점 ❸ 고수들이 좋아하는 쌍바닥도 강력한 지지선이다

〈쌍바닥〉, 〈쓰리바닥〉이라는 말을 들어봤을 것 같다. 쌍바닥은 차트 모양이 W 자를 그리고 있는 모양을 말한다. 이 자리에서 반등이 나오는 경우가 많다. 쓰리바닥도 마찬가지다. W에 V를 붙인 모양(WV)인데 이런 자리에서는 급락이 나와도 용감하게 주식을 사는 사람들이 많다. 그만큼 확률이 높기 때문이다.

쌍바닥에서 반등이 나오기 쉬운 이유는, 첫 번째 반등도 아무 이유 없이 그 자리에서 나온 게 아니기 때문이다. 반등이 나올 만한 자리였기 때문에, 즉 강한 지지선이었기 때문에 반등이 가능했다. 물론 반등이 나오지 않고 횡보가 이어지면 지지선이 붕괴될 가능성이 높아지지만 만일 순간적으로 손만 담그고 빠져나왔다면, 즉 아래꼬리를 단 일봉이 나왔다면(주가가 하락했다가 다시 원래 자리로 상승하면 아래꼬리가 달린다.), 다음번에도 아래꼬리를 단 반등이 나올 가능성이 크다고 예상할 수 있다.

강한 지지 자리를 무너뜨리려면 그만큼의 힘이 뒷받침되어야 한다. 발을 구르듯 한 차례 쿵 하고 뛴다고 땅이 꺼지기는 힘들다는 판단으로 과감히 바닥이 되는 지점에서 매수에 나서는 게 쌍바닥 매수다.

[차트 2-72] 쌍바닥 혹은 쓰리바닥. 2~3번만 보면 쌍바닥이라고 할 수 있고, 1번까지 포함하면 쓰리바닥이라고 부를 수도 있다. 핵심은 각 저점에서 빠른 반등이 나왔다는 점이다. 1번에서는 하락 이틀 뒤에 이틀에 걸쳐 반등이 나왔고, 2번에서는 다음날부터 3일째까지 반등이 나왔다. 3번에서는 하락 당일 긴 아래꼬리를 달며 반등이 시작된다.

반등 가능성을 확인하기 위한 2가지 조건

반등의 가능성을 점치기 위해서는 아래 2가지 조건이 충족되는지 살펴야 한다. 이 두 조건을 충분히 만족시킬 때 고수들은 쌍바닥에서 매수에 들어간다.

[조건 1 : 급반등이 있었나?] 이전 저점에서 주가가 며칠이나 머물렀는지 본다. 만일 이전 저점에서 급반등이 나오지 않고 여러 날에 걸쳐 횡보를 했다면 강한 쌍바닥 자리가 아니므로 피한다. 차트를 보면 1~3번 모두 급반등이 나왔다. 다만, 1번까지 포함하여 쓰리바닥으로 볼 것인지는 사람마다 생각이 다를 수 있다. 2번 하락 때 1번의 저점을 깨고 더 내려갔기 때문이다. 그러나 이 정도는 쓰리바닥으로 봐도

무방하다고 생각한다. 아무튼 강한 반등이 나왔던 자리는 이번에도 지지가 될 가능성이 높다.

[조건 2 : 거래량이 적었나?] 이전 저점에서 거래량이 얼마나 터졌는지 본다. 하락할 때 거래량은 적을수록 좋다. 거래량이 적다는 말은 뚫고 내려가는 힘이 그만큼 크지 않다는 것을 의미한다. 쌍바닥, 쓰리바닥의 핵심은 추가적으로 그 자리를 뚫고 내려가기 위해 얼마나 공을 들이는지 체크하는 데 있는데 그 지표가 거래량이 된다.

쌍바닥, 쓰리바닥은 많이 알려진 유명 기법이다. 인터넷에서도 쉽게 찾아볼 수 있으니 차트를 하나만 살펴보고 다음으로 넘어가자.

[차트 2-73] 쌍바닥인 자리와 아닌 자리가 한 차트에 다 들어가 있다. 왜 아닌지 쉽게 보여야 한다.

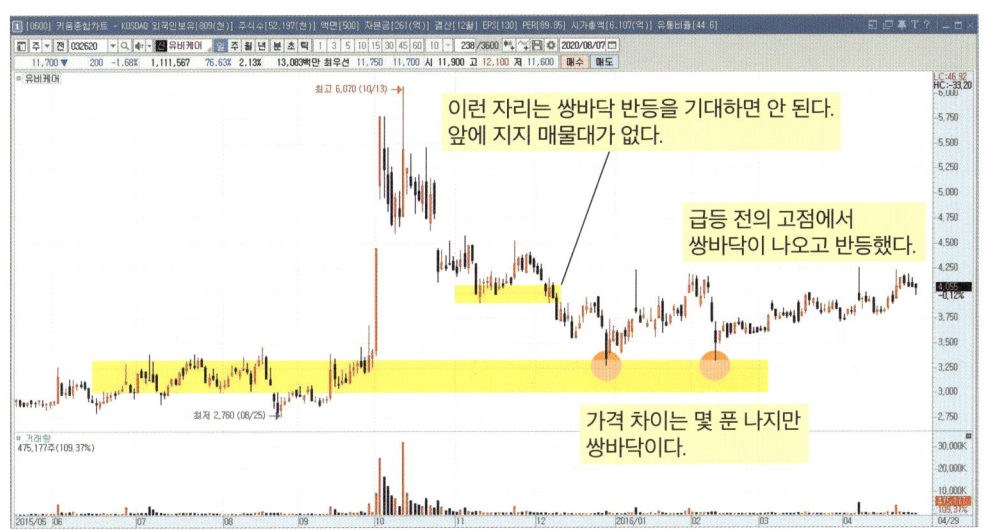

지지·저항 기준점 ❹ 일봉이 유난히 많은 가격대도 강한 지지선이다

일명 〈일봉 박스권〉이다(이건 지지선이라기보다는 지지 박스권이라는 표현이 옳을 것 같다.). 〈일봉 박스권〉은 일봉이 많이 누적된 가격대를 의미하는데 지지·저항 매물대 중 가장 강력한 힘을 발휘한다.

아래 차트는 종목 [이엠넷]이 1년간 흘러온 모습이다. 그냥 눈으로 봐도 일봉이 가장 밀집해 있는 가격대(노란 박스 구간)가 보인다.

이 가격대를 벗어날 때만 거래량이 많이 터졌고, 박스권 안에서는 별로 거래량도 없다. 그러나 절대적 거래량의 크기와 무관하게 오랫동안 머물렀다는 이유만으로 강력한 지지대가 된다. 장기 하락을 하는 종목들도 이런 지지대에서는 반등이 나온다. 본격 반등의 시작도 이곳인 경우가 많다.

[차트 2-74] 강력한 지지선이 되는 일봉 박스권

반대도 마찬가지다. 일봉이 밀집한 가격대는 웬만한 힘으로는 뚫고 오르기 힘들다. 차트 2-75에서 노란 박스를 친 부분은 상승과 하강의 진폭이 크지만 횡보를 하면서 강력한 박스를 만든다. 주가가 이 박스권 아래로 내려가면 다시 뚫고 오르기가 매우 어렵다. 일봉이 밀집한 박스권을 뚫으려면 여러 번 돌파 시도를 해야 하고, 거래량도 많이 터져야 한다.

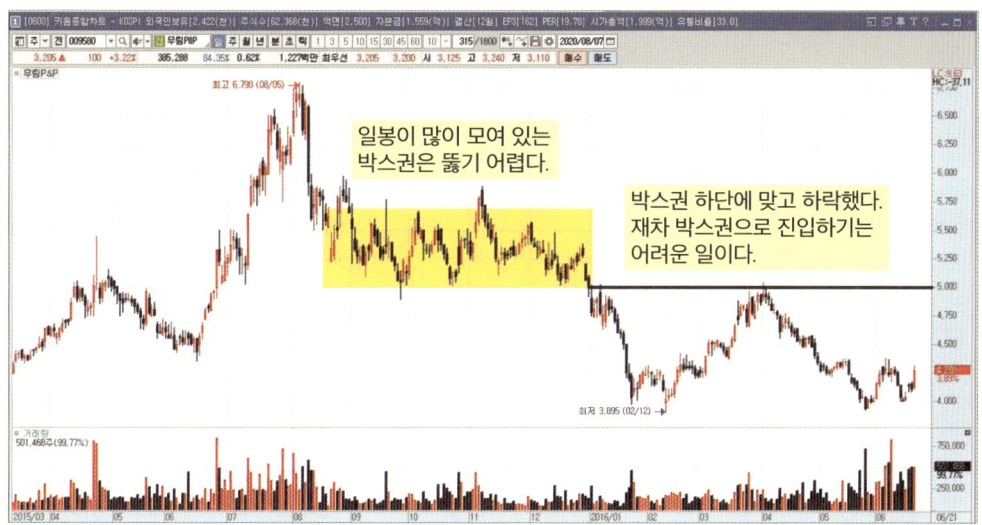

[차트 2-75] 강력한 저항선이 되는 일봉 박스권

지지·저항 기준점 ❺ 긴 박스권을 돌파하면 큰 상승이나 하락이 나온다

오랫동안 머물렀던 길고 긴 박스권을 돌파한다는 것은, 개미들이 충분히 팔고 나갔다는 신호가 된다. 따라서 큰 상승이 나올 가능성이 높다. 만일 개미를 충분히 털어내지 않고 올렸다면, 세력은 올리고 싶어도 올릴 수가 없다. 가격이 오르면 개미들이 팔기 시작하기 때문이다. 그래서 박스권 횡보 단계에서 개미 물량을 뺏는다. 그 작업이 다 끝나고 난 뒤에 비로소 시동을 거는 것이므로, 만일 주가가 박스권을 뚫고 올랐다면 "아, 세력이 모조리 샀구나. 남아 있는 개미가 별로 없겠구나." 하고 생각하면 크게 틀림이 없다.

따라서 길고 긴 박스권을 돌파하는 움직임을 발견하면 큰 상승을 기대할 수 있게 된다. 몇 % 올려서 팔려는 목적이었다면 이렇게 긴 시간 공을 들이지 않았을 것이다.

박스권을 이탈하는 하락도 마찬가지다. 박스권을 잠깐 이탈했다가 〈사지탈출〉을 만들며 급반등을 하지 않는 한, 박스권 아래로 주가가 떨어지면 "다시 뚫고 오르기 힘들겠다. 급락이 나올지도 모르니 파는 게 안전하겠다."라고 생각하는 게 좋다. 박스권이 엄청난 장벽이 되기 때문이다.

[차트 2-76] 1. 노란 박스로 표시한 박스권을 돌파하면 큰 상승으로 이어지는 경우가 많다. 박스권의 지지가 두터워서 쉽게 하락하지 않는다. 2. 장대양봉을 동반하며 박스권을 돌파한 뒤 일시적으로 박스권 상단까지 급락을 시켜 급등주에 달라붙는 개미를 털어낸 후에야 본격 상승을 한다.

박스권 돌파 N자형 패턴(기법 4)

박스권을 돌파하고 급등하면 눈치를 채고 매수를 하는 노련한 개미들이 있다. 세력에게는 달갑지 않은 일이다. 애써서 긴 시간 횡보하며 매집을 했는데, 조금 오른 가격에 개미들이 다시 꼬이면 세력은 최후의 개미 털기를 시도한다. 이 개미 털기의 타깃은 두 가지다. 하나는 박스권에서 사서 아직도 안 팔고 있는 소수의 껌 같은 개미이고, 다른 하나는 눈치 빠르게 새로 들어온 신입 개미들이다.

어떻게 털어낼까? 얼마간 상승을 시켰다가 박스권의 상단까지 급락을 시킨다. 이때의 하락은 속도가 매우 빠르고 강력하다. 개미에게 공포를 맛보도록 하는 게 목적이기 때문이다. 강력한 지지선이라고 믿었던 이전 박스권의 상단을 약간이라도 뚫고 내려가면 많은 개미들이 포기하고 손절이나 익절을 한다. 이런 시도는 세력이 충분하다고 여길 때까지 되풀이된다. 개미 털기를 마친 뒤에는 급등을 시켜 개미가 따라잡지 못하게 한다.

그렇다면 우리는 언제 사야 하는지 감을 잡을 수 있다. 박스권의 상단을 두드리며 개미들을 공포의 도가니로 몰아넣을 때다.

[차트 2-77] 박스권을 돌파해서 오르면 따라가서 사지 말고(추격매수 금지) 박스권 상단까지 하락하기를 기다려서 매수한다.

박스권 매매의 사례

마지막으로 세력의 매집을 확인하고 박스권 매매를 활용한 예를 보자.

그 날은 아무리 차트를 돌려봐도 이상하게도 눈에 띄는 종목이 없었다. 마침 대선이 머지않은 때였고 그래서 복지나 취업, 창업, 출산 등의 정책주 중에서 좋은 놈이 없을까 돌려보다가 종목 [에이텍티앤]이 눈에 들어왔다. 매집도 제법 보였고 무엇보다 일봉들이 "우리 지금 열심히 매집하고 있어요." 하며 나를 유혹했다. 마음에 드는 놈이 하나도 없었는데, 이렇게 매력적인 놈이 나타나니 반갑기 그지없었다.

[차트 2-78] 발견한 날의 차트 모습. 매집이 잘 이루어지고 있었다. 8월 중순 급등 때 터진 엄청난 거래량을 더 적은 거래량으로 청소하고 또 청소하면서도 주가는 점차 오르고 있었다.

[차트 2-79] 이후 어떻게 되었을까? 기대대로 [에이텍티앤]은 전형적인 <박스권 돌파 급등주>의 형태로 움직였다.

이밖에도 박스권을 돌파하는 많은 종목들이 이와 비슷하게 움직인다. 책 초반에 설명한 [심텍홀딩스]도 이 패턴을 따른다.

급등이 나왔다고 따라가지 말고 박스권 상단까지 하락하기를 기다려서 사는 게 좋다. 물론 하락 때 거래량이 어떤지 살피는 것도 중요하다. 하락할 때는 거래량이 적으면 적을수록 좋다. 유념하자.

5장

미미르 필살기 ❺
<쌀자루 밑단 찌르기>와 매수 근거 찾기

- 거래량에 답이 있다

　주식은 과학이 아니다. 그럼에도 불구하고 과학적 방법론을 도입해 볼 수 있다. 가설–검증의 방법이다. 세력의 의도를 읽으며 그들이 무슨 짓을 하는지 가설을 세우는 것, 그것을 나는 '논리적으로 생각한다'고 말한다. 이때 읽어야 할 세력의 의도는 두 가지다. '세력이 상승을 만들려고 하는가?'와 '개미를 털어내고 있는가?'다. 물론 세력이 실토하지 않는 한 검증은 불가능하다. 그러나 우리는 실체를 밝히는 게 목적이 아니다. 세력을 따라 들어가서 높은 확률로 수익을 거두는 것이 우리의 목표다. 그것이 이 장의 주제이며, 주로 우리가 볼 것은 거래량과 현재 주가의 위치다.

　종목 [에프알텍]이다.

　주목해야 할 일봉이 있다. 1~5까지 숫자를 매긴 일봉들이다. 나는 5번 일봉이 뜰 때 매수를 했다. 보다 정확한 매수 타이밍은, 주가가 장중에 3번 일봉의 시가 위로 올라탄 뒤 윗꼬리를 만들며 살짝 내렸을 때다(가격은 여전히 3번 봉의 시가보다 높다.).

　이 날의 차트를 보고 하필 왜 5번 일봉에서 매수를 했는지 논리적으로 접근해 보자.

[차트 2-80] 나는 왜 5번 일봉이 뜨던 날 매수를 했을까?

낮은 가격에 사서 높은 가격에 파는 게 주식이라는데 왜 나는 4번도 아니고, 5번 봉 아래꼬리도 아닌, 가격이 더 높은 5번 봉 윗꼬리 아래 종가 부근에서 매수를 했을까? 아마 그게 궁금할 것 같다. 그런데 내 관점에서 보면, 나는 감히 4번 일봉에서는 매수를 못한다. 가능성이 엿보이기 때문에 주시만 한다. 왜 4번은 아직 불안하고 5번은 안전하다고 생각했을까?

[에프알텍] 종목 분석 ❶ 세력의 의도를 논리적으로 추적하기

[1번 봉 출현] 처음, 나의 시선을 끈 것은 윗꼬리가 긴 1번 양봉이었다. 1번 봉과 함께 나의 시선을 끈 것은 2016년 8월에서 10월 사이 일봉들이 몰려 있는 매물대 A였다. 매물대 A에서 하락한 후 두어 달을 바짝 기며 움직이던 주가가 갑자기 매물대 A의 한복판까지 다녀갔다.

내 머릿속에는 느낌표와 물음표가 동시에 뜬다. 느낌표가 뜬 이유? 매물대가 두터운 곳의 한복판을 찌르고 내리는 윗꼬리 일봉을 좋아하기 때문이다. 물음표가 뜬 이유? 내가 생각하는 그게 맞는지 확인해야 하기 때문이다. 이제부터 관심종목에 등록하고 추적 관찰을 시작한다.

[2번 봉 출현] 1번 봉 출현 후 3일 뒤 1번 봉의 고점을 훌쩍 뛰어넘는 2번 봉이 출현한다. 좌측 매물대 A의 위치로 보자면 매물대 상단까지 갔다가 내렸다. 이걸 어떻게 해석할까?

'만일 매물대 A에 물려 있던 사람들이라면 2번 봉이 출현한 날 누구라도 수익을 내고 빠져나올 수 있었을 것이다.'

이런 판단이 중요하다. '물려 있는 사람이 얼마나 빠져나갔을까? 누가 얼마나 물려 있을까?' 큰 상승이 나오려면 물려 있는 사람이 적으면 적을수록 좋다. 왜? 물려 있는 사람들의 매도세가 상승을 가로막기 때문이다(이게 저항의 진짜 모습).

2번 봉 다음날에는 몸통이 짧은 일봉이 떴는데 나는 이 날 이런 일이 벌어졌을 것이라고 생각했다. '2번 봉에서 물린 개미들 중 더 떨어질까 두려워하는 개미들은 팔고 나갔을 것이다.'

물론 이 날 매수한 개미도 있을 수 있다. 그러나 그럴 확률이 적은 이유가 있는데 하루 전날에 긴 윗꼬리 장대 음봉(2번 봉)이 떴고, 거래량도 750만 주로 엄청나다. 보통 거래량을 동반한 장대 음봉이 뜨면 겁이 나서 잘 못 들어간다(세력이 다 팔고 나갔나 보다!).

[3번 봉 출현] 다시 3번 봉이 뜨며 또 다시 매물대 상단까지 올랐다가 내려갔다. 거래량 역시 500만 주로 엄청나다. 여기까지 추적 관찰한 나는 이렇게 판단한다.

'이제는 조심해야 한다. 긴 윗꼬리 장대 음봉이 연속해서 나왔고, 거래량마저 엄청나게 터트렸다. 만일 세력이 팔아치우고 나갔다면 이제는 폭락을 해도 이상하지 않다. 더구나 일봉 쌍봉이다. 희망봉이다. 링시아다. 고점 신호다!'

[4번 봉 출현] 그런데 4번 봉이 이상하다. 바닥을 찍고 오르더니 양봉을 세웠다. 머릿속은 온통 물음표로 가득 찬다.

'이놈이 무슨 짓을 하려는 걸까? 거래량이 겨우 54만 주밖에 안 된다. 1, 2, 3봉 윗꼬리에 물려 있는 개미가 엄청나게 많을 테고, 이 개미들이 팔자고 던지는 물량이 있을 텐데 고작 54만 주로 가격을 올리고 있다. 이미 1~3번 봉으로 긴 윗꼬리 봉들을 만들며, 그것도 대표적인 하락 신호탄인 장대 음봉을 만들면서 왔는데도 저 적은 거래량으로 매도세를 다 받으며 장대 양봉을 만들고 있다. 누가 올리는 것이고, 누가 팔고 있는

것일까?'

4번 봉의 출현은 중대한 의미가 있었다.

4번과 같은 장대 양봉이 나온다는 건 이런 뜻이다. 예를 들어 시장가(현재 시세) 1,200원짜리 주식이 있다. 주식을 보유하고 있는 사람들은 좋은 값에 팔려고 1,250원, 1,270원처럼 시장가보다 높은 가격에 물량을 내놓는다. 누군가 이걸 다 사주면서 가격을 올린 결과물이 장대 양봉이다. 누군가 팔고 싶은 개미들의 물량을 순순히 사주고 있다는 뜻이다. 낮은 가격에 물량을 뺏기 위해 유혹하는 게 아니고, 말 그대로 순순히 사주고 있다는 말이다. 이때 파는 사람을 나는 개미라고 판단했다. 세력이라고 보기 어려운 이유는 거래량이 너무 적다. 세력이 겨우 이런 소량의 물량을 팔기 위해 장대 양봉을 만들고 있다고 판단하기는 너무 어렵다.

지금까지의 가설 : 거래량 적은 장대 양봉, 즉 4번 봉의 출현은 세력이 1~3번 봉에 물려 있던 개미들의 물량을 받으며 올리고 있는 것 같다. 세력은 아직 안 나갔다!

이제부터 나의 유일한 관심사는 아직 팔지 않고 버티는 개미의 물량이 얼마나 되는지였다. 4번 봉이 뜨면서 그 아래에 물려 있던 개미들은 다 나갔다고 판단된다. 그러나 1~3번 봉의 윗꼬리에 물려 있는 개미들이 있다. 세력은 이 물량을 어떻게 처리할까?

[5번 봉 출현] 다음날 아래꼬리를 만들며 또 다시 장대양봉을 만들었다. 현재 가격도 중요하다. 3번 봉의 시가보다 훨씬 위까지 올라갔다. 이 정도면 이제 개미들은 얼마나 남아 있다고 보아야 할까? 나는 '별로 없다'고 판단했다.

아직도 많이 있을 것 같다고 생각하는 사람도 있겠다. 윗꼬리 꼭대기에서 사서 물려 있는 사람들은 아직 빠져 나오지 못했을지도 모른다. 그런데 생각해 보자. 그 윗꼬리에서 물렸던 사람들은 어떤 심리 상태일까?

'장대 음봉으로 급락하던 날, −20% 이상 손실 중이었다. 그런데 이제는 손실이 상당 부분 복구가 됐다. −20% 물렸을 때를 생각한다면 이건 손실도 아니다. 적당히 기회 줄 때 팔고 나가는 게 득이다.'

마음 약한, 아니 어쩌면 현명한 개미들은 물량을 대폭 줄이거나 팔고 나갔을 것이라고 나는 판단한다(당연히도 내 생각이 틀렸을 수도 있다. 증명이 불가능하므로 옳고 그름을 다투는 건 시간낭비, 에너지 소모일 뿐이다.).

[매수 결정] 5번 봉이 뜨던 날, 나는 두 가지 조건을 달성하는 모습을 보고 매수를 결정한다.

첫째, 5번 봉의 현재가가 3번 봉의 시가를 뛰어넘었다.
둘째, 거래량이 여전히 많지 않다(거래량 없는 하락과 거래량 없는 상승은 언제나 좋은 징조다.).

주식은 과학이 아니다. 검증이 불가능하다. 그래서 더욱 중요한 게 있다. 자기 확신이다. 스스로 납득이 되고, 스스로 확신이 설 때 매수하는 게 중요하다. 물론 틀릴 때도 있다. 그럼에도 가설-검증(수익)을 통해서 방법을 마련해 갈 때 세력의 위협에도 굳건히 버틸 수 있게 된다. 반면 자기 확신이 없을 때 바람 앞의 갈대처럼 이리저리 휩쓸린다.

"내가 팔면 가더라."

그 손실의 악순환에 언제까지 빠져 있을 것인가?

더 큰 그림

[에프알텍]을 매수한 이유는 세력의 의도를 보았기 때문이라고 설명했다. 그런데 위 차트의 1~5번 봉이 나오는 짧은 구간에서 세력의 의도를 알아차린 것일까? 아니다. 이 종목이 흘러온 역사 속에서 세력의 매집 흔적을 찾아야 한다.

[차트 2-81] 큰 그림으로 보면 이 형태는 내가 <바닷게형>이라고 명명한 패턴이다. [엔피케이] 등 여러 종목에서 이 패턴이 등장했다.

큰 그림을 보자. [에프알텍]은 <바닷게형>이라고 부르는 형태다(생김새 때문에 그런 이름을 붙였다.). 패턴상으로도 아주 강력한 반등상승형이다. <쌍봉>이 보이고 <사지탈출>도 보인다. 그리고 <사지탈출> 이후에 박스형 횡보 구간에서 매집도 엿보인다. 이런 흐름을 종합적으로 판단하면서 1번 봉부터 집중 모니터링을 하면서 점차 확신을 높여간다.

5번 봉이 출현한 날 매수를 한 뒤 나는 차트에 다음과 같은 내용을 메모로 남겼다. 최종 매수를 결정한 근거들이다.

1. 2개의 긴 윗꼬리 장대 음봉의 시가를 연속된 양봉으로 뚫고 올랐다.
2. 양봉들의 거래량이 적다.
3. 2번째 음봉의 거래량이 첫 음봉보다 적다. 고점이 같은데도 시가와 종가는 더 높다.
4. 장대음봉 윗꼬리에는 물려 있는 개미가 몰려 있다.

그럼, 세력들의 목표가는 어디일까? 차트를 보면 바닷게의 눈에 해당하는 지점에서 고점이 보인다. 2016년 9월 21일의 4,095원이다. 나는 이 고가를 뚫을 걸로 예상했다. 이렇게 예상한 근거는 2016년 후반부를 매집으로 봤기 때문이다. 결과는 차트 2-82와 같다.

[차트 2-82] 2017년 1월 26일 주가는 이전 고점인 4,095원을 돌파하여 4,240원까지 올랐다.

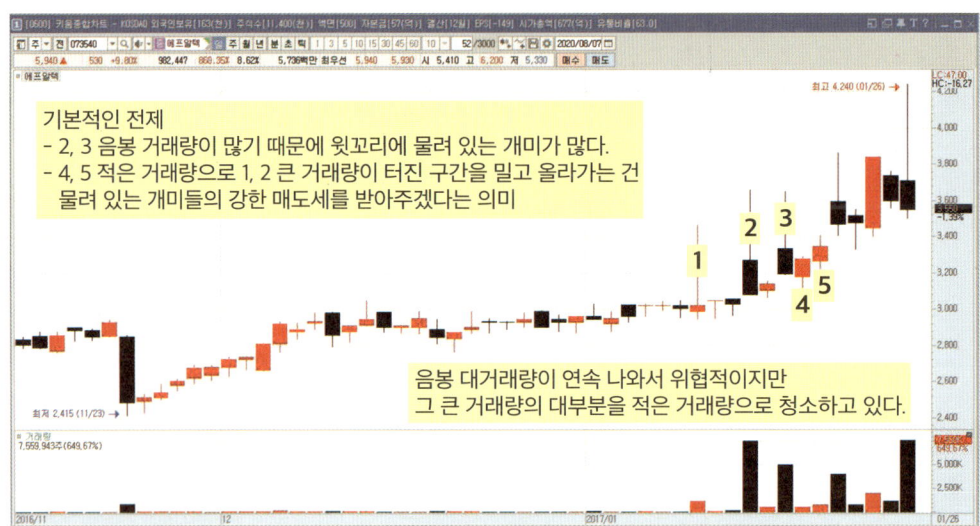

1월 26일의 고점 갱신 이후 나는 이 종목을 어떻게 했을까? 다음과 같이 생각하며 추적 관찰을 지속했다.

'이게 시세의 끝인지 시작인지는 아직 모른다. 앞으로의 차트 변화를 보며 또 다시 논리적으로 설명되는 일봉들이 나타나는지 기다려봐야 한다. 비록 고점 돌파한 날의 음봉이 강해서 눌림이 예상되지만 앞의 패턴으로 봐서는 눌림이 있더라도 다시 반등하며 훨씬 더 오를 걸로 보인다.'

[에프알텍]을 내가 과감히 매수할 수 있었던 이유는 논리적으로 설명이 되었기 때문이다. 믿는 구석이 있으면 설령 물려도 손절을 해야 할지, 아니면 추매를 해야 할지 자신 있게 대처할 수 있다. 많이 내렸으니 이 정도면 오를 것 같다는 막연한 이유로 매수를 하면 급락에 대처를 할 수 없다.

참고할 게 있다. 패턴이다. 〈바닷게형〉처럼 유사한 형태로 나타나는 종목들이 있다. 이들은 움직임이 유사하므로 어느 정도 예측이 가능하다. 형태에 따라 여러 패턴을 발견하고 이름을 붙였다. 인터넷에는 없으니 검색하지 말자. 내가 개발하고 명명한 기법이라서 어디를 뒤져도 안 나온다. 토끼머리형, 보아뱀형, 게형, 고성형, 피라미드형 등등의 다양한 패턴이 있다. [에프알텍]의 패턴도 자주 나오는 형태인데 강한 반등이 뒤따른다.

[오리콤] 종목 분석 ❷ 거래량 분석의 힘

나는 매집의 흔적이 뚜렷이 보이고 매집을 확신할 수 있을 때만 종목을 추천한다. 단타 역시 이런 종목에서 고른다.

그런데 [오리콤]은 애매했다. 매집의 흔적은 보이지만 이게 확실한 매집인지, 이 매집이 상승으로 이어질 것인지 확신이 서지를 않아서 추천을 할 수 없었다. [오리콤]을 관심종목에 편입시킨 날은 2016년 11월 25일 거래량이 터지며 급등을 했을 때였다. 앞의 흐름이 매집이라는 신호(매수 근거)가 필요했다. 근거가 생길 때 매수 기회를 노리는 게 내가 애용하는 방법이다.

[차트 2-83] 2016년 11월 25일 거래량이 터지면서 관심을 갖게 되었다. 이 상승이 추가 상승의 신호탄이라면 앞에서 매집의 흔적을 읽어야 한다. 2015년 11월 이후 지속적으로 하락하며 매집을 한 것일까? 의심은 가지만 심증을 굳힐 만큼 근거가 나오지는 않았다.

의심스런 일봉의 출현

2017년 1월 17일 드디어 의심스런 일봉이 나왔다. 긴 장대 음봉인데 고점과 거래량이 비정상적이다. 있을 수 없는 일이 벌어졌기 때문에 이제부터 [오리콤]은 2급 감시 종목이다. 1급이 아닌 이유는 앞에서 장기 하락할 때 세력의 매집을 확신할 만한 근거가 없기 때문이다. 의심이 가는 것과 확신을 갖는 건 완전히 다르다. 차트를 보면 의심이 가는 놈들을 어렵지 않게 찾을 수 없다. 그중에서 확신을 주는 몇 놈을 골라서 매매하자는 게 내가 추구하는 매매법이다.

[차트 2-84] 의심스런 일봉의 출현. 그러나 아직 확신은 못 얻었다.

의심스런 일봉이라고 본 이유는 두 가지. 하나는, 비록 장대 음봉이지만 당일 주가가 올랐던 위치가 좋았기 때문. 2016년 12월에 거래가 터졌던 매물대 한복판까지 올랐다. 둘은, 매물이 잔뜩 몰려 있는 구간까지 올랐는데 거래량은 적었기 때문. 매물대에 물려 있는 개미들의 매도세를 받아주기에는 터무니없이 적다.

이 현상을 다르게 해석할 수도 있다. 즉 세력이 아직 팔지 못한 물량을 개미에게 떠넘기려고 급등을 시킨 게 아닌가? 이런 해석의 근거는 주가가 깊게 하락했기 때문이다. 반등하는 척 주가를 올려서 개미들에게 남은 물량을 다 팔아넘기고 손을 털 때 이런 모습이 자주 등장한다.

만일 매물대 한복판까지 가격을 올리지 않았다면 나도 그게 옳은 해석이라고 본다. 그런데 개미에게 떠넘기려면 굳이 개미 물량이 많은 전쟁터 한복판까지 주가를 끌고 갈 이유가 없다. 물린 개미가 빠져나올 빌미를 줄 필요가 있을까? 본인들이 팔려는 것이지 개미에게 팔 기회를 주려는 건 아니지 않은가?

그리고 무엇보다 이 날의 일봉이 일반적인 장대 음봉(개미에게 물량을 팔고 빠져나갈 때 생기는 하락형 장대 음봉)과 가장 크게 구별되는 건 거래량 때문이다. 세력이 팔았는데 거래량이 이것밖에 안 돼?

구간별 거래량 분석

2016년 11월부터 2017년 1월까지는 주가의 움직임에 따라 크게 3개의 구간으로 나눌 수 있다.

　　　　1구간 : 하락하다가 급등
　　　　2구간 : 고점에서 박스권을 그리며 거래량이 많이 터지고는 하락
　　　　3구간 : 1구간의 급등 때 거래량이 가장 많았던 일봉의 몸통 안에 갇혀 길게 횡보하
　　　　　　　 며 박스권 형성

[차트 2-85] 1구간은 매집이 의심되는 구간을 지나 상승을 시도한 구간, 2구간은 판단이 옳다면 개미들을 물리게 한 구간, 그럼 3구간은 뭘까?

우리의 관심사는 3구간이다. 2구간에서 하락한 뒤 작은 반등을 만들었는데 어느 가격 이상으로 못 가고 있다. 바로 위에 있는 2구간이 센 힘으로 누르며 저항으로 작용하고 있기 때문이다. 2구간은 거래량이 많았던 곳이다. 물린 개미가 많다. 강력한 매물대다. 손실 중인 개미들은 차츰 인내심을 잃어간다. 조금이라도 손실을 만회할 수 있는 기회가 오면 팔려고 준비 중이다. 이게 얼마나 강력한 저항, 강력한 매도세가 되는지 이제는 독자도 알 것 같다. 그럼에도 불구하고 '의심스런 봉'이 출현하며 2구간의 중심

부까지 가격을 올렸다면 누군가 어떤 목적을 갖고 있다고 보는 게 합리적인 판단이다. 그들은 무엇을 하려는 걸까?

쌀자루 밑단 찌르기(기법 5)

2구간을 쌀자루(혹은 밀가루 포대)라고 상상해보자. 쌀자루는 벽에 매달려 있다. 자루에는 쌀이 한가득 들었다. 쌀을 어떻게 꺼낼까?

누군가 송곳을 꺼낸다. 쌀자루 밑단을 찌른다. 그 틈으로 쌀들이 쏟아진다.

〈쌀자루 밑단 찌르기〉는 큰 돈 안 들이고 2구간을 청소하는 효율적인 방법이다. 세력은 그저 송곳으로 반복적으로 찌르기만 하면 된다. 세력이 송곳으로 찌르는 높이는 대개 정해져 있다. 비슷한 가격까지 올렸다 내린다. 이렇게 유사 가격대를 공략하면 개미는 '아, 이게 한계구나. 더 이상 오르지는 않겠구나.' 하고 생각한다. 지금 세력은 개미를 학습시키고 있는 것이다. '야, 이 종목은 더 안 오르니까 적당히 팔고 나가.'

광고와 원리가 똑같다. 대중에게 되풀이해서 이미지를 노출시켜서 친숙함을 만든다. 세뇌의 힘이다. 반복만큼 강력한 세뇌 방법은 없다. 히틀러가 독일 국민들의 의식을 개혁한다며 매주 한 번씩 거리로 국민들을 불러내서 제식 훈련을 시킨 과정과 똑같다. 히틀러와 그의 심복 괴벨스는 현대 대중 심리학의 창시자로도 불린다.

인간은 의지가 강한 존재이기도 하지만, 어처구니없을 정도로 약한 존재이기도 하다. 우리 개미들이 아무리 버텨보려고 해도, 세력이 의도하는 반복 학습 효과를 견디며 소신을 유지하기 힘들다. 개미의 의지가 약해서가 아니라 인간이라는 존재 자체가 반복이라는 강력한 세뇌를 이겨내기 힘들게 만들어졌기 때문인 것 같다.

그래서 〈3타 4파〉나 〈쌀자루 밑단 찌르기〉 같은 심리적 공격에 대부분의 개미는 무너질 수밖에 없다.

송곳으로 같은 곳을 계속 찔러도 안 되면, 칼을 꺼내 조금 더 깊게 찔러보기도 한다. 쌀자루 밑단은 어느 순간 큰 구멍이 생기며 쌀이 쏟아진다. 개미들이 항복을 선언하고 투매 대열에 동참한다. 갑자기 매물대를 깊이 찌르는 걸 〈매물벽 때리기〉라고 한다.

〈매물벽 때리기〉는 〈쌀자루 밑단 찌르기〉보다 훨씬 강력한 매집 움직임이다. 〈쌀자루 밑단 찌르기〉 후 강력한 〈매물벽 때리기〉가 나오면 강한 상승의지로 볼 수 있다.

[차트 2-86] 지루한 <쌀자루 밑단 찌르기>에 이어 매물벽 때리기가 나왔다

앞에서 '의심스런 일봉'이라고 표현했던 것은 내가 K일봉이라고 부르는 것이다. 일명 〈매물벽 때리기〉 K일봉이다. 그 전의 움직임들, 즉 2구간의 하단을 살짝 찔러대는 건 세력이 강한 매물대를 뚫기 위해서 많이 써먹는 방법인데, 여러번 찔러야 효과가 있기 때문에 시간이 많이 걸리고 효과도 약하다. 돈 없고 시간 많은 세력들이 많이 써먹는 방법이다. 혹은 강한 매물대를 뚫기 위해서는 쌀자루 밑단 찌르기가 필수적이다. 3타 4파와도 일맥상통하는 매물대 파괴 방법이다. 시간을 질질 끄는 시간 공격이라고 할 수도 있다.

매물대의 하단을 찔러대는 일봉이 여러 개 나오면 매물대를 뚫고 싶은 욕심이 있다고 해석할 수 있다.

그러 다 갑자기 큰 칼(일봉 K)이 쌀자루 중간까지 푸욱 찌른다. 이렇게 깊게 찌르면 쌀자루가 찢어진다. 팔고 나오는 개미들이 생긴다. 세력이 그것도 모르고 이렇게 깊게 찌를 리 없다. 강력한 〈매물벽 때리기〉로 흔들리지 않는 개미들을 강하게 동요시킨 것이다.

매수 근거 : 그런데 쏟아져 내린 쌀이 많지 않다

K일봉을 만들 때 세력은 이렇게 생각할 것 같다. '쌀알이 얼마나 많은지 모르겠지만 있다면 와르르 쏟아지겠지.' 더구나 쌀자루 밑단에 3번이나 스크래치를 냈다. 스크래치의 간격도 음미할 만하다. 짧은 기간 연속으로 낸 스크래치라면 버티는 개미들이 더 많아질 수 있지만 간격이 길다. 일주일은 기다려야 올라온다. 여러 번 반복하지만 개미에게 가장 무서운 적은 시간이다. 미래를 모른 채 기다리는 일은 고문이다. 설령 확신이 깊어도 시간의 흐름과 함께 의지는 약해지고 그 틈으로 의심과 회의가 자란다.

시간 공격(쌀자루 밑단 찌르기)과 함께 〈매물벽 때리기〉까지 청소가 이어지고 있는데 그런데도 쏟아지는 쌀이 적다(K일봉 당일 거래량을 보라.). 왜일까? 물려 있는 개미가 사실은 보기보다 훨씬 적기 때문일 수 있다.

그러나 아직은 매수 타이밍이 아니다. 거래량은 적지만 어쨌든 장대 음봉이 아닌가? 하루 더 관찰한다.

K일봉 다음날 추가 하락이 나왔다. 그런데 거래량은 더 적고, 일봉의 길이도 짧다(하락폭이 적다.). 일봉의 길이가 짧다는 건 매수세와 매도세의 힘이 상대적으로 비슷하다거나 혹은 매도세가 약간 우위라는 뜻이다. 그런데 거래량마저 많지 않다. 매수 근거가 생겼다.

손절 라인도 생각해 본다. 3구간의 최저점을 뚫고 내려갈 때 손절하자. 그렇게 기준을 정하면 손절 폭도 크지 않다. 매수한다.

[차트 2-87] 분할매수로 접근한다. 최대한 아래꼬리에서 잡을 수 있다면 좋다. 손절라인도 잡는다.

역시나 다음날 급등이 나왔다. 이번에는 2구간의 거의 상단까지 올랐다.

[차트 2-88] K일봉 이틀 뒤, 26% 급등을 하며 2구간의 거의 꼭대기까지 오른 장대 양봉이 나왔다. 단타로 진입했는데 꽤 좋은 수익이다.

장대 음봉의 의미

강한 매물대를 깊이 찌르고 내리는데, 거래량이 크지 않다. 의외로 매물대에 있는 매도세가 적어서 일수도 있고, 2차 공격을 위해서 개미들의 1차 매물을 받아 매물대를 약화 시키고 세력이 물량을 조금만 사주고 내린 것일 수도 있다.

[차트 2-89] A는 매집 구간이다. 그런데 왜 K일봉이 나온 뒤 다시 A로 내려갔을까?

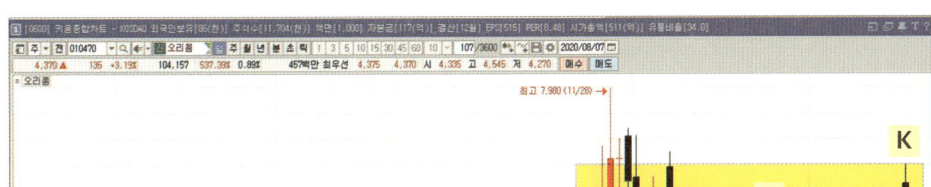

해답은 장대 음봉에 있다. 장대 음봉이 나오면 개미들은 매수를 꺼린다. 두려워한다는 게 맞을 것이다.

K장대음봉은 3구간(A)을 재청소하는 의미가 있다. 3구간(A)에서 사서 물렸다가 익절을 못하고 다시 물린 개미들은, 장대하락에 겁을 먹고 대부분 팔았을 것이다. 그 다음 날 추가 하락이 나왔고, 거래량도 전일보다 적었다. 진이 빠진 나머지 개미들마저 털어내는 과정이다(밑단 찌르기 이전에 밑단 스크래치 정도만 냈기 때문에 달라붙은 개미가 있을 것이고, 과격한 급등과 연이은 급락으로 개미를 털어낸 것이라고 해석된다.)

이후 진행 과정과 추가 분석

다시 차트를 보자. K1 장대양봉으로 급등을 만들고는 K2에서 K1의 고점을 갱신하고 다시 하락했다. 하락 지점은 3구간의 상단까지다. K1 장대양봉은 거래량이 무척 많은 데 비해서 더 높은 가격까지 올랐던 K2는 거래량이 현저히 적다. 아직 세력이 팔아먹고 나갔다고 보기 어려운 거래량이다.

K1과 K2 사이 2일간에도 거래량이 제법 많지만 양봉과 음봉의 원리를 생각해보면 세력이 팔고 있는 그림이라기보다는 도리어 매집을 했을 가능성이 높은 그림이다. 이해가 안 되는 독자는 자신이 세력이라 가정하고 생각해보라. 양봉과 음봉을 그리며 개미에게 물량을 팔아넘기는 상상을 해보라. 결코 쉽지 않다. 이런 모습은 K2마저도 매집일 수 있다는 의심을 갖게 한다.

[차트 2-90] 이후의 진행 과정. 아직 세력이 물량을 팔고 나간 흔적이 보이질 않는다.

그렇다면 어떻게 될까? 어렵게 청소를 마친 3구간으로 다시 하락할까, 아니면 3구간의 상단을 딛고 반등할까. 현재의 형태는 지지를 받고 반등할 가능성이 더 커 보인다. 또한 이대로 하락을 하더라도 [오리콤]은 또 다른 매수 근거를 주는 일봉(들)이 나오는지 계속 주시해야 한다. 일봉과 거래량을 보면 세력이 팔고 나갈 수 있는 모습이 아니기 때문이다.

[차트 2-91] 추가 반등이 나올 수 있다고 의심하는 근거는 역시 거래량이다. 상승할 때 거래량을 누군가의 매집으로 본다면 이 많은 거래량을 파는 모습이 나와야 한다. 그런데 K일봉이 뜨는 날의 거래량은 어떤가? 이게 파는 모습일까?

이후의 흐름은 어떨까? 여러 번 고점을 급등락하며 거대한 박스권을 만든 뒤 약 7개월에 걸쳐 하락했다. 그러나 K일봉이 출현했던 당시의 모습으로는 아직 세력 이탈이라고 보기 힘들었다. 거래량 분석이 옳다면 [오리콤]은 다시 반등을 만들어야 한다.

2018년 5월 30일, 시간은 걸렸지만 2017년 1월의 고점을 뚫는 급등이 다시 나왔다. 나는 이때 회원들에게 상한가에 팔라고 카페에 글을 올렸다. 결국 [오리콤]은 장중에 상한가가 무너지며 엄청나게 긴 윗꼬리를 만들고 하락했다.

[차트 2-92] 약 1년 반 뒤에 고점 돌파가 이루어졌다.

비슷한 원리로 골라 2019년 12월에 추천한 종목 [모나리자]다. 시장의 관심을 받으며 급등했다. 독자가 생각할 여지를 주기 위해, 설명은 생략한다.

[차트 2-93] 이 종목에서도 1~3구간을 나눠보고, <쌀자루 밑단 찌르기>가 어떻게 이루어졌는지 생각해 보고, K일봉과 거래량 등을 살펴보자.

미미르 필살기 ❻
급등의 전조 <K일봉> 찾기

- 이건 기법이 아니다, 논리적 접근이다

항상 기법에만 의존할 수 없다. 때로는 합리적인 사고로 차트를 바라볼 때 답이 보이는 경우가 있다. <K일봉> 찾기가 그렇다. <K일봉>은 'Key'가 되는 일봉, 즉 핵심일봉을 말한다. <K일봉>으로 우리는 급등을 예측할 수 있다. <K일봉>을 찾기 위해 대단한 지식이 필요한 건 아니다. 그저 상식적인 선에서 논리적으로 생각해 보고, 그 결과 '당연히 오르지 않겠는가?' 하고 판단할 수 있다면 누구라도 급등을 찾을 수 있다.

매물벽 때리기(기법 6)

K일봉에는 여러 전조 현상이 있다. <매물벽 때리기>도 그 중 하나다. <매물벽 때리기>는 강한 매물대를 뜬금없이 때리러 가는 걸 말한다(<쌀자루 밑단 찌르기>가 매물대의 하단을 찔러서 개미들의 물량을 받아내는 것이라면 <매물벽 때리기>는 매물벽 중단이나 상단까지 더 깊게 들어가는 것을 말한다. 힘이 그만큼 더 좋다고 판단할 수 있다.).

강한 매물대의 중심부까지 주가가 오르면 물려 있던 개미들이 팔려고 덤빈다. 때문에 강한 매물대 속으로 들어가는 건, '팔고 싶은 사람 다 팔아라.' 하고 배짱을 부리는 것이다. 누가 이런 배짱을 부릴까?

2020년 7월 21일, 종목 [경동제약]에서 〈매물벽 때리기〉가 나왔다. 굉장히 뚫기 힘든 강력한 매물대인데, 과감히 들어갔다가 윗꼬리를 그리며 내려왔다.

[차트 2-94] 노란 박스로 표시한 가격대가 뚫기 힘든 강력한 매물대다. 그런데 누가 겁도 없이 매물대 너머까지 주가를 올렸다.

노란 박스로 표시한 가격대는 굉장히 많은 거래가 일어난 곳이다. 당연히 물려 있는 사람도 많다. 물려 있는 사람이 많다는 말은, 그 구간 가까이만 가면 매도 물량이 우르르 쏟아져 나온다는 얘기다. 위에서 쏟아지는 폭포수를 뚫고 위로 오르는 게 얼마나 힘들지 생각해 보라.

물론 첫 시도에서는 완전한 돌파가 이루어지지 않았다(의도적인 것이다.). 수차례에 걸쳐 매물대를 때리다가 힘이 없다는 듯 하락한 뒤 횡보하던 어느 날, 짠 하고 〈K일봉〉이 등장한다.

[차트 2-95] 나는 이렇게 중요한 의미를 지니는 일봉을 <Key 일봉(K일봉)>이라고 부른다. 그런데 이게 왜 중요한 의미가 있을까?

그렇게 중요하다고 강조한 K일봉이 등장한 다음날의 모습이다. 주가는 하락했다. 독자라면 어떻게 하겠는가? '음봉이라니? 죽은 건가?' 겁이 나서 지금이라도 물량을 던져 버리고 빨리 이 무시무시한 종목에서 탈출하고 싶지 않겠는가. 이런 심리를 이용해서 개미들 물량을 뺏는 게 <매물벽 때리기>다.

[차트 2-96] K봉 출현 다음날 음봉이 떴다.

우리는 이런 걸 궁금해 해야 한다. 과연 세력은 〈K일봉〉을 만들며 개미들에게 물량을 떠넘기고 나갔을까? 만일 나갔다면 끝이다. 다른 종목을 알아봐야 한다. 그런데 나간 게 아니라면?

이걸 추론하기 위해 우리는 다음 2가지 전제에서 출발해야 한다.

1) 개미는 손절을 싫어한다. 본전이 되어야 나가는 습성이 있다. 물려본 사람이라면 이게 무슨 말인지 이해가 될 것이다.
2) 만일 세력이 팔기로 마음을 먹었다면 개미가 팔도록 허락해서는 안 된다. 즉 개미가 물린 가격까지 올리지 않는다.

그런데 〈K일봉〉은 어떤가? 매물대의 중심부까지 고점을 높이며 상승했다가 하락했다. 개미들에게 팔 기회를 제공했다는 얘기다. 아직은 너무 단정적으로 판단하지 말자. 두 가지 가능성이 있다.

1) 세력이 개미와 함께 팔기로 작정하고 올린 것이다.
2) 세력은 지금 파는 게 아니다.

둘 다 가능해 보인다. 그런데 1번 함께 팔기로 작정하고 올린 것이라면 〈K일봉〉의 모양이 조금 달라야 한다. 세력도 팔려고 들어갔고, 개미도 판다. 고점을 찍고 주가는 내려오는데 던지는 물량(세력 물량 + 개미 물량)은 많고 받아주는 사람은 적다. 이런 경우, 대개 파란색의 장대 음봉(현재 가격이 시가 아래로 내려가는 것)이 뜬다. 파는 물량을 받아주는 사람이 적으니까 벌어지는 흔한 현상이다. 이때 하락하는 속도가 매우 빠르고, 하락의 폭이 매우 깊게 나타난다.

그런데 〈K일봉〉은 어떤 모습인가? 비록 하락했지만 당일 출발한 시가 위에서 종가를 만든다(차트상 빨간색 봉으로 보인다.). 나간 것 같지는 않다. 다음날 음봉이 나왔지만 며칠 전의 저점을 깨뜨리지는 않았다. 물론 아직도 매수 근거가 나온 건 아니다. 다음날의 움직임이 더 중요하다. 비교적 강한 의심을 품고 다음날의 움직임을 지켜본다.

상승 신호탄 등장

〈K일봉〉의 출현 며칠 후 예상대로 반등이 나왔다. K1과 K2 일봉까지 확인한 뒤 이전 고점을 뚫고 급등할 거라는 확신이 들었다. 왜? 이건 〈역계단〉이 아닌가? 〈역계단〉이 나오면 다음날 음봉일 때 사라고 앞에서 얘기한 게 기억날 것 같다. 아니라면 복습하기 바란다.

[차트 2-97] K일봉 이후 K1과 K2가 연이어 출현했다. <역계단>이다.

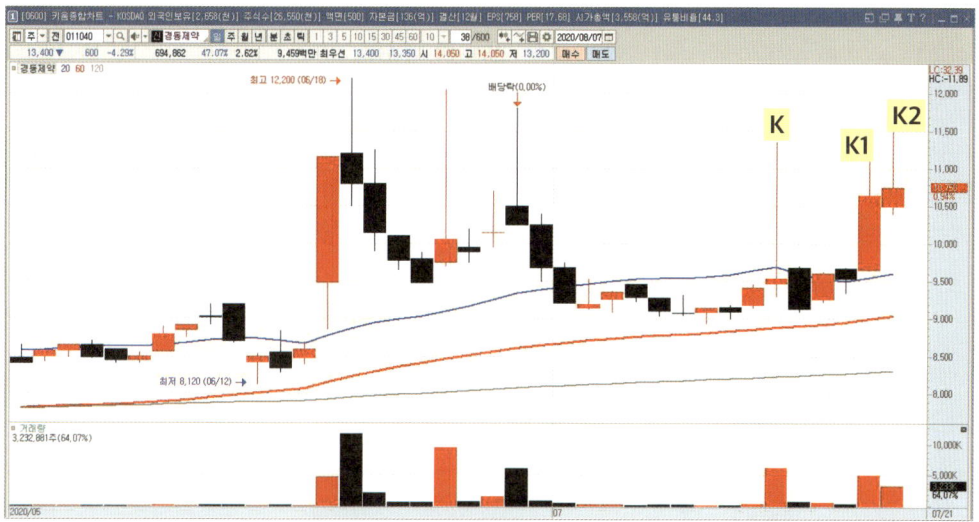

[차트 2-98] 결과는 어땠을까? 정확히 다음날 음봉을 만든 뒤, 이틀간 이전 고점을 뚫는 급등이 나왔다.

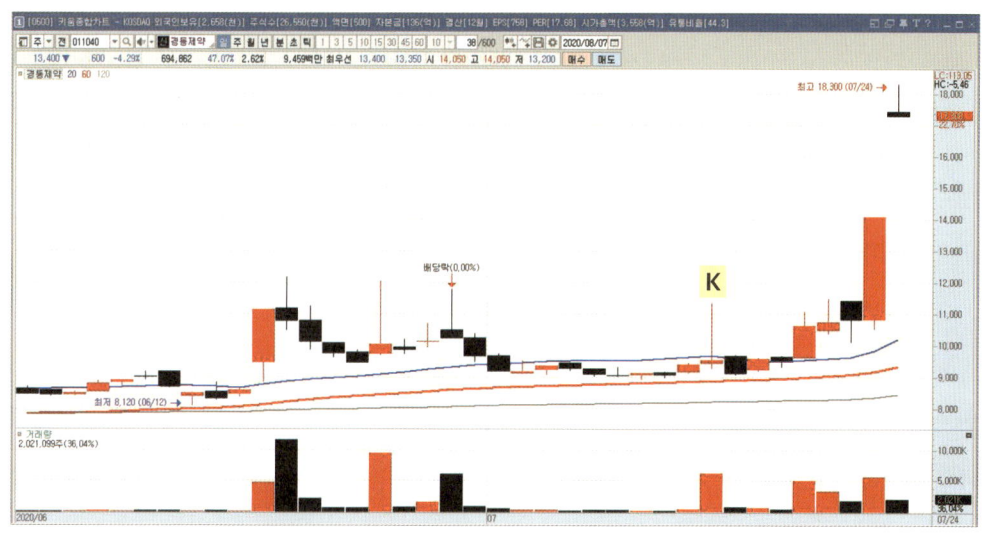

주식은 차트 모양만 보고 접근해서는 한계가 있다. 앞서 이야기한 대로 논리적으로 생각해서 해답을 찾아야 한다. 기법을 많이 알 필요도 없다. 열쇠가 되는 〈K일봉〉을 찾아서 세력이 무슨 짓을 하고 있는지 곰곰이 생각하면서 답을 찾아보는 게 중요하다. 독자들도 남들이 던져주는 기법에 너무 목을 매지 말고 〈K일봉〉을 찾아 차트와 대화해보기를 권한다.

마지막으로 〈매물벽 때리기〉의 다양한 형태 가운데 하나를 더 소개한다. 회원들에게 추천하여 상당한 수익을 냈던 종목이 많은데, 그 중 하나인 [큐캐피탈]의 차트다.

[차트 2-99] 차트를 보면 두 개의 고점이 있다. 〈매물벽 때리기〉를 할 때의 고점과 노란 박스로 표시한 매물대의 고점이다. 〈매물벽 때리기〉의 고점은 어렵지 않게 돌파할 것으로 보았고, 〈매물벽 때리기〉에 대한 확신이 든 뒤에는 매물대의 고점도 돌파할 것이라는 확신이 들었다. 2020년 2월 주가는 모든 고점을 돌파하며 상승했다.

〈K일봉〉 분석 사례

'좋은 종목 없을까?' 상당히 많은 종목들을 살펴봤지만 이상할 정도로 마음에 드는 종목이 없는 날이었다. 과거 120일 동안 상한가를 친 종목들과 각종 테마주, 회전률 상위 종목, 모아놓은 관심종목들을 비롯해서 몇 가지 검색식까지 돌리며 찾아봤지만 하나도 고르지 못했다.

그러다 한 놈이 눈에 확 들어왔다. [정다운]이라는, 처음 보는 종목이었다.

오리고기 생산업체였다. 오리고기 업체가 무슨 호재가 있다고 이렇게 차트가 좋을까 의아할 정도였다. 세력이 엄청난 매집을 하고 있는 게 이렇게 한눈에 보이는 건 흔치 않다.

[차트 2-100] 매집 이후 반등을 준비하는 모습

시기적으로는 조류독감(AI)이 터져서 오리고기 업체들이 죽을 쓰고 있을 텐데 이렇게 좋은 차트를 만들어가는 이유가 뭘까? 정말 궁금했다.

[정다운]은 다음날 야당 대선주자인 이재명 테마주로 편입됐다는 뉴스와 함께 급등했다. 테마주는 AI도 무서워하지 않는다는 걸 보며, 세력의 힘을 새삼 느꼈다. 세력 입장에서도 열심히 매집을 해서 이제 수익을 내야 하는데, AI가 터져서 껄끄럽기는 했을 것이다.

이때 또 한 번 느꼈다. 차트가 보여주는 세력의 흔적은 그 어떤 악재나 호재 뉴스보다도 강력하다. 개미가 믿을 놈은 차트밖에 없다. 나는 내가 차트쟁이라는 생각을 해본 적이 없다. 하지만 많은 일을 겪으면 겪을수록 믿을 건 차트 밖에 없다는 생각이 들게 되었다.

주식판에서 많은 경험을 하면서 뉴스도, 공시도, 회사의 실적 발표도 믿을 수 없다는 생각이 굳어졌고, 이후부터는 차트 분석에 더 매달리게 된 것 같다. 그런데 나는 왜 [정다운]을 매수해야 한다고 생각했을까?

매수 근거

차트를 볼 때는 우리가 찾아야 하는 건 세력의 매집이다. 차트를 보면 가장 먼저 7월 고점이 눈에 띈다. 와, 많이도 올랐다가 죽었구나. 그런데 이 고점은 과연 세력이 매도한 흔적일까? 아니면 매수한 흔적일까?

(* 매집을 보는 눈은 논리적인 사고로 해석하는 방법에 익숙해지면 쉽게 보인다. 매집 분석은 다양한 시각으로 분석하는 능력이 필요하기 때문에 별도의 기회를 만들어서 설명할 생각이다.)

[분석 1] 종목 [정다운]은 하락할 때 특이한 모양을 보인다. 그냥 내려가지 않고, 앞에 물려 있는 개미들이 팔고 나갈 기회를 반복해서 주면서 내려갔다. 따라서 고점에 물려 있는 개미가 많지 않을 것으로 추론된다.

[차트 2-101] 노란색 원에 표시된 윗꼬리 봉들은 개미들이 빠져나갈 기회를 준 것이다. 그 말은 고점에 물린 개미가 적다는 뜻

[분석 2] 노란색 동그라미로 표시된 윗꼬리 일봉을 다시 보자. 하락 중에 나오는 윗꼬리 일봉은 둘 중에 하나로 해석된다. 1) 세력이 남은 물량을 팔아치우는 것이든지 2) 세력의 매집이든지. 그런데 남은 물량 팔기인지 매집인지 구분하는 중요한 기준이 있다. 만일 매도라면 굳이 같은 가격대까지 계속 올릴 필요가 없다. 고점에 물린 개미들이 당연히 팔지 않겠는가. 따라서 매도라면 고점이 계속 낮아지는 모습이 나와야 한다. 그런데 [정다운]은 어떤가? 특히 두 번째와 세 번째 노란색 동그라미 부분을 보면 약간 낮아지기는 하지만 비슷한 가격대까지 계속 올린다.

[분석 3] 차트 2-102에서 A로 표시된 봉이 뜬다. 〈K일봉〉이다. 매물대의 중심부까지 푹 찔렀다가 내려온 봉을 나는 〈K일봉〉이라고 부른다. 〈K일봉〉은 왜 나온 것일까? 개미들 빠져나오라고 준 기회다. 세력 입장에서 보면 청소가 목적이다(일명 〈청소봉〉이다. '청소봉, 희망봉' 등의 명칭은 내가 만든 명칭이니 인터넷을 검색해도 안 나온다.). 그리고 다시 B와 C봉이 뜬다. 마지막까지 꼼꼼하게 청소하는 모습이다.

[차트 2-102]

[확신] 분석 1~3 가운데 나에게 확신을 준 건 무엇일까? 3번이다. 이게 매집의 과정이라고 확신하게 된 것은 A, B, C봉의 출현이다. 이 중 특히 A봉과 C봉이 강한 확신으로 다가왔다.

B는 조금 의심스럽다. B가 뜬 다음날, 몸통이 거의 없고, 위아래 꼬리도 아주 짧은 십자형(+) 도지가 나왔다. 이날 세력이 매도를 하고 나갔다고는 도저히 생각할 수 없다. 변곡점에서 많이 나오는 도지는 매집의 성격이 강하다.

실제로 차트 2-103처럼 도지 일봉의 고가와 저가를 박스권으로 보고 길게 박스를 그려보면, 일봉이 많이 몰려 있는 구간과 겹친다는 사실을 알 수 있다. 거래량이 특히 많이 터진 날을 청소하는 것(A~C봉)도 중요하지만 일봉이 겹겹이 쌓인 박스권 구간을 청소하는 것도 중요한 일이다(세력의 꼼꼼함이 느껴진다.). 장시간 횡보한 박스권 구간도 강한 매물대가 되기 때문이다.

[차트 2-103] B봉 다음날 뜬 십자형 도지는 박스권 매물대를 청소하는 의미가 있는 것으로 추론된다.

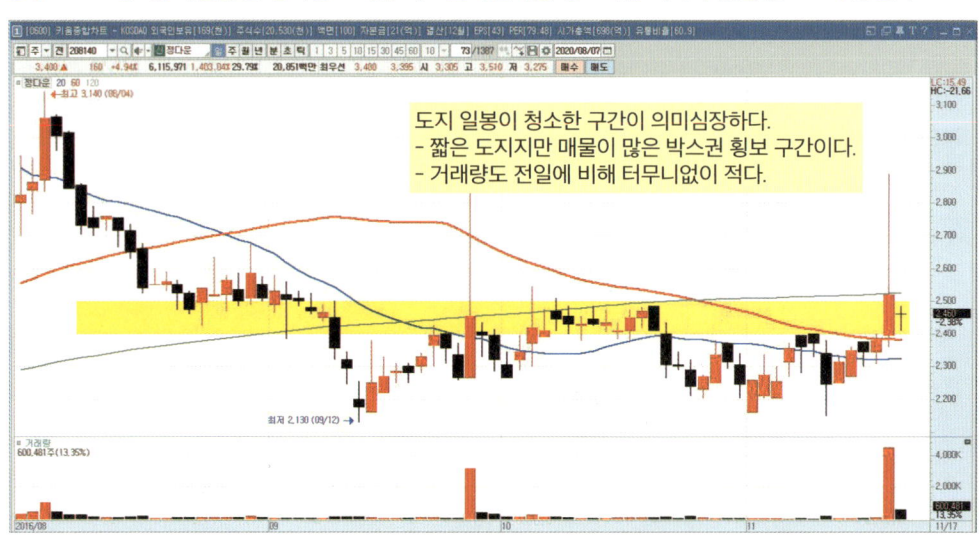

[A봉의 의미] A봉은 이전 매물대에 물린 개미들을 청소하는 봉이다. 또한 동시에 십자형 도지로 만든 노란색 박스 구간에 물렸던 개미들도 청소하는 봉이다. 아마도 강한 상승이 나와서 잔뜩 기대하고 있다가 윗꼬리를 그리며 하락하자 부랴부랴 팔고 나왔을 것으로 생각된다.

[**B봉의 의미**] B봉은 A봉을 청소하는 일봉이다. A봉이 뜬 날 안 팔고 버틴 개미들의 상당수가 B봉이 뜰 때 팔고 나갔을 것으로 보인다.

[**C봉의 의미**] C봉은 아예 A의 고점을 돌파한 뒤 긴 윗꼬리를 만들고 하락했다. 종가는 B봉보다 높다. C봉이 뜨던 날 A봉 최고가에 물려서 몇 푼 차이 때문에 못 팔고 버티던 개미들마저 팔고 나갔을 것이다. C봉이 뜬 날, 거의 대부분의 개미들이 팔고 나갔다는 확신이 들었다. 〈3타 4파〉, 기억나는가? A~C봉이 〈3타 4파〉다. 세 번 연속 같은 고점을 찔렀다. 개미들에게 세뇌를 시키는 과정이다. C봉이 뜨기 전날에는 분노와 억울함에 북받쳐 '또 한 번 올라오면 가차 없이 팔고 나가겠다.'고 다짐하던 소수의 개미들만 남아 있었을 것으로 보인다. 그 개미들이 C봉과 함께 청소된다.

세력, 시동을 걸다

이제 매집이라는 게 명명백백히 확인됐다. 충분히 개미 청소도 했다. C봉 다음날 아침 일찍 급등이 나왔다. 갭으로 뛰지도 않고 착실하게 밑에서부터 위로 긁으면서 주가를 올린다. 팔고 싶은 개미들이 모두 매도할 수 있게 해주는 센스도 보여준다. 그러나 이 날도 윗꼬리를 그리고 마감한다. 이건 〈3타 4파〉가 아니라 〈4타 5파〉인가?

[**차트 2-104**] C봉 다음날도 윗꼬리 봉이 떴다. 그러나 종가는 높고, 거래량은 전날보다 적다.

4번이나 찔렀다.

이제까지 남아 있는 독한 개미는 거의 없다. 혹시 있다면 세력 신발바닥에 붙어 있는 껌 정도의 소수밖에 없을 것이다. 신발 바닥에 달라붙은 껌은 달고 갈 수밖에 없다. 세력이 가장 미워하는 개미는 신발창에 달라붙은 껌 같은 개미일 거라고 생각한다. 아무리 털고 또 털어도 절대 안 떨어지는 지겨운 껌. 이 껌마저 떼버리고 갈 방법은 없다. 갈 길이 먼데 언제까지 껌 때문에 출발을 연기할 수는 없는 법이다. 이게 개미가 살아남을 수 있는 유일한 길이라고 생각한다. 신발창에 껌처럼 달라붙기.

다음날 장이 시작하자마자 전날 종가 밑으로 가격을 떨어뜨리며 일시적으로 음봉을 만들었다(노란색 동그라미, 전날 못 샀다면 이때가 매수 시점이 된다. 왜? 지난 이틀간의 모습이 역계단이다.). 밑창의 껌마저 털어버리겠다는 시도이다. 그러나 근거가 있는 자에게는 버티는 힘이 있다. 버틴 결과는 아래와 같다.

[차트 2-105] 근거가 있다면 버틸 수 있다. <4타 5파>만에 장대양봉을 만든 모습

이후 움직임

아래 차트 2-106은 이후의 움직임이다. 뭐가 보이는가?

[차트 2-106] 이후 과정은?

[조정 과정] B에서 상승을 만든 뒤 조정 과정에 들어간다. 왜 어렵게 급등을 시켜놓고 다시 가격을 하락시키며 조정에 들어갔을까? 이 조정 과정은, A 고점에 물려 있는 개미들을 청소하기 위해 존재한다. 왜 또 청소하는가? 가격을 더 높이기 위해서다. 따라서 추가 상승을 위해서는 조정 과정이 필수라고 볼 수 있다.

[지지 라인] 조정 과정에서 가격은 특정 라인에서 지지를 받는다. 차트상에서 보면 3,000원 부근이다. 왜 여기서 반등이 나온 걸까? 어렵게 매물대를 뚫고 올랐는데, 다시 그 아래로 내려가는 건 개미를 충분히 털어내지 못했을 때 뿐이다. 이런 이유로 세력은 한 번 청소한 구간을 다시 청소하러 내려가지 않는 경향이 있다. 이 지지 라인에 대한 이해가 있다면 우리는 B 급등 이후 어디에서 다시 진입해야 할지 짐작할 수 있다. 다만 B 구간에서 하락이 나온다고 무작정 기다리다가 들어가면 안 된다. 이게 매수 자리가 될 수 있는지 알려면 B 구간의 거래량을 분석한다. 차트를 보면 B 구간에서 하락이 일어날 때 거래량이 많지 않다. 아직 세력이 판 게 아닌 것으로 볼 수 있다. 실제로 [정다

윈은 B 구간에서 또 다시 청소한 뒤 매집을 하고 2차 랠리를 시작했다.

마지막 관전 포인트

내친걸음이다. 한 가지만 더 보자. 고점 이야기다. 고점이 나오면 팔고 도망쳐야 한다. 차트를 보자.

[차트 2-107] 노란 박스에서 무슨 일이 벌어지고 있는 것일까?

〈쌍봉〉은 강력한 매도 신호라고 했다. 그런데 이건 〈쌍봉〉도 아니고 〈3봉〉이다. 윗꼬리 긴 일봉으로 쌍봉을 만든 후 윗꼬리 장대 음봉으로 3봉을 완성했다. 이렇게 강력한 매도 신호가 떴는데도 혹시나 하며 버티는 건 무모하다. 주식은 버는 것보다 지키는 게 더 중요하다. 얼른 도망가야 한다.

……이렇게 해서 매집 찾기부터 매수 타이밍, 매도 타이밍까지 전체를 살펴보았다. 보면서 느낀 점이 있을 것 같다. 계속된 설명들이 뭔가 중첩되면서 퍼즐이 맞춰지고 있다는 느낌이면 맞다. 나의 매매법은 일관된 게 있다. 전체 그림 안에서 역계단, K일봉, 매집 등을 찾으면서 근거를 확보하고 확률을 높인다. 한 부분에 집착하는 우를 범하지 않기를 바란다.

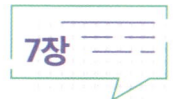

미미르 필살기 ❼
이평선에서 벌어지는 이상한 움직임

- 이평선과 주가의 움직임이 서로 다를 때

차트를 보면 색상이 다른 여러 개의 실선이 보인다. 주가 이동평균선, 즉 이평선이다. 예를 들어 5일 이평선(줄여서 5일선)은 5일 동안의 주가 평균을 내서 이를 선으로 표현한 것이다.

이평선을 이용한 매매법은 종류도 많고 가장 흔한 매매 기법으로 꼽힌다. 흔히들 5일선은 생명선, 20일선은 세력선으로 부르는 등 이평선에 이름까지 붙이고, 다양한 의미를 부여하며 활용한다.

3일선, 5일선 등 단기선은 단타용으로 많이 쓰이고, 20일선 이상은 중장기 투자나 추세의 전환 등을 가늠하는 데 주로 쓰인다.

종목마다 세력이 특히 중시하는 이평선이 있는 경우가 많다. 이평선을 이용한 추세선 매매법은 심리적인 안정도 주고, 길게 가져가며 수익을 낼 수 있다는 장점이 있다.

강하게 급등하는 주식은 3일선이나 5일선을 깨지 않는다는 믿음을 가지고 하는 3일선 매매나 5일선 매매도 다들 알고 있을 것 같다. 단기 이평선 활용법도 개발자에 따라서 다양한 방법이 있으니 필요한 분들은 인터넷을 검색해서 마음에 드는 방법을 선택

해도 무방하다.

다만, 나는 시중에 유통되는 이평선 매매법보다 이평선의 특이한 움직임이나 세력이 이평선을 활용하는 방법을 역이용하는 이평선 매매법을 소개하려고 한다.

주가와 반대 방향으로 꺾이는 이평선(기법 7)

이평선 매매의 핵심 가운데 하나는 현재 가격이 주요 이평선 위에 있어야 한다는 점이다. 그런데 간혹 현재 가격이 주요 이평선의 위에 있는데도 불구하고 뜬금없이 이평선이 아래로 꺾이는 경우가 있다. 이럴 때는 하락을 대비해야 한다. 이 현상은 자주 나오지는 않지만 세력의 속임수가 이평선을 통해 노출되는 것이라서 중요하다. 나는 특히 60일선의 움직임을 주시한다.

- 현재 가격이 60일 이평선 위에 있는데 60일 이평선이 아래로 꺾인다. 그러면 주가가 내려갈 가능성이 높아진다(매도 준비).
- 반대로, 현재 가격이 60일 이평선 아래에서 횡보하고 있는데 60일선이 갑자기 위로 꺾이는 경우도 있다. 그러면 주가가 상승할 가능성이 높아진다(매수 준비).

60일 이평선이 꺾였던 어느 날

"종목 [파라텍]은 주가가 이평선 위에 있습니다. 하지만 뜬금없이 60일선이 아래로 꺾이고 있습니다. 간혹 이런 현상이 나오는데 이럴 때는 주의해야 합니다. 설혹 오른다 하더라도 우선은 조심하고 볼 일입니다. [파라텍]은 세력이 판 게 아니어서 앞으로 더 상승을 예상하고 있습니다만, 이런 이상 현상이 보일 때는 우선은 피하는 게 좋습니다."

2017년 1월 6일 [파라텍]이 이상한 움직임을 보여서 카페에 올린 경고 글이다.

[차트 2-108] 주가가 이평선 위에서 움직이는데 60일 이평선이 고개를 숙였다.

차트에는 3종류의 이평선이 표시되어 있다. 제일 위에 있는 파란색은 20일선이고, 중간에 위치한 빨간색은 60일선이다. 제일 아래 든든히 받쳐주고 있는 회색은 120일선이다. 기간이 짧은 이평선이 기간이 긴 이평선보다 위에 있을 때 '정배열'이라고 한다 (반대는 역배열). 정배열은 누구나 좋아하는 그림이다. 주가 역시 요 며칠 사이에는 20일선 위에서만 움직인다.

그런데 어떤 이유인지 60일선이 아래로 꺾였다. 보기 드문 현상 같지만 주식이나 선물 차트 등에서 종종 나온다.

[파라텍]은 어떤 흐름을 보였을까? 경고한 날부터 계속 하락해서 10% 이상 내렸다.

[차트 2-109] 60일 이평선이 꺾인 뒤로 주가는 하락한다.

이유가 뭘까? 나도 추측만 할 뿐 정확한 이유는 모르겠다. 이 현상을 처음 발견했을 때 상당히 혼란스러웠다. 하지만 이후 수차례 동일한 현상을 목격했고 그때마다 얼마 지나지 않아서 급락이 나오곤 했다. 알려져 있지는 않지만 종종 나타나는 현상이다. 만일 이평선이 가격의 현재 위치와 다른 방향으로 꺾이면, 즉 〈이평선 거꾸로 꺾이기〉가 나오면 주의하는 게 좋다. 특히 60일 이평선에서 이 현상이 잘 나온다. 반대로 주가가 이평선 밑에서 횡보하는데 60일선이 위로 꺾이는 경우도 있다. 이때는 주가가 오를 가능성이 높다.

X페이크(기법 8)

단기 이평선이 장기 이평선 위에 있을 때를 '정배열'이라고 하여 좋은 모습이라고 했다. 그런데 이 단기 이평선이 장기 이평선을 깨뜨리고 내려갈 때가 있다. 이렇게 깨뜨리고 내려갈 때를 데드크로스(Death cross, 줄여서 'Dc')라고 하는데 주식하는 사람들이 싫어하는 대표적인 모습이다.

그런데 이평선 데드크로스가 나오는 자리에서 갑자스런 급등이 나타날 때가 있다. 그런 현상을 〈X페이크〉라고 이름 붙였다(X자 형태의 데드크로스 자리에서 나오는 가짜 급등).

〈X페이크〉 역시 수없이 자주 나오는 현상이다. 특히 하락하는 주식의 20일선과 60일선이 데드크로스를 낼 때 주가가 급등하곤 한다. 물론 급등은 일시적이며, 대부분 주가는 다시 하락한다.

[차트 2-110] 이동평균선이 데드크로스(Dc)가 나기 직전이나 직후에 주가가 급등하는 경우가 있다. 그러나 주가는 다시 하락한다.

〈X페이크〉는 주가의 향후 방향을 추측할 수 있는 지표가 될 수 있다. 만일 이평선이 교차하기 직전이나 직후에 이평선 교차 방향과 반대 방향으로 주가가 급락이나 급등을 하면 속임수일 가능성이 크다는 말이다. 이때의 특징 중 하나가 MACD의 값에 큰 변화가 없다는 점이다. 즉 주가가 오르면 MACD도 따라서 올라야 하는데 거의 오르지 않는다. 위 종목 [쎄노텍]을 보면 주가가 60일선을 뚫고 올랐는데도 MACD〈0 상태를 그대로 유지하고 있다. 따라서 급락을 대비하는 게 상책이다.

아래 종목 [뉴프라이드]도 살펴보자. 빨간색 화살표로 표시한 부분에서 데드크로스(Dc)가 나오는 자리에서 속임수 상승이 나왔다.

[차트 2-111]

반대로 이평선 골든크로스에서 주가가 하락하는 경우

반대의 경우도 있다. 이평선이 골든크로스(Gc)가 나는데 주가는 반대 방향으로 빠르게 하락한다면 속임수 하락일 가능성이 크다(앞으로는 골든크로스를 Gc, 데드크로스는 Dc라고 부르기로 하자.).

아래 차트도 [뉴프라이드]다. 과거의 차트로 돌아가다 보니 방향만 다른 속임수 하락이 있었다. 보다시피 20-60일선 Gc가 나는 자리에서 주가는 도리어 이평선 아래로 하락했다. 물론 속임수 하락이다.

[차트 2-112] 20일 이평선이 60일 이평선 위로 오르고 있는데 주가는 도리어 하락했다.

결과는 어떻게 되었을까? 급반등이 나왔다.

[차트 2-113] <X페이크> 이후 급반등을 만든 모습

그런데 이게 끝이 아니다. 이후의 과정은 어땠을까? 아래 차트에 빨간색 화살표로 표시한 부분이 〈X페이크〉가 나온 지점이다. 지나고 보면 이 페이크가 얼마나 중요한 신호였는지 알 수 있다.

[차트 2-114] 〈X페이크〉가 나온 뒤 대상승을 만든 모습

이처럼 가짜 하락을 만드는 〈X페이크〉가 나오면 일단 긴장하자. 크지 않은 리스크로 대박의 기회를 만날 수도 있기 때문이다. 이평선 밑으로 하락한 다음에 사는 것이니 뜻대로 되지 않아서 손절을 하더라도 그 손절폭이 크지 않다. 하지만 기대 수익은 크다.

미미르 필살기 ❽
이평선과 MACD 조합으로 급등주 찾기

- 〈MA 2단 상승〉(기법 9)

〈MA 2단 상승(엠에이 이단 상승)〉은 초보자도 쉽게 매수 자리를 찾아낼 수 있는 유용한 기법이다. 이 기법은 단타 종목을 선택할 때 아주 유용하다. 〈MA 2단 상승〉이 급등의 시발점이 되는 경우도 많다.

이 기법을 위해서는 MACD와 이평선이 필요하다. 이평선은 20일, 60일, 120일만 있으면 되고 MACD는 기본 설정 수치(12. 26. 9)를 그대로 사용한다(수치를 바꿔서 써봤으나 기본적으로 제공되는 수치가 가장 활용도가 높았다.).

참고로 MACD 수치를 설정하려면 이렇게 한다.

1) MACD에 마우스를 대고 오른쪽 단추를 클릭한다.
2) 박스가 뜨면 '지표조건설정'을 누른 뒤 아래 그림처럼 숫자를 타이핑하면 된다.
3) 그러나 수치에 손을 댄 게 아니면 '12. 26. 9'로 설정되어 있을 것이다. 만약 수치가 다르다면 고치면 된다.

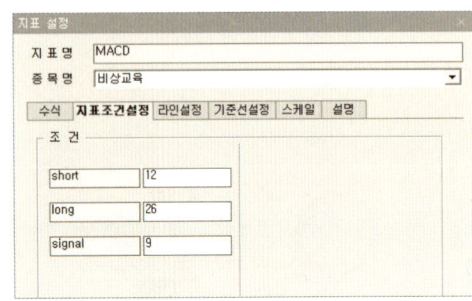

MACD에 마우스를 대고 우 클릭하면 이런 박스가 뜬다.

<다이버전스>의 함정을 극복하고 수익을 거두는 방법

<MA 2단 상승>은 주가의 <다이버전스>를 활용한 매매법이다. <다이버전스>란 주가와 MACD가 거꾸로 움직이는 현상으로, 이를 이용한 매매법은 가장 흔한 보조지표 기법으로 꼽힌다. 그런데 자주 쓰는 만큼 폐해도 있다. 보통 주가의 저점이 하락하는데 MACD는 저점이 높아질 때, 즉 <다이버전스>가 날 때 상승을 예측하고 매수에 동참하는 게 <다이버전스>를 활용한 매매법이다. 그런데 주가가 반등하는 척 올랐다가 하락하는 경우도 숱하다. 유용한 보조지표이지만 개미에게 가장 많은 피해를 끼치는 주범이기도 하다. 이 함정을 극복해서 실전에서 안심하고 써먹을 수 있는 기법이 <MA 2단 상승>이다. 다음 차트를 보자.

[차트 2-115] MA 2단 상승 샘플

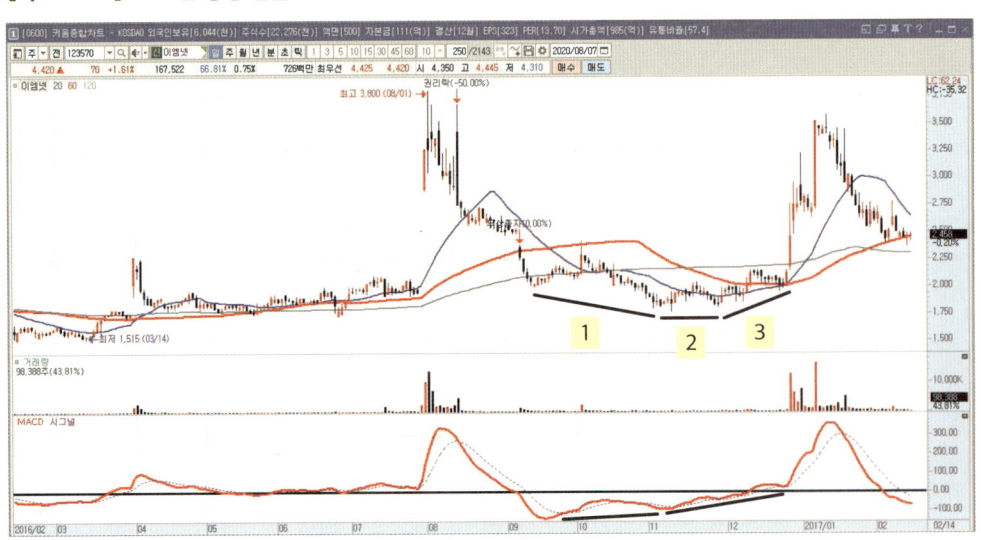

숫자로 표시한 구간을 보자. 1번 구간에서 주가의 저점은 낮아지는데 MACD의 저점은 도리어 높아진다. 이게 〈다이버전스〉다. 2번 구간에서 주가의 저점이 비슷한데 MACD는 계속 저점을 높이고 있다. 그 뒤 3번 구간에서 주가도 저점을 높이고 있고, MACD도 계속 오른다.

주가가 방향을 바꾸는 동안, MACD는 저점이 2번 높아졌다(MACD가 두 차례 상승하고 있다는 뜻에서 〈MA 2단 상승〉이라고 이름을 붙였다.). 정리하면 이렇다.

1. 1구간에서 주가 〈다이버전스〉가 나왔다.
2. 2구간에서 주가의 양쪽 바닥이 비슷하지만, MACD는 상승한다.
3. 3구간에서 주가의 저점도 높아지고, MACD도 동반 상승한다.

이와 함께 다음 현상에도 주목해야 한다.

4. 3구간에서 주가가 60일선 위로 올라섰다.
5. 20-60일 이평선이 골든크로스(20-60 Gc)가 나면서 폭등했다.
6. 폭등 시점에서 MACD는 기준값(0)을 이미 돌파했다.

폭등이 일어나기 직전의 모습을 보자.

[차트 2-116] 이 장면은 급등이 나오기 전에 많이 나오는 형태이기 때문에 외워두어야 한다.

참고로, 1구간에 나타난 〈다이버전스〉만 보고 매수했다가 2구간에서 하락을 맞는 게 앞에서 얘기했던 〈다이버전스〉의 함정이다. 3구간까지 기다리는 게 핵심이다.

〈MA 2단 상승〉으로 매매를 하려면 어떻게 해야 할까? 우선 다음 3가지 조건을 충족하는지 체크한 뒤 매수에 들어간다. 단계별로 알아보자.

MA 2단 조건 ❶ 1구간의 〈다이버전스〉

1구간에서는 〈다이버전스〉가 꼭 나와야 한다. 1구간을 보자. 이전 구간에서 주가는 폭등했다가 지속적으로 하락하며 1구간의 첫 지점에서 일시적으로 하락을 멈추고 반등을 한다. 그러나 반등은 약했고, 다시 추가 하락이 나오며 1구간 끝까지 저점을 계속 낮춘다. 이때 1구간의 첫 저점과 마지막 저점을 직선으로 연결해 보면 차트에 그은 선처럼 아래로 향하는 선이 된다(이런 걸 하락 추세라고 부른다. 내려가려는 힘이 강하다고 이해하면 될 것 같다.). 반면에 MACD는 같은 구간에서 저점이 높아진다. 이처럼 주가의 추세와 MACD의 추세가 반대로 나타나는 것을 〈다이버전스〉라고 부른다. 이게 꼭 등장해야 한다.

MA 2단 조건 ❷ 2구간의 모습

2구간에서는 주가가 바닥을 잡는 모습을 보인다. 2구간 첫 시점의 저점과 마지막 시점의 저점이 비슷한 가격에서 형성된다. 그래서 저점을 연결한 선이 거의 수평을 이룬다. 동시에 MACD는 한 차례 더 저점을 높이며 상승 추세를 만든다.

주의할 게 있다. 2구간이 애매하게 나올 때가 있다. 물론 [이엠넷] 차트처럼 2구간이 명확한 게 더 좋다. 참고로, 2구간을 따로 구분하면 MACD가 3번 상승하므로 〈MA 3단〉이 옳겠지만 기법은 디테일보다 원리가 더 중요하므로 〈MA 2단〉으로 한다.

MA 2단 조건 ❸ 주가가 20일선 위로 올라야 한다

〈MA 2단〉이 성립하기 위해서는 일단 주가가 20일선 위로 올라와야 한다. 20일선 위로 올라서 20일선을 딛고 곧장 오르는 경우가 있고, 이 그림처럼 20일선 밑으로 빠졌다가 재차 20일선을 회복하고 오르는 경우가 있다.

20일선으로 주가가 오를 때 MACD는 상승해야 한다. 주가가 오르면 MACD는 따라서 오르기 때문에 가격이 20일선 위로 오르는데 MACD가 오르지 않는 경우는 드물다. 그럼에도 MACD가 상승하고 있다는 것을 확인한다.

단타 매수 타이밍 잡기 : 타점 A에서 매수

이상 3가지 조건이 만족되면 우선적으로 단타의 조건이 성립한다. 차트의 모습을 보면 2구간은 쌍바닥이다. 쌍바닥은 강력한 지지가 된다고 앞에서 이야기했다. 쌍바닥을 찍은 후 주가가 20일선을 회복하면 그때 매수에 들어간다(차트 2-117의 A 지점).

[차트 2-117] 조건 1~3이 충족되고, 추가로 20일선 회복을 확인하면 단타를 위해 진입한다.

20일선을 회복한 후 매수하라는 말은, 20일선 위 아무 곳에서 하라는 뜻이 아니다. 차트에도 보이듯이 주가는 20일선에서 제법 위로 올라간다. 이때 사는 게 아니고, 20일선 가까이 하락할 때를 기다려서 매수를 하라는 얘기다. 물론 일시적으로 20일선을 깨뜨리고 살짝 더 내려갈 때 하면 조금 더 유리하다.

단타 매도 타이밍 잡기

그럼, 언제 팔까? 일단 이때 진입하는 건 단기간 매매, 즉 단타를 노리고 매수하기 때문에 60일선이나 120일선에서 팔면 좋다. 물론 매도는 매수세의 강도에 따라 달라지므로 상황에 따라 다르기는 하다. 그러나 잘 모르겠다면 다음처럼 물량을 반씩 파는 것도 좋다.

1. 일단 60일선에서 절반을 판다(60일선까지는 대부분 오른다).
2. 연속해서 주가가 60일선을 뚫고 오르지 못하고 하락하면 나머지를 매도한다.
3. 주가가 60일선을 뚫고 오르면 120일선에서 나머지를 매도한다.

참고로, 120일선이 내려오고 있다면 120일선까지 쉽게 가지만, 오르고 있는 중이라면 120일선까지 못 가는 경우가 있다.

진짜 매수 타이밍 잡기 : 타점 B에서 매수

단타 매매가 끝이 아니다. 이제부터 진짜 매매를 기다린다. 만일 차트 2-118처럼 주가가 횡보하며 힘없이 흘러가고 있는데 그와 동시에 20일선이 60일선으로 근접하고 있는 모습을 보았다면 긴장해야 한다. 20-60일 골든크로스(Gc)가 나올 타이밍이다. 단타 때와 마찬가지로 20일선 근처에서 매수한다(차트 2-118의 B).

[차트 2-118] 대상승이 예상되는 차트의 모습이다.

이때 큰 상승이 기대되기 때문에 매도 타이밍은 스스로 잡아야 한다. 목표가를 잡는 건 무의미하다. 다만 상승 여력을 가늠할 수 있는 두 가지 단초가 있다.

1. MACD는 계속 상승해야 한다. 특히 MACD의 저점이 2구간의 마지막 저점보다 낮아지면 안 된다.
2. MACD는 기준값 0 위에 있어야 한다(MACD〉0). 주가는 MACD가 기준값(0) 위에 있을 때 상승하는 힘이 세지는 게 일반적이다. 특히 일봉이 60일선 위에 있고, MACD〉0이라면 추가 상승에 대한 기대가 커진다(조금 더 디테일하게 보자면 '주가〉60일선, MACD〈0'은 하락 가능성이 크다. 반면 '주가〈60일선, MACD〉0'일 때는 상승 가능성이 크다. 60일선보다는 MACD가 더 중요하다는 말이다.).

(* MACD 차트의 한복판에 검은색 수평선이 그어져 있다. 그게 기준값 0이다. 이 기준선 위로 올라와야 좋은 신호다.)

이런 현상이 나타나면 손절

주식에는 100%란 없다. 만일 B에서 진입했는데 일봉이 20일 이평선에서 완전히 이탈하는 모습이 나오면 손절을 해야 한다. 물론 일시적으로 20일선 아래로 떨어질 수는 있다. 그러나 그때도 일봉의 윗꼬리가 20일선에 닿거나 혹은 근접 거리에 있어야 한다. 만일 일봉이 20일선과 너무 동떨어지면 하락 신호라고 읽어야 한다. 손절한다.

<MA 2단 상승>의 종류

〈MA 2단 상승〉은 위에서 설명한 것처럼 디테일이 딱딱 들어맞으며 나타나는 게 아니다. 형태가 조금씩 다를 수 있고, 상승이 나오는 시점 또한 다를 수 있다. 〈MA 2단 상승〉을 유형에 따라 분류해 보면 다음처럼 3가지가 관찰된다.

1. 20일선 위로 오르고 급등하는 형
2. 20일선 위에 오른 후 하락했다가 60일선을 딛고 급등하는 형
3. 20일선과 60일선이 골든크로스 나는 자리에서 급등하는 형 (20-60X)

이 외에도 여러 형태가 가능하다. 그러나 기본적인 개념은 같다. 응용이 중요하다.

미미르 필살기 ❾
청소봉을 찾아라

- 세력이 주가를 상승시키기 전에 하는 짓

세력은 개미를 싫어한다. 현실적인 이유에서다. 개미들이 많으면 급등을 시키기 힘들다. 조금만 올라도 파는 게 개미니까. 개미에게서 물량을 빼앗지 못하면 급등도 나오기 힘들다고 보아야 한다. 개미들이 물려 있는 이 매물대를 깨끗이 청소하기 위한 게임이 시작된다.

〈청소봉〉은 세력이 본격 상승을 시작하기에 앞서, 개미들이 잔뜩 물려 있는 매물대까지 급등을 시킨 뒤 윗꼬리 긴 일봉이나 장대음봉을 만들며 주가를 하락시키는 걸 뜻한다. 내가 만든 용어다. 청소봉의 역할은 두 가지다. 개미 털어내기(청소)와 물량 확보하기(매집).

본격적인 상승을 하기 위해 수차례 매물대까지 오르고 내리기를 반복해야 한다. 나는 이 과정을 '매물대를 찌른다'고 표현한다(〈쌀자루 밑단 찌르기〉도 그런 의미로 쓴 말이다.). 찌르는 횟수는 그 매물대가 얼마나 견고한지에 달려 있다. 매물대가 강력할수록 찌르는 횟수가 증가한다. 이때 가장 많이 나오는 형태가 〈3타 4파〉다.

3번 찌르고 4번째 돌파하기 <3타 4파>

〈청소봉〉이 나타나는 방식은, 3번 찌르고 4번째 돌파하는 형태가 가장 일반적이다. 물론 3번째나 5번째에 돌파하는 경우도 있지만 경험상 4번째 돌파가 가장 많다.

왜 3번 찌를까? 숫자 '3'은 사람 심리에 굉장히 많은 영향을 미치는 것 같다. 잘 버티던 사람도 세 번째까지 상승 후 다시 하락하면 '아, 이번에는 팔았어야 했는데' 하고 후회하며 이렇게 다짐한다. "다음에 오를 때는 꼭 팔고 나가야지. 지겨운 놈."

〈3타 4파〉는 일봉에서만 나오는 게 아니다. 분봉 차트에서도 나온다. 급등주들을 분봉 차트로 보면 특정 가격대의 매물벽을 분봉으로 3번 찌르고 4번째에 돌파하는 모습을 자주 접한다. 〈청소봉〉의 대표적인 모습인 〈3타 4파〉는 그만큼 흔한 현상이고, 중요한 매집 방법이자 돌파 방법이다. 꼭 기억하기 바란다.

<청소봉> 이해하기

〈청소봉〉은 다양한 형태로 나타난다. 특정 종목의 형태를 외우려고 하지 말고, 그 의미를 이해하는 게 중요하다. 왜 이런 거래량 적은 장대음봉이 나온 것일까? 앞에서 다뤘던 [오리콤]을 통해 〈청소봉〉을 둘러싼 세력들의 의도를 다시 한 번 살펴보자.

[차트 2-119] 왜 이런 거래량 적은 장대음봉이 나온 것일까?

[**1차 청소**] 차트를 보면 2016년 11월 말에 강력한 상승이 나오고 주가는 하락한다. 이런 상승세가 나오면 개미들이 달려든다. 아마도 가격을 끌어올렸던 세력들이 개미에게 매물을 팔고 나왔을 것 같다. 그 다음이다. 힘을 잃고 하락하던 어느 날 장중에 의심스런 장대양봉 하나가 나왔다. 장대양봉은 노란 박스로 표시한 매물대까지 갔다가 빠르게 하락하여 전일 종가보다 더 낮은 가격까지 추락했다. 왜 이런 장대음봉을 만든 걸까?

[**개미의 심리**] 매물대 중심까지 가격이 상승하면 매물대에 물려 있는 개미들의 시선이 집중된다. 빠르게 올린 만큼 빠르게 내리면 '어이쿠, 내려간다.' 하고 손이 먼저 매도 주문을 내는 개미들도 생기게 마련이다. 또한 다음에 2차 청소봉이 비슷한 가격대까지 오르면 학습효과 때문에 '이거 또 내려가겠구나.' 하는 마음으로 서둘러 파는 개미도 생긴다. 그렇게 〈3타 4파〉의 작전에 개미들이 말려든다.

[**거래량**] 의문이 있다. 혹시 이건 세력이 자신들의 물량은 높은 가격에 팔려고 만든 건 아닐까? 그걸 알기 위해 거래량을 살핀다. 거래량은 절대적인 크기가 따로 있는 건 아니다. 다만 매물대의 거래량과 비교해서 어느 정도 크기인지 보면 세력이 팔려고 만든 건지 사려고 만든 건지 구분이 조금은 쉬워진다. 종목 [오리콤] 차트는 쉬운 축에 속한다. 장대음봉 거래량이 매물대 거래량에 비하면 너무 적다. 이건 세력의 매집이다.

왜 그럴까? 개미들은 벌써 한 달 넘게 물려 있었다. 그 기간 동안 쓰린 속을 달래며 오르기만 기다렸는데 올랐다고 덥석 사줄까? 더 오르기를 기대하며 팔지 않고 기다릴 수는 있어도 추가 매수를 하는 개미는 없다고 보는 게 합리적이다. 개미들도 매물대를 뚫기 어렵다는 건 잘 안다. 설령 매수를 고려하여 관찰하고 있던 개미들도 매물대를 뚫을 때까지는 관망세를 유지할 것이다. 매물대를 완전히 돌파하면 그때 사도 늦지 않다. 강한 매물대는 오를 때는 강한 저항이 되지만 일단 뚫고 나면 강한 지지가 된다는 정도는 다 알고 있기 때문이다.

[결론] 그렇다면 이 장대음봉은 필연적으로 세력의 매집일 수밖에 없다.

[차트 2-120] 장대음봉이 뜨면 거래량을 비교한다. 매물대에서 터진 거래량은 1천만 주였고, 장대음봉의 거래량은 70만 주였다.

[차트 2-121] 장대음봉이 뜬 날의 1분봉 차트 모습. 장 시작과 동시에 갭상승이 뜨고 잠시 추가 상승이 있었으나 1분이 지나기도 전에 급락했다. 준비하고 있던 사람이 아니라면 매도 타이밍도 잡기 어려울 정도의 스피드로 하락했다.

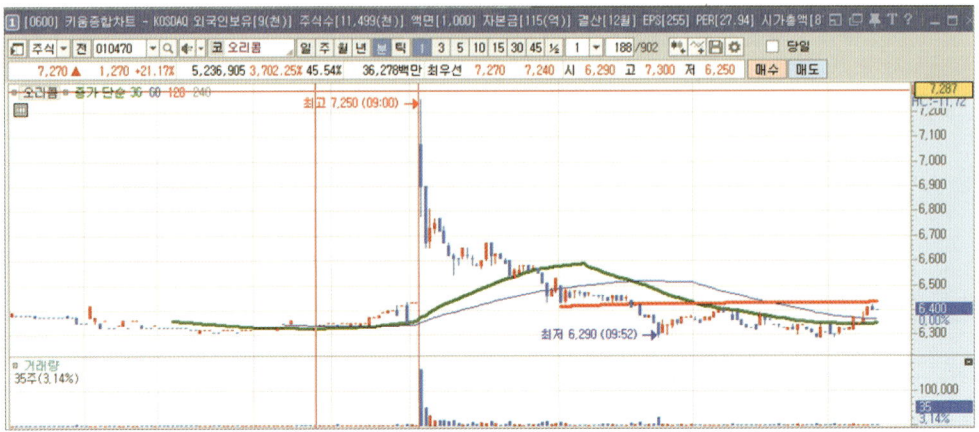

개미가 세력의 깊은 속을 다 헤아릴 방법은 없다. 이날 음봉에 대한 해석은 사람마다 다를 수 있다. 그러나 이런 모습이 자주 등장한다는 것은 누군가 이 방법을 자꾸 써먹는다는 얘기이고, 그만큼 효과가 있다는 뜻일 테다.

언제 살까?

청소봉이 등장했다. 언제 살까? 만일 단타로 진입한다면 아래 차트 2-122에서 동그라미를 친 두 개의 일봉 부근까지 하락하기를 기다린다. 이 두 봉의 저점에 검정색 선 〈가〉를 그었다. 이 종목도 청소봉이 등장한 다음날 검정색 선 가까이 추가 하락을 했다. 다만 빨간색 이평선, 즉 60일 이평선을 터치하고 아래꼬리를 그리며 반등했다. 꼭 어느 가격에서 반등한다는 보장은 없으나 주요 이평선이나 이전 저점 등을 참고하면서 최대한 낮은 가격에 매수하는 게 요령이겠다(미미르 매매법의 핵심 가운데 하나는 음봉 매매. 지지 라인으로 하락할 때까지 기다려 매수하기 때문에 손절 라인이 짧고 반대로 수익은 극대화할 수 있다.).

[차트 2-122]

손절 라인은?

손절도 마찬가지다. 이전 저점인 검정선 〈가〉를 깨뜨리면 손절한다.

2차 지지선

보통은 검정선 〈가〉에서 반등이 나온다. 그러나 〈가〉를 깨고 하락할 수 있다. 〈가〉를 깼다고 끝난 건 아니다. 이때는 2차 지지선(검정선 〈나〉)에서 재진입한다. 검정선 〈나〉는 어떤 가격인가? 길고 긴 하락 추세에서 벗어나 처음 나온 양봉인 A의 종가 가격이다. 또한 강한 상승이 나온 일봉 B의 시가와도 일치한다. 하락 추세를 상승 추세로 돌린 변곡점에 해당하기 때문에 강력한 지지선이 된다. 물론 〈나〉마저 깨뜨리고 내려가면 지지선이 깨졌다고 판단한다. 예측을 벗어났으므로 털고 나간다.

다만 한 가지 기억할 게 있다. 세력은 언제든지 2차 지지선마저 붕괴시키며 예상보다 더 큰 폭의 하락을 만들어 개미의 허를 찌를 수 있다는 점이다. 아니, 허를 찌르는 게 그들이 애용하는 술책이다. 심지어 세력은 자신들이 매집한 가격보다도 더 낮게 하락을 시켜서 끝까지 버티는 개미들을 털어내고서야 본격 상승을 시키곤 한다. 명심하자.

청소봉에 대한 이해가 버티도록 도와준다

차트에 나타난 윗꼬리 긴 양봉이나 장대음봉이 〈청소봉〉이라는 판단이 든다면 조금 더 버티는 게 수월해진다. 오히려 지지선보다 〈청소봉〉에 대한 이해가 더 중요하다. 나는 [오리콤]에 등장한 장대음봉을 〈청소봉〉으로 이해했고, 그래서 진입했다. 〈청소봉〉이라고 판단되면 설령 물리더라도 다시 주가가 올라온다는 믿음을 가질 수 있다. 〈청소봉〉만 제대로 이해해도 주식이 한결 수월해진다.

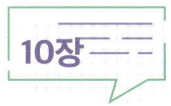

미미르 필살기 ⑩
역계단 마스터하기

- <역계단>의 논리적 접근과 변이들

 다시 <역계단>이다. 이제 보는 <역계단>은 처음 본 <역계단>과 다를 것이다. 왜? <역계단>에 변이가 있기 때문이고, 다른 공부까지 마친 상태에서 보기 때문이다. 배경지식이 달라지면 주식이 다르게 보인다. 복습부터 해보자. 다음 차트는 [코맥스]다.

[차트 2-123] 역계단의 출현

〈역계단〉이 보이는가? 〈역계단〉의 핵심은 '거래량'이다. 거래량을 보고 〈역계단〉을 판단한다. 거래량 조건이 만족되지 않으면 〈역계단〉이 아니다.

거래량 없이 하락하던 어느 날(거래량을 동반하며 하락하는 모습은 매우 위험하다.), 거래량이 갑자기 증가한 윗꼬리 긴 일봉이 나왔다(역계단 1봉 출현). 그리고 연이어 1봉의 종가보다 더 높은 가격으로 끝난 양봉이 나왔다(역계단 2봉 출현). 이 두 번째 봉을 역계단 2봉으로 보는 이유는 단지 전일보다 종가가 높아서가 아니다. 거래량이 현저히 줄어들었기 때문이다(1봉 거래량 〉 2봉 거래량 〉 하락시 거래량).

참고로, 역계단이지만 1봉의 거래량이 생각보다 충분치 않을 때도 있다. 이 경우 단기 상승의 힘이 약한 경우가 많다(중장기 이평선까지 오르기 힘들 수 있다.). 1봉의 거래량은 앞의 일봉들의 거래량들보다 몇 배 현저히 많아야 힘이 있다.

그럼 언제 살까? 2봉까지 확인한 뒤 다음날 시장이 열리기를 기다려서 2봉의 종가보다 낮은 가격으로 주가가 내려갈 때, 즉 일시적 음봉일 때 매수하면 대부분 수익을 준다. 목표가는 일봉 위에 있는 중장기 이평선까지다. 내 경험상 그렇다. 결과는?

[차트 2-124] 예상대로 중장기 이평선까지 오르고 조정으로 들어갔다.

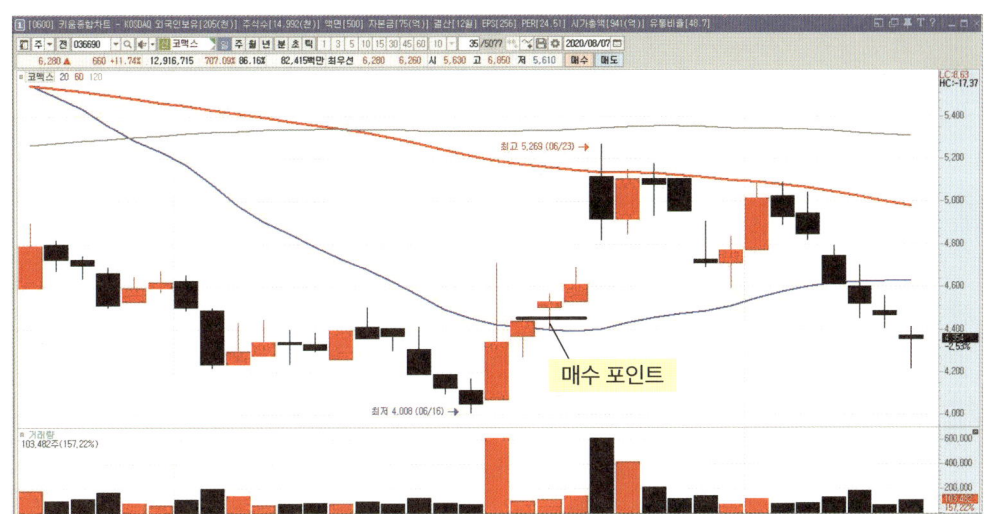

공식대로 2봉 종가 아래로 떨어질 때를 기다려 매수해서 중장기 이평선인 60일선에서 파는 모습이 나왔다.

<역계단>을 논리적으로 생각해 보기

<역계단>인지 아닌지 판단하는 근거는 1봉이 아니라 2봉이다. 1봉만 나오고 죽는 종목도 많다. 이런 경우, 우리는 1봉 윗꼬리에서 세력이 물량을 개미들에게 팔아넘기고 나갔다고 생각할 수 있다.

만일 1봉 윗꼬리가 세력이 팔아치우면서 만들어진 것이라면 2봉에 대해서도 똑같이 의심을 가질 수 있다. '이건 세력이 남은 물량이 있어서 팔고 나가기 위해 만든 게 아닐까?' 하고 말이다.

그런데 2봉의 종가를 생각하면 조금 이상하다. 만일 1봉 윗꼬리가 설령 세력이 팔아치운 흔적이라 하더라도 왜 2봉의 종가는 1봉보다 높은 가격에서 끝이 날까? 가격을 올리는 주체인 세력은 다 빠져나갔다는데 누가 도대체 가격을 올린 걸까?

2봉의 종가가 1봉의 종가보다 높다는 말은 이런 말이다.

"1봉의 종가 밑에서 산 사람은 모두 수익 중이다."

2봉이 세력이 판 것이라고 가정하면 2봉은 자신의 매물을 개미에게 떠넘겼을 것이다. 그런데 2봉 종가는 이상하게 올랐다. 2봉에서 세력의 매도물량을 받은 개미들은 지금 현재 수익 중이다!

뭔가 이상하다. 1봉 종가 아래에서 산 개미와, 2봉에서 세력이 넘긴 물량을 떠안은 개미 모두 수익 중이다. 세력이 이런 짓을 한다고? 이게 말이 되는 얘기인가? 세력이 순순히 개미들에게 수익을 준다고? 주식 경력 조금 된다는 사람 붙잡고 물어봐도 이건 난센스에 속한다. 말이 안 되는 상황이다.

〈역계단〉이 세력이 판 것이라고 설명하면 모순에 부딪친다(착한 세력이 존재한다는 모순이다. '착한 세력'이란 '뜨거운 얼음'이라는 말처럼 절대 불가능한 표현이다.). 그런 점에서 나는 1봉과 2봉 모두 세력이 판 게 아니라고 판단한다. 이건 둘 다 매집이다! 이걸 팔기 위해서는 가격을 더 올려야 한다! 이게 내가 생각하는 〈역계단〉의 논리적 설명이다.

〈역계단〉은 중간 매집

따라서 세력이 역계단을 만들고 있다면 '중간 매집'일 가능성이 높다. 중간 매집이란 아직 매집이 완료되지 않은 단계라는 뜻이고, 이후 마지막 매집 과정을 거치고 상승을 만들 수 있다는 말이다. 따라서 역계단에서 상승 대신 하락을 하더라도 나중에 재반등이 세게 나오는 경우가 많다.

[차트 2-125] 세력의 단중기 매집 때 역계단(A와 B)이 많이 등장한다. 세력이 급하다면 1~2일 내에 충분한 수익을 줄 것이다. 세력이 중간 매집 중이라면 당일 큰 수익이 안 날 수 있다. 하지만 지켜보면 결국 큰 수익으로 이어지는 경우가 무척 많다.

<역계단> 출현 빈도

현실적인 이야기다. <역계단>은 얼마나 자주 등장할까? 내 경험상 매일 몇 개씩 찾을 만큼 흔한 형태는 아니다. 데이트레이딩을 하는 분들, 즉 매일 사고팔기를 되풀이하는 분들에게는 적합한 방법이 아닐 수 있다. 그러나 중기 투자에 익숙한 사람에게는 '생각보다 자주 나온다'고 말할 수 있다.

독자 여러분도 지금 HTS를 켜고 아무 종목이나 찾아서 차트를 보기 바란다. 길게 일봉 차트를 펼쳐놓고 보면 거의 모든 종목에서 <역계단>을 찾아볼 수 있다.

어떻게 찾지?

검색식을 사용해도 되지만 장중이나 혹은 장 마감 후에 증권사에서 제공하는 <당일 회전률 상위 종목>이나 <거래량 급증 종목> 등을 찾아보면 어렵지 않게 찾을 수 있다. 참고로 <회전률>은 이 회사에서 발행한 주식 가운데 오늘 하루 몇 퍼센트가 거래되었는지 알려주는 지표로 거래량과 함께 중요한 정보다. 거래량이 말 그대로 거래된 숫자 자체라면 회전률은 발행된 주식 가운데 거래된 숫자의 비율을 의미한다. 둘 다 거래량과 관련된 것으로 주식 고수들이 좋아하는 대표적인 지표들이다.

<역계단>의 변이들

종목 [코맥스는 가장 이상적인 모습으로 나타난 〈역계단〉이다. 이 종목으로 복습한 이유도 〈역계단〉의 특징을 한눈에 쉽게 볼 수 있기 때문이다. 그러나 [코맥스]처럼 정석대로 움직이는 종목이 전부가 아니다. 변형된 형태도 자주 발견된다.

[변형 1 : 1봉과 2봉 사이의 음봉 출현] 역계단 1봉과 2봉 사이에 2~3일간 거래량이 별로 없는 음봉이 발생하는 경우도 있다. 만일 역계단 1봉과 2봉 사이에 거래량을 많이 동반한 일봉이 나오면 상승 강도가 약해진다(중장기 이평선까지 오르기 힘들 수 있다.).

[변형 2 : 청소봉 형태로 등장한 〈역계단〉] 아래 차트에는, 엄밀하게 본다면, 3회 연속으로 역계단형이 나왔다. 3회 모두 단중기 상승으로 이어졌다. 차트에서 〈역계단〉을 찾아보자.

[차트 2-126] 거래량과 2봉의 종가 등을 바탕으로 세 차례 등장한 역계단을 찾아보자.

차트에서 제일 먼저 볼 것은 'A 상한가'다. 〈사지탈출〉을 만든 상한가가 나왔다. 이후 두 차례의 역계단 1봉이 등장하며 매물대를 찌른다. 청소봉이다. 두 번의 역계단 출현 후 3주 가까이 횡보하며 청소한 뒤 〈사지탈출〉을 완성하고 상승을 만드는 역계단 1봉이 또 다시 출현한다.

[변형 3 : 2봉이 두 개의 봉으로 나누어진 〈역계단〉]

거래량 터진 윗꼬리 양봉이 역계단인지 아닌지는 2봉이 결정한다. 2봉의 출현으로 전일의 윗꼬리 양봉이 역계단 1봉이라고 생각한다. 중요한 것은 2봉이라는 말이다. 그런데 아래 차트처럼 2봉이 둘로 나뉘었다고 볼 수 있는 경우가 있다.

[차트 2-127] 2봉이 둘로 나뉜 역계단

차트에는 1~3번까지 표시가 되어 있다. 1번 봉이 뜬 뒤 하루 음봉이 나왔다. 그리고 다음날 1) 거래량이 1봉보다는 적고 평일보다는 많으며, 2) 종가가 1봉보다 높은 〈역계단〉 2봉이 등장한다. 만일 이게 완성이라면 다음날, 혹은 이후 1봉의 고점을 돌파하는 상승이 나와야 한다. 그러나 3봉은 1봉의 고점을 돌파하지 않았다. 이 경우, 1) 2봉과 3봉의 거래량을 합한 값이 1봉보다 적고, 2) 1봉의 고점을 돌파하지 않은 양봉이라면 2봉과 3봉을 합쳐서 2봉으로 볼 수 있다고 판단한다. 무슨 말인가 하면 '세력이 아직 팔고 나가지 않았다, 아직 상승의 여력이 있다'는 말이다. 그렇게 판단한다면 3봉에서 수익을 실현하지 않고, 홀딩할 수 있는 근거가 나온 것이다.

반면 2봉과 3봉의 거래량을 합한 값이 1봉보다 많다면 〈역계단〉은 완성된 것이거나 혹은 〈역계단〉이 아니다. 물론 그때도 상승의 힘이 하락의 힘보다 강하다고 판단하지만 〈역계단〉만큼 강할 것으로 예상하지 않으므로 보수적으로 접근한다.

[변형 4 : 매집을 동반한 〈역계단〉]

차트 2-128에 표시한 부분에서 두 번의 역계단이 나왔다. 첫 번째 역계단은 길고 긴 매집 과정의 첫머리였다. 여기서 매수한 사람은 오랫동안 기다리거나 혹은 짧게 손절을 치고 나오는 게 좋아 보인다. 그리고 두 번째 역계단이 나온 뒤 대상승이 나왔다. 이 대상승을 예측할 수 있는 건 첫 번째 역계단과 두 번째 역계단 사이에 두 달 넘게 이어진 매집 구간 때문이다.

[차트 2-128]

세력의 매집인지 아닌지 분석하는 방법은 많다. 그런데 〈역계단〉처럼 초보자도 쉽게 알 수 있는 방법은 드물다.

매집을 알아차리기란 상당히 어려운 일이다. 공부도 많이 해야 할 뿐 아니라 검증이 불가능하기 때문에 같은 차트를 봐도 사람마다 견해가 다르다. 심지어 고수끼리도 의견이 갈릴 때가 많다. 만일 열 명의 고수가 모두 '이건 매집이 맞다'고 판단하는 그런 차트가 있다면 웬만한 사람들은 세력의 의중을 다 꿰뚫어본다는 얘기다. 세력은 난다 긴다 하는 고수들이다. 우둔한 사람이 돈만 있다고 세력이 되는 건 절대 아니다. 그들은 우리보다 똑똑하고, 우리보다 능숙하다. 그림자처럼 조용히 움직인다.

그런데 유독 〈역계단〉은 판단이 어렵지 않다. 여기 소개한 내용을 바탕으로 독자의 경험과 판단, 능력을 더해서 활용하면 좋겠다.

[차트 2-129] 2번의 역계단을 통해 매집을 마치고 대상승 국면을 만든 모습(역계단을 찾아보라.). 종목 [모나리자]는 급등 전에 두 차례의 역계단으로 매집을 했다. 사지탈출 후 역계단이 출현, 바닥 매집이 진행 중이라는 강한 의심을 가질 수 있다.

[변형 5 : 역계단 후 하락시키는 형태]

다음은 종목 [조비]가 2016년 8월 29일과 30일 〈역계단〉을 만들고 하락하는 차트다. 볼 게 많은 차트다. 역계단 1봉부터 보자.

[차트 2-130] 1봉에 이어 2봉이 나오며 역계단을 만들었다. 그런데 하락이 나왔다. 이건 진짜 역계단일까?

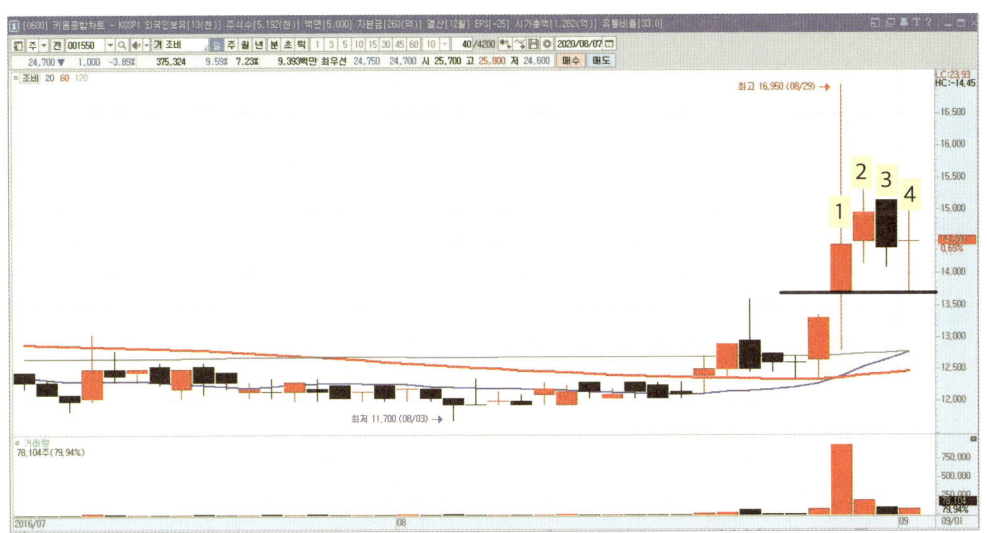

[1봉] 1봉은 대개 윗꼬리가 긴 양봉으로 나타난다. 아래꼬리가 별로 없는 게 특징이다. 그런데 [조비]에 등장한 1봉은 아래꼬리가 길다. 당일 시작 가격, 즉 시가를 깨뜨리고 아래까지 내려갔다가 다시 상승했다는 말이다. 1봉부터 개미들에게 겁을 잔뜩 준다.

[2봉] 2봉이 출현하면서 이게 역계단이었다고 차트는 말하고 있다. 거래량이 줄어들었고, 종가는 1봉보다 높다. 높은 확률로 1~2봉은 역계단이 된다.

[3봉] 어제 〈역계단〉을 확인했으므로 오늘이 매수하는 날이다. 2봉의 종가 아래에서 분할매수를 한다. 그런데 계속 내려간다. –1%를 지나 –2%까지 내려간다. 그런데도 반등의 기미가 없다. 등에 식은땀이 난다. 아니, 왜 반등이 안 나오지?

[4봉] 시가는 전일보다 높다. 그런데 어제보다 더 길고 긴 아래꼬리가 등장한다. 가격이 저 아래 바닥을 뚫고 내려갈 것처럼 장중에 한참 내려갔다가 저점 찍고 슬금슬금 올라서 시가에서 마감한다. 이거 〈역계단〉 맞아?

반드시 거래량을 보라

하락이 나오면 일단 겁이 나고, 다음 분노를 동반한 의심이 시작된다. 이거 진짜 〈역계단〉이야? 나 속은 거 아니야? 내가 뭘 놓쳤지? 그러나 진정하고 거래량을 보자. 어쩌면 진짜 〈역계단〉이 아닐 수도 있다. 그러나 하락하는 이틀간, 혹은 하락했다가 아래꼬리를 그리고 다시 오른 이틀간 거래량이 적다. 이전에 매집하며 모은 물량을 팔아먹기에는 거래량이 너무 적다. 논리적으로 접근하면 이건 그냥 겁을 주기 위한 과정이거나 혹은 가기 전 추가 매집이라고 보인다. 반등이 나올 가능성이 더 높다. 의외로 이런 모습이 자주 등장한다. 이렇게 눌림을 주고 반등이 나오는 모습을 나는 많이 경험했다. 이런 현상이 나오는 건 나의 논리가 터무니없는 건 아니라는 증거다.

다음날, 당연한 듯이 급등이 나왔다. 세력이 팔기 위해서는 올리는 수밖에 없다.

[차트 2-131] 이틀간의 눌림 후 급등을 만드는 모습

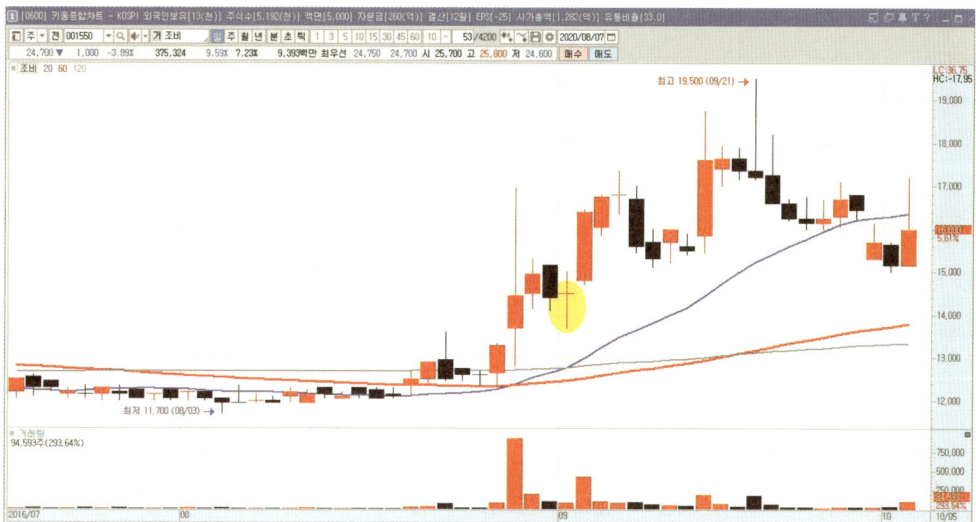

아래꼬리의 의미

역계단에서는 아래꼬리가 잘 안 나오기도 하지만 지금까지 아래꼬리에 대해서 이야기한 적이 없다. 종목 [조비]에서 나온 아래꼬리를, 나는 청소의 역할이라고 생각한다. 개미를 털어내고, 추가적으로 물량을 흡수한 것이다. 하락하면서 한 번, 올리면서 또

한 번 반복해서 청소를 진행한 것이다. 아래꼬리가 청소 때문에 생긴 현상임을 확인시켜주는 게 역계단 이후 나타난 십자(+)형 일봉이다(차트 2-131에서 노란색 동그라미). 십자(+)형 일봉이 뜨던 날도 아래꼬리가 있는데 그 저점이 역계단 1봉의 아래꼬리 바로 위(1봉의 시가)에서 멈추고 반등이 나온다(차트 2-130 참고). 왜 하필 아래꼬리 위에서 반등이 나온 걸까? 아래꼬리는 이미 청소를 한 곳이라서 다시 내려갈 필요가 없는 것이다. 청소가 부족해서 강력하게 한 번 더 청소해야 할 필요성이 없는 한, 다시 내려갈 필요가 없다. 세력이 아무리 강철 체력이고 돈이 넘쳐나도, 굳이 계획에 없는 수고를 되풀이하지는 않을 것 같다.

<역계단> 추가 샘플들

역계단을 마스터하는 건 여러분의 경험이다. 보다 많은 형태를 접하고 다루어보면서 자기 것으로 만들면 된다. 이를 위해 <역계단> 차트 몇 가지를 추가로 소개한다(아래에 소개하는 차트에 분홍색 가로 선이 있다. 매수 타이밍을 잡기 위해 2봉 종가에 그어놓은 선이다. 이 선 아래로 가격이 내려가면 그때 매수한다.).

[차트 2-132] 전형적인 역계단. <역계단> 1~2봉이 나온 다음날, '매수'에 들어간다.

[차트 2-133] 역계단 다음날, 장대음봉으로 개미들을 협박한다. 그런데 거래량은?

[차트 2-134] 고점에서 나온 역계단. 2봉이 둘로 나뉜 경우다. 2개로 나뉜 2봉의 총 거래량이 1봉보다 적기는 하지만 충분히 적지는 않다. 수익은 주었지만 상승하는 힘이 약할 것으로 예측됐다.

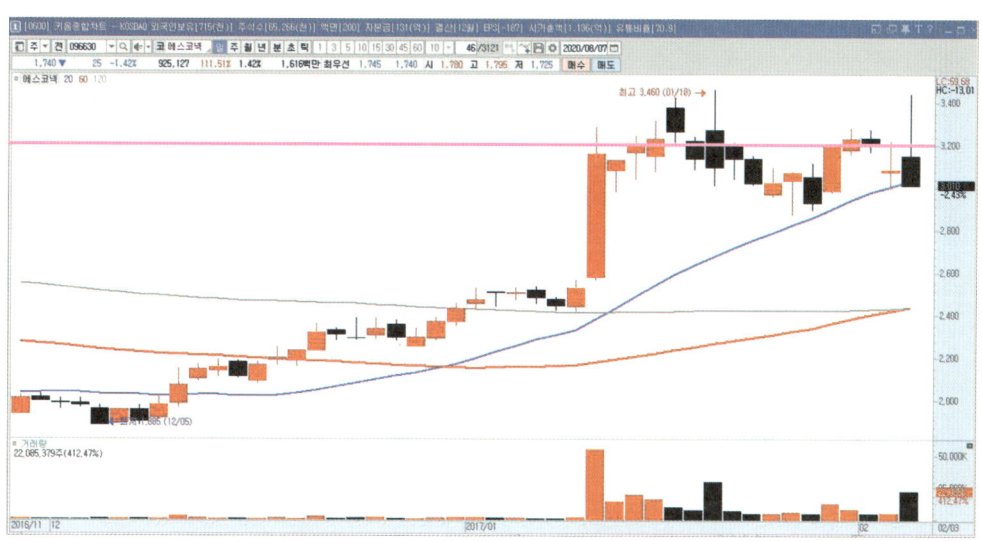

[차트 2-135] 매집의 출발점인 역계단. 화살표로 표시한 날이 매수한 날이다(분홍색 선 아래에서 매수). 단기적으로 짧은 수익이 가능하나 매집 형태로 (거래량 없이) 횡보하면 다시 매수 타점을 잡아서 공략하는 게 좋다(세력이 아직 물량을 보유하고 있고, 계속해서 매집을 한다고 판단한 것이다.). 공략 지점은, 횡보를 하다가 20일선에 닿는 날이다. 이날 60일선이 120일선을 뚫고 오르는 골든크로스(60-120X)가 나타났다. 2차 상승을 기대할 수 있는 지점이다.

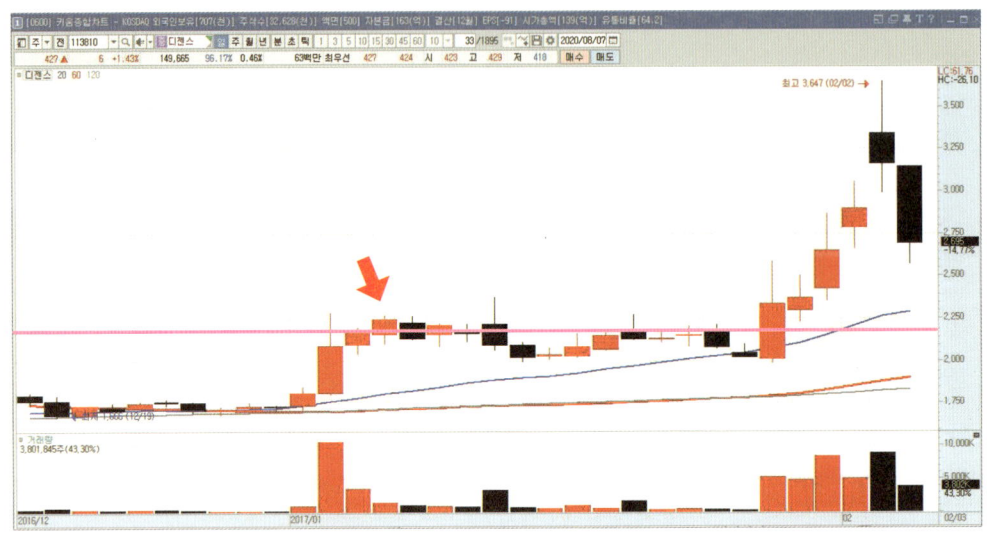

[차트 2-136] 상한가 형태로 나타난 <역계단>이다. 상한가를 쳤고 거래량도 많이 터졌으니 겁이 나는 게 당연하다. 하지만 <역계단>이기 때문에 추가 상승을 기대하고 2봉 다음날 음봉에 매수할 수 있다. <역계단>이 아니라면 이런 자리에서 매수를 하기는 힘들 것 같다.

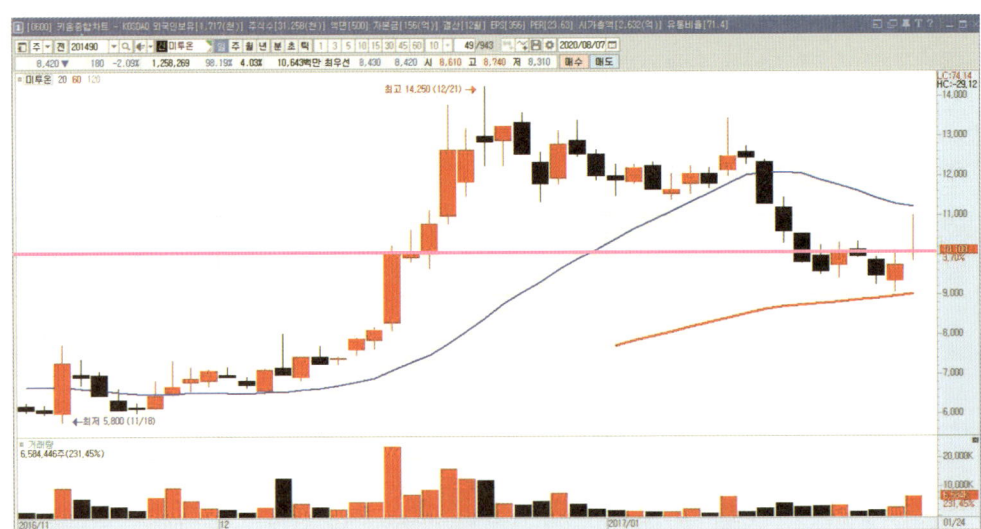

[차트 2-137] 1봉과 2봉 사이에 음봉이 하나 끼어든 형태. 2봉 다음날, 2봉 종가보다 내릴 때 매수한다. 한편 이 역계단 역시 매집으로 활용된 것이라는 걸 시간이 흐른 후에 알 수 있다.

[차트 2-138] 속임수가 있는 <역계단>이다. 2일 연속 하락하는 속임수가 나와서 대부분의 개미는 손절을 할 수밖에 없다. 하락할 때 주목할 것은 거래량. 거래량이 현저히 줄어드는 것은 좋은 현상이다. 정석 매수를 했으면 수익은 주었지만 만족스런 수익은 아니다. 20일선이 120일선을 뚫는 20-120X를 만들기 위해 매집을 하는 역계단형이다.

[차트 2-139] 특이한 움직임을 보이는 <역계단>. 역계단이 나온 뒤 음봉, 다시 역계단 뒤 음봉이 나오며 독특하게 움직인다. 매집성 <역계단>으로 보인다.

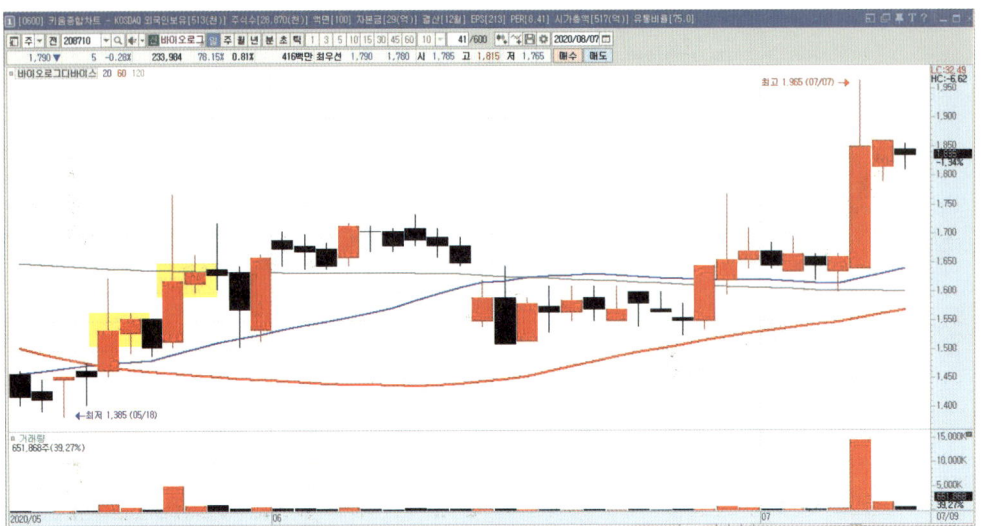

[차트 2-140] 역계단 1봉과 2봉 사이에 일봉 3개가 끼였다. 이처럼 건너 뛴 역계단도 종종 나온다.

[차트 2-141] 2봉 거래량이 1봉보다 현저히 줄어야 좋은 역계단이다. 2봉의 거래량이 1봉의 1/3에도 못 미친다. 이 차트에는 역계단이 하나 더 숨어 있다. 찾아보자.

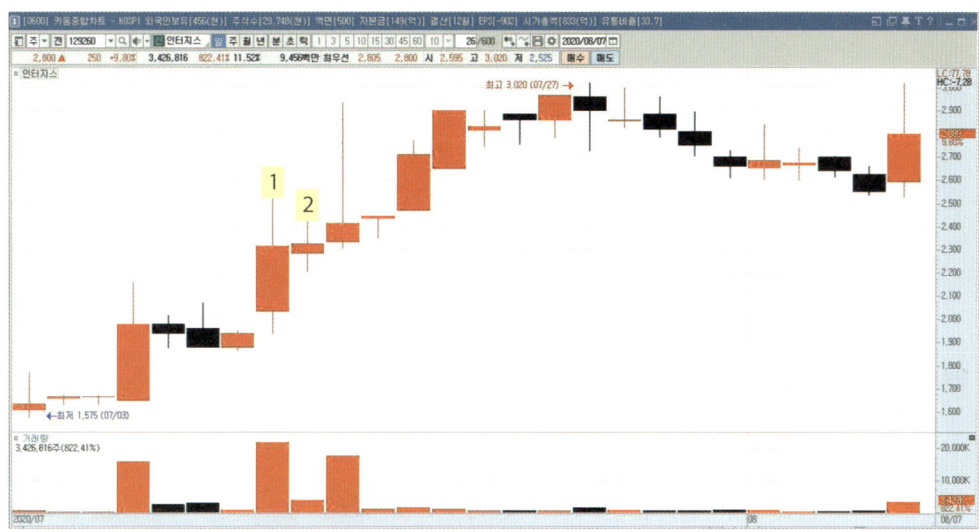

[차트 2-142] 바로 옆에 있다. 약간 변형된 느낌이지만, 이것도 역계단이다. 역계단의 정의는 양봉 2개로 매집을 하는 것이다. 1봉의 거래량이 앞의 거래량들보다 현저하게 많아야 한다. 또한 2봉의 거래량이 1봉보다 현저히 적을수록 좋은 역계단이다.

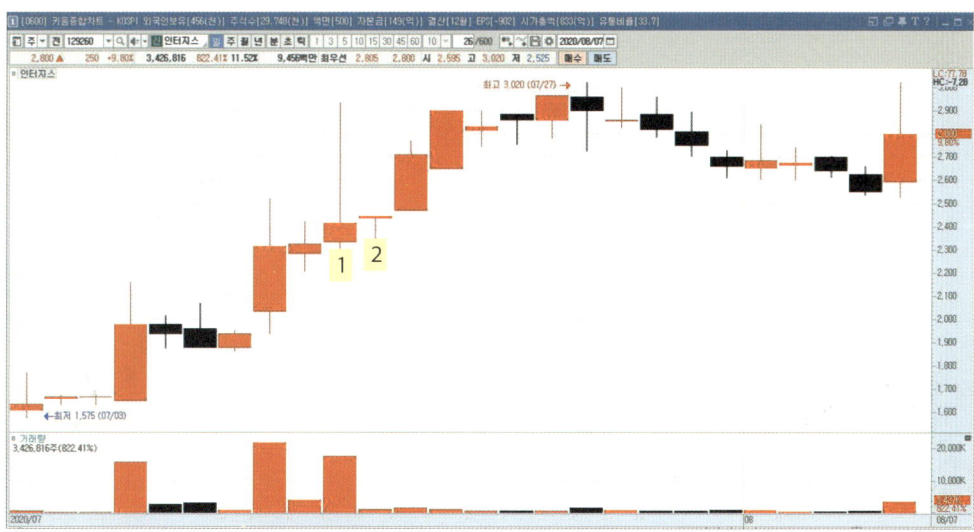

[차트 2-143] 바로 앞에 소개한 종목 [인터지스]와 쌍둥이 같은 역계단이 나왔다. 2봉의 거래량이 1봉의 절반에 못 미치고, 아래꼬리가 길다. 다음날 2봉의 종가 밑에서 음봉에 잡으면 꽤 큰 수익을 거둘 수 있다.

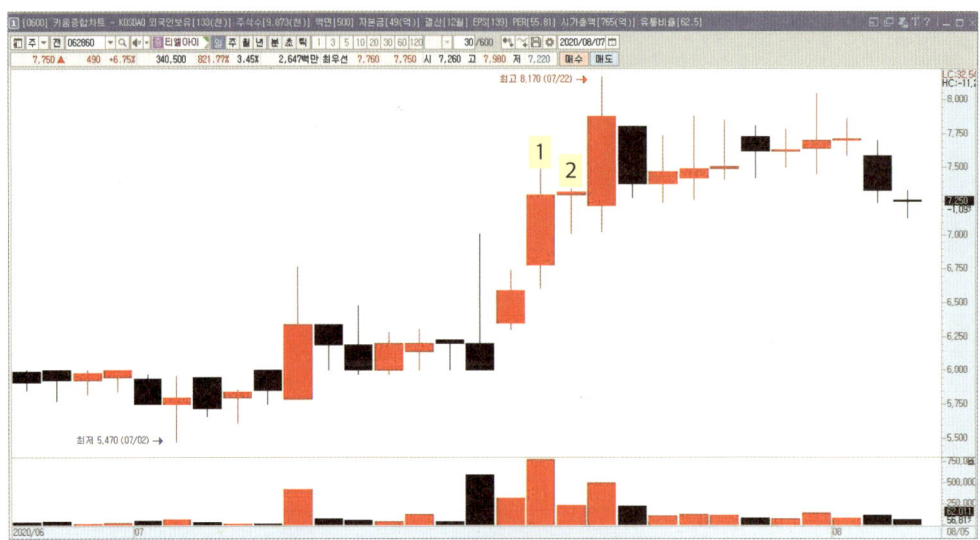

[차트 2-144] 역계단이 나온 다음날 약간의 수익을 주고는 하락했다. 1봉의 저가까지 하락하는 횡보를 하는 동안 거래량이 터지질 않았다. 세력이 전혀 팔고 있지 않다는 의미이다. 20-60X를 내고는 20일선을 닿자마자 급등했다. 역계단 이후 매집이 확인되면 추가 매수 기회를 엿보아야 한다.

[차트 2-145] 모두 3번에 걸쳐 역계단이 출현했다. 2번째 역계단은 매수 당일 단타 수익을 주었고, 3번째 역계단은 며칠간 횡보하며 개미를 더 털어내고 상승했다.

[차트 2-146] 좋은 역계단인데 2봉 다음날의 시초가가 너무 높다. 시초가를 높게 만들고는 장대음봉으로 하락을 했다. 역계단을 이해했다면 이 음봉에서 매수를 할 수 있다. 음봉 거래량이 너무 적기 때문이다. 2봉 보다도 적은 거래량으로 세력이 털고 나갈 방법은 없다. 당분간 하락한다 하더라도 재상승할 수밖에 없다는 걸 이해해야 한다. 잘 이해가 안 되는 독자들도 있을 것이다. 나의 거래량 분석법으로는 너무나 당연히 반등이 나와야 한다.

[**차트 2-147**] 2봉이 완전한 십자(+)형 일봉이다(십자형은 몸통이 짧은 일봉이다. 도지형이라고도 한다. 거래량이 없는 도지가 중요한 위치에서 나오면 주가가 반등하거나 반락할 가능성이 크다.). 특이한 케이스다. 이런 경우 큰 상승을 기대할 수 있다. 이유는 십자형 도지 다음에는 국면의 대전환이 나올 수도 있기 때문이다. 1봉은 거래량이 급증했고, 몸통 길이가 짧은 양봉이고, 십자형 도지가 바로 뒤에 나오며 <역계단>을 완성했으니 상승의 힘을 축적하는 걸로 예상할 수 있다. 매매법대로 매수했다면 당일 큰 수익을 거둘 수 있다.

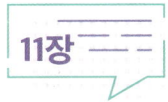

미미르 필살기 ⑪
<미미르 차트>로 급등주 찾기

- 급등주 매매법과 출발하기 직전에
  나타나는 징후 포착하는 법

　<미미르 차트>는 급등주 매매나 시세 분출 시점을 잡아내기 위해서 내가 만든 차트다. 세력이 무슨 짓을 하고 있는지 분석하는 데 제법 유용하다. <미미르 차트>로 급등주를 매매하는 법을 소개한다.

<미미르 차트> 설정하기

　<미미르 차트>에서는 36선과 120선이 가장 중요하다. 우리는 분봉 차트를 쓴다. 일봉 차트에서 분봉 차트로 바꾼 뒤(차트 상단에 '일/주/월/년/분/초/틱'에서 '분'을 누른다.) 다음과 같이 수치를 설정한다. '기간1'이 '36', '기간3'이 '120'이다.

[36선이란 36개 봉의 평균값을 연결한 선을 의미한다. 만일 36선을 일봉에 설정하면 36일간의 평균값이 선으로 표현되고, 1분봉에 설정하면 36분간의 평균값이 표현된다. 5분봉은 곱하기 5를 한 값, 즉 180분간의 평균값이 표현된다.]

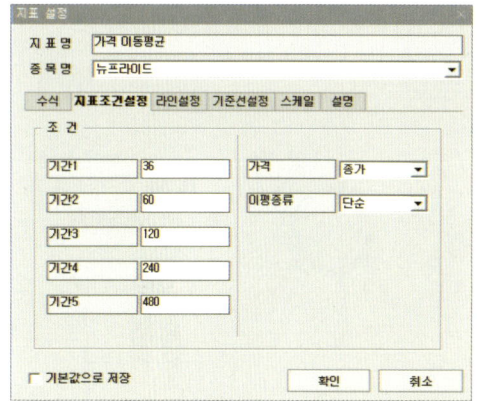

〈지표조건설정〉 옆에 〈라인설정〉이 있다. 누른다. '36선'과 '120선'의 굵기를 3으로 바꾼다. 색깔은 36선 녹색, 120선 빨간색으로 설정했다.

거래량과 MACD도 설정한다. 거래량은 분봉과 거래량의 색상이 같게 설정한

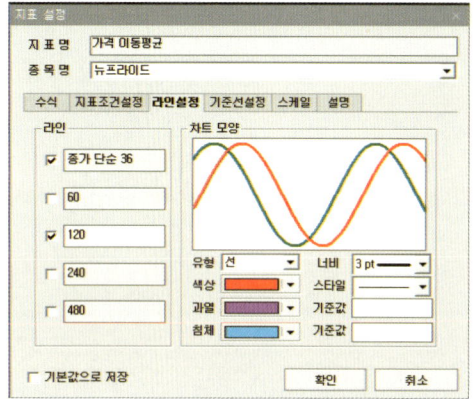

다(기본 설정은 이전 거래량보다 많으면 빨간색, 적으면 파란색이다. 그러나 가격과 일치시키면 가격이 오르면 빨간색, 가격이 내리면 파란색이 된다. 가격과 연동시키라는 얘기다.). 바꾸려면 거래량 차트를 클릭 후 〈라인설정〉으로 들어간다(증권사마다 방법이 다를 수 있다. 키움증권이다.). 〈비교기준〉을 〈가격차트〉나 〈현재시가〉로 설정하면 분봉과 거래량의 색상이 일치된다.

마지막으로 분봉 차트의 주기를 설정

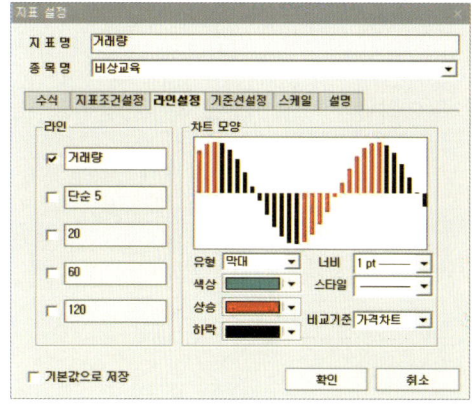

한다. 기본적으로 분봉은 1분봉, 5분봉, 10분봉처럼 설정되어 있다. 이 주기를 바꾼다는 얘기다. 어떻게? "30초, 1분, 3분, 5분, 10분, 15분, 30분, 45분"이다. 차트 상단의 '일/주/월/년/분/초/틱' 중에서 '분'을 누른다. '분/초/틱' 옆으로 1, 3, 5, 10… 45, 60까지 나오고 옆에 아래 방향 삼각형을 누르면 제일 아래 '설정'이 보인다. '설

정'을 누르면 아래처럼 설정 화면이 뜬다. 다음과 같이 수치를 바꾼다. 0은 30초 차트다.

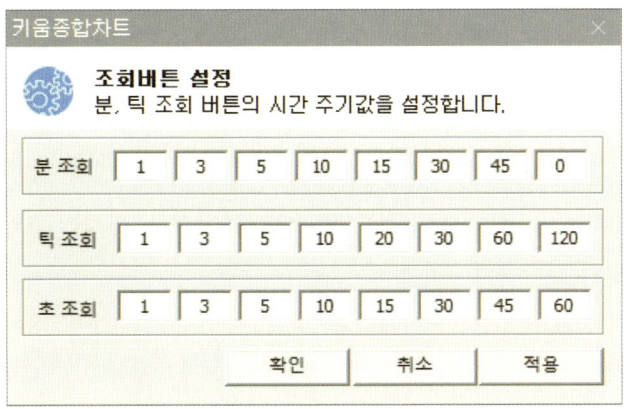

제대로 설정을 마치면 다음처럼 차트가 뜬다.

[차트 2-148] 완성된 <미미르 차트>. MACD는 독자의 매매 성향에 따라 설정을 해도 되고 안 해도 된다. 설정법은 앞쪽 참조. 이제 급등주를 잡으러 가자.

급등주 매매법(기법 10)

어떤 종목을 잡아야 할까? 다음 조건을 만족시키면 타깃이 될 수 있다.

1. 36선(녹색선)이 120선(빨간선) 위에 있다.
2. 현재 가격이 120선까지 내려오더라도 36선은 120선보다 위에 있다.
3. 36선과 120선이 데드크로스가 나면(36선이 120선 밑으로 내려감) 일단 추세가 꺾였을 가능성이 있으니 주의한다.
4. 상승의 강도에 따라서 0분, 1분, 3분 중에서 선택한다(상승하는 힘이 강하면 0분, 약하면 3분이다.).

급변동 종목은 분봉의 지지와 저항이 중요하다. 주가가 대단히 빠르게 움직이기 때문에 이게 저점을 잡아주는 것인지 아닌지 순간적인 판단에 익숙하지 않으면 큰 손실을 볼 수 있다. 그러나 36선과 120선을 잘 활용하면 시세가 살아 있는 종목인지(즉 올라갈 종목인지) 알 수 있기 때문에 손실을 최소화하면서 최대의 효과를 얻을 수 있다. 조건에서 짐작하다시피 36선과 120선의 배열을 확인하는 게 가장 큰 핵심이다. 매수하려면 무조건 36-120선이 정배열 상태여야 한다.

물론 추가적으로 확인할 게 더 있다. 그러나 지금 다 풀기에는 너무 복잡할 것 같다. 이 4가지만 기억하고 시작한다.

[차트 2-149] 급등 종목을 발견하는 건 어렵지 않다. 첫 번째 소개 종목은 [원풍]이다.

종목 [원풍]이다. 먼저 당일 시가를 확인한다. 시가가 9.35% 갭 상승해서 출발했다. 9.35% 갭 상승 출발은 힘이 강하다는 뜻이다. 이런 급변동 종목은 〈0분 차트〉로 본다 (〈0분 차트〉란 〈미미르 30초 차트〉를 말한다. 편의상 0분 차트라고 부른다. 참고로, 〈0분 차트〉, 〈1분 차트〉, 〈3분 차트〉, 〈45분 차트〉라고 부르는 것은 모두 〈미미르 차트〉로 설정된 차트를 뜻한다.). 〈0분 차트〉를 펼쳐놓고, 움직임을 관찰한다. 36선이 120선 아래로 내려가면, 즉 〈36-120 데드크로스(Dc)〉가 나면 청산한다. 반대로 36-120선이 정배열을 유지하면 홀딩한다.

[차트 2-150] 다음 종목은 [동양물산]이다.

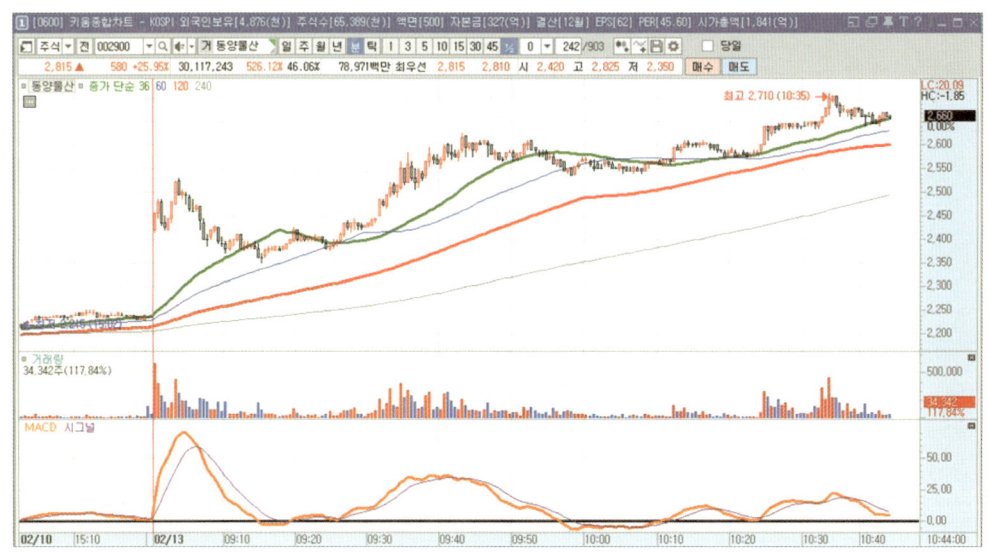

다음은 [동양물산]이다. 이 글을 쓰는 동안에 상한가를 쳤다가 풀렸다. [동양물산] 역시 8% 이상 갭 상승으로 시작한 종목이다. 강력한 상승세이기 때문에 〈0분 차트〉로 본다. 차트를 보면 36과 120일 선이 가까워지다가 추가 상승이 나오면서 상한가를 터치했다.

[차트 2-151] 세 번째 종목은 [서울전자통신]이다.

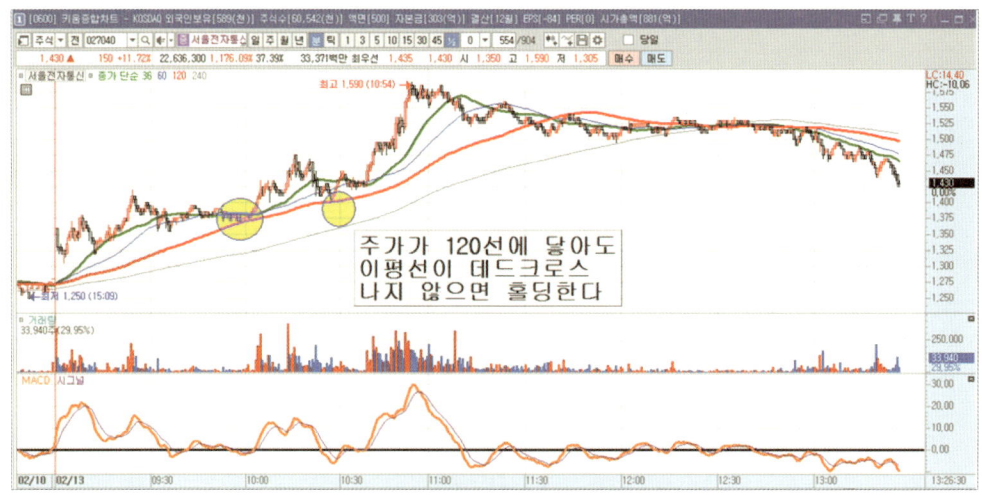

다음은 [서울전자통신]이다. 이 글을 쓰는 시간, 현재 장중 24%까지 오른 후 하락했다. 시가는 5.24% 갭 상승으로 출발했다. 위 2종목(원풍, 동양물산)은 주가가 120일선을 한 번도 닿지 않고 상한가까지 올랐지만 [서울전자통신]은 120일선에 2차례 닿았다. 강한 상승세의 종목은 120선을 닿고 추가 상승이 나오는 경우가 많다. 120선에 주가가 닿으면 36선의 위치를 주시한다. 주가가 하락 중이니까 36선도 내려오기 마련인데 힘이 있는 종목이라면 36선이 120선과 만나기 전에 반등이 나온다.

[차트 2-152] 네 번째 종목은 [자연과환경]이다.

다음 종목은 [자연과환경]이다. 전일 종가에서 시가가 시작했다. 출발이 강하지 않았기 때문에 1분 차트로 봤다. 장 초반, 주가가 120선을 터치하기는 하지만 36선이 꿋꿋이 120선의 위에 있다. 장중 23% 상승했다.

[차트 2-153] 다섯 번째 종목은 [지엔코]다.

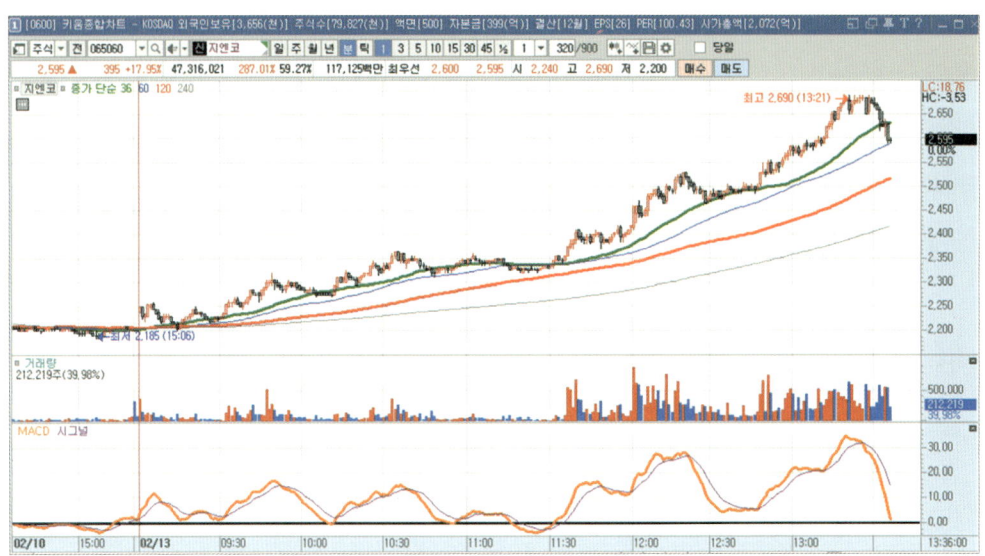

다음은 [지엔코]를 보자. 시가가 전일 대비 +1.82% 상승해서 시작했다. 약한 상승세다. 역시 1분 차트로 보았다. 시작한 지 30분 동안 120선을 2번 닿았지만 36선이 120선 위에서 잘 버텨주었고, 이후 상승세를 이어갔다.

[차트 2-154] 여섯 번째 종목 [제이스테판]이다.

이번엔 36선이 120선 밑으로 떨어지는 차트를 보자. 종목 [제이스테판]은 5% 갭 상승으로 시작했다. 10시 이전까지 강력한 상승이 나오면서 주가가 올랐지만 조금 이상하다. MACD를 보자. 가격은 고점, 저점을 높이고 있는데 MACD는 고점, 저점이 모두 낮아지고 있다. 가격과 MACD가 반대로 움직이는 현상, 즉 〈다이버전스〉다. MACD를 보면 10시경에 도달한 가격이 고점이라고 말하고 있다. 확연한 다이버전스가 나면서 하락이 시작된다. 그리고 36선과 120선이 데드크로스를 만들며 대세 하락이 시작됐다.

[차트 2-155] 일곱 번째 종목 [솔트웍스]다.

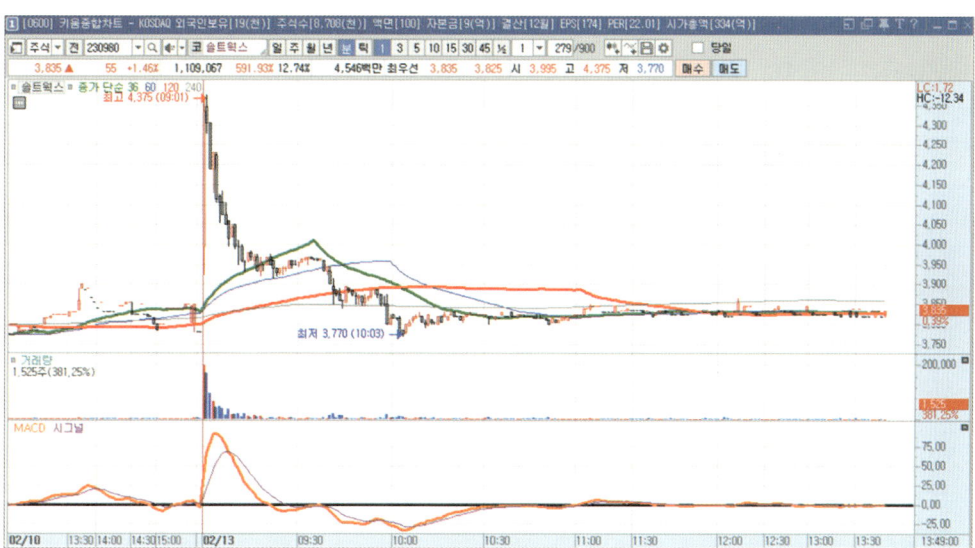

다음은 [솔트웍스]다. 시가 5.69% 갭 상승으로 시작했다. 장 시작과 함께 15%까지 급등한 뒤 하락하고 있다. 일봉 차트로 본다면 추가 상승을 위한 준비 과정 정도로 보이지만 지금은 〈미미르 차트〉만 보자. [솔트웍스]를 굳이 매수하고 싶은 사람은 36선이나 120선까지 하락하기를 기다리는 게 좋다. 강한 상승세라면 36선에서 반등이 나올 것이다. 12시경부터 [솔트웍스]는 36선과 120선이 붙어서 길게 횡보하고 있다. 이때가 매수 타이밍일 수 있다.

미미르 차트는 만능이 아니다

〈미미르 차트〉는 매물대 지지 저항에 대한 충분한 이해가 부족한 독자들에게 도움이 될 것이라고 생각한다. 물론 〈미미르 차트〉가 언제나 돈을 벌어주는 건 아니다. 세상에 만능인 차트나 기법은 없다. 그런 게 존재한다고 믿는다면 세력을 너무 얕본 것이다. 세력이 가진 가장 무서운 무기가 시간이다. 세력이 자신의 뜻대로 안 된다고 여기면 개미들이 지쳐 쓰러질 때까지 시간을 늘린다. 돈에 쫓기는 세력만 아니라면 말이다.

하락 종목에서 〈미미르 차트〉 활용법

이번에는 반대로 하락 종목에는 〈미미르 차트〉를 어떻게 활용하는지 보자.

[차트 2-156] 하락하는 종목에서 미미르 차트 활용법

종목 [에임하이]는 -3% 갭 하락으로 시작했다. 이후 장중 내내 하락 추세를 이어가고 있다. 36선이 단 한 차례도 120선과 닿지 못하고 있다. 심지어는 주가가 120선을 한 번도 터치하지 못하고 하락하고 있다. 굳이 이런 종목의 반등을 기대하고 매수하고 싶다면 최소한 주가가 120선은 뚫고 오르기를 기다려야 한다. 그러나 이보다는 36선과 120선이 골든크로스가 나기를 기다렸다가 주가가 120선과 근접할 때 매수하는 게 더 현명

하다. 단 이렇게 매수한다고 무조건 수익이 난다는 뜻이 아니라 이게 보다 안전하다는 얘기다.

<미미르 3분 차트> 매매법

나는 〈3분 차트〉를 중시한다. 아래는 종목 [세중]이다.

[차트 2-157] 종목 [세중]의 일봉 차트

종목 [세중]이 급등 시세를 준 날이다. 이날 시가가 전일 종가와 같은 가격에서 시작했다. 일봉 차트로 보면 2016년 중반에 매집을 한 것으로 보인다. 그러나 이날 급등의 실마리를 주는 단서가 없어서 예측이 불가능한 종목이다. 그런데 장중 23%까지 상승했다. 급등이 나오면 일단 〈1분 차트〉로 본다. 〈1분 차트〉에서는 36선과 120선이 장중에 데드크로스가 났다. 〈1분 차트〉로 보면 들어가면 안 되는 종목이다. 그런데 〈3분 차트〉로 보면 다음 차트처럼 그림이 달라진다. 단타를 치러 들어가면 〈1분 차트〉를 보는 게 일반적이지만(더 강력한 상승세라면 〈0분 차트〉) 단타보다 조금 더 길게 볼 때는 〈3분 차트〉를 보며 추세를 지켜본다. 어떤가? 깊은 하락이 있었지만 쌍바닥을 만들며 재차 상승한다. 쌍바닥을 만들 당시, 주가는 120선 위까지 내려가지만 터치는 하지 않고, 이때도 36선은 120선 위에 배열되어 있다. 이렇게 〈3분 차트〉로 보면 진입할 자리를 찾을 수 있다.

[차트 2-158] 1분 차트로 보면 망가지는 그림이지만 3분 차트로 보면 뭔가 달라진다.

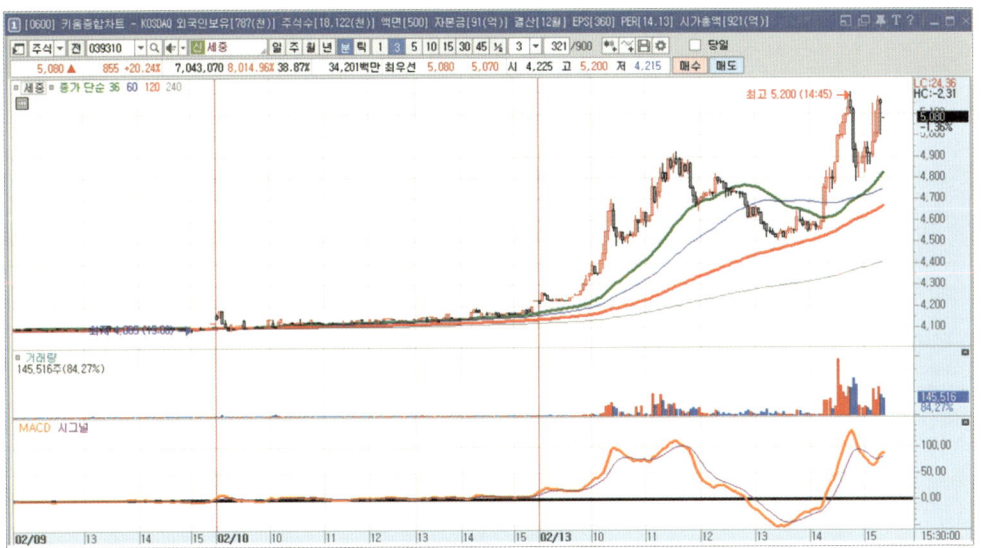

〈미미르 차트〉 활용법은 더 많지만 여기서는 가장 중요한 내용만 다뤘다. 〈미미르 차트〉를 통해 많은 종목을 비교하고 연구하면, 독자들도 〈미미르 차트〉의 다양한 활용법을 개발할 수 있을 것이다.

상한가 직전에 매수하기 - 10ma(기법 11)

〈10ma〉는 급등 직전의 종목을 찾기 위해 개발한 기법이다. '10분봉' 차트를 펼쳐놓고 'MACD'를 보며 매매하기 때문에 '10ma'라고 이름 붙였다. 잘만 활용하면 급등 직전에 매수하는 행운을 누릴 수 있다. 〈10ma〉는 전혀 복잡한 게 없다. 차트만 보면 금방 눈치 챌 수 있기 때문에 내용도 실은 별로 없다. 다만 여러 변형이 있고, 그 중 가장 많이 출현하는 2가지 형태를 소개한다.

<10ma A> 형태

기본 조건은 이렇다.

1. 10분 차트를 사용한다(15분 차트를 써도 된다.)
2. 주가가 하루 종일 횡보 혹은 하락을 한다.
3. MACD는 하루 종일 꾸준히 상승을 한다.
4. 1박 2일간 〈10ma〉가 이어지는 경우도 있다.

조건을 읽어보면 알겠지만 2번과 3번을 합치면 〈다이버전스〉가 된다. 주가는 하락하는데 MACD는 상승한다면 그게 괴리 현상, 즉 〈다이버전스〉다. 앞에서는 일봉 차트에서 나타난 〈다이버전스〉를 통해 매매하는 방법을 소개했다(MA 2단 상승). 그런데 여기서는 10분봉으로 보는 게 다를 뿐이다.

과거 상한가가 15%였던 시절에는 MACD가 매일 〈10ma〉 형태를 반복하다가 〈10ma〉 형태가 완벽해지는 날 상한가를 치고는 했다. 상한가가 30%로 바뀐 뒤에는 하루나 이틀짜리 〈10ma〉를 만든 후 급등하는 경우가 대부분이다.

각설하고, 차트를 보자.

[차트 2-159] 첫 번째 종목 [진매트릭스]. 노란색 네모로 표시한 부분이 <다이버전스>가 출현한 날이다. 참고로 10분봉 차트를 펼쳐놓으면 세로 점선이 나타나는데 이건 일자 구분선이다. 점선을 기준으로 날짜가 변한다. 즉 6월 23일에 <다이버전스>가 발생하고 다음날인 24일에 상한가가 나왔다.

[차트 2-160] <10ma>가 출현한 날의 일봉 차트

[차트 2-161] 두 번째 종목 [삼천리자전거]. 2020년 5월 29일 주가가 하루 종일 횡보 혹은 하락을 하고 있는데 MACD는 가파르게 상승하고 있다.

[차트 2-162] 10ma가 출현한 날의 일봉 차트

[차트 2-163] 세 번째 종목 [우리들제약]이다. 2020년 6월 23일 종일토록 가격 변동이 별로 없이 횡보했다. 반면에 MACD는 꾸준히 상승했다.

[차트 2-164] 10ma가 출현한 날의 일봉 차트. 다음날 장 시작하자마자 급등하며 상한가를 쳤다. 상한가가 풀리며 장중 상한가로 끝났다. 이렇게 장중상한가나 상한가에 준하는 급등을 하고 윗꼬리를 만들며 끝내는 경우도 많다.

[차트 2-165] 네 번째 종목 [동일고무벨트]다.

[차트 2-166] 종목 [동일고무벨트]의 일봉 차트

[차트 2-167] 다섯 번째 종목 [싸이토젠]이다.

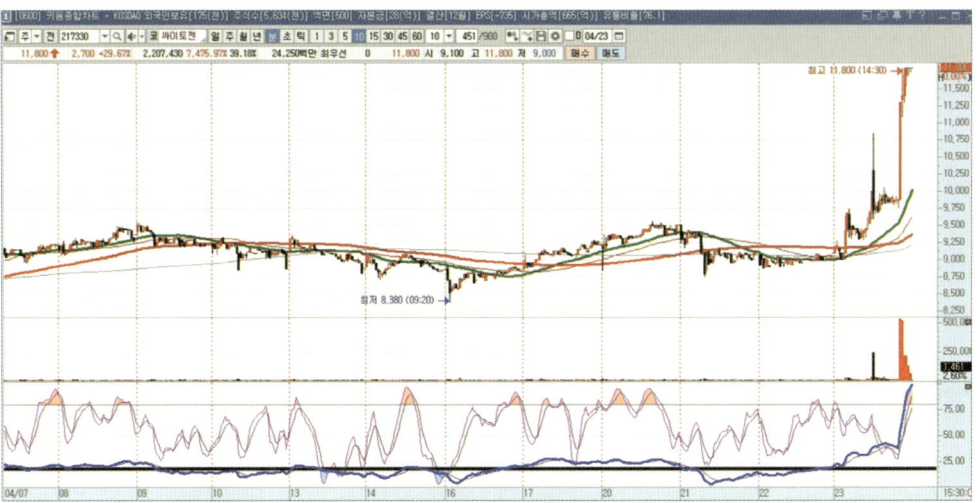

[차트 2-168] 종목 [싸이토젠]의 일봉 차트

[차트 2-169] 여섯 번째 종목 [데이타솔루션]이다.

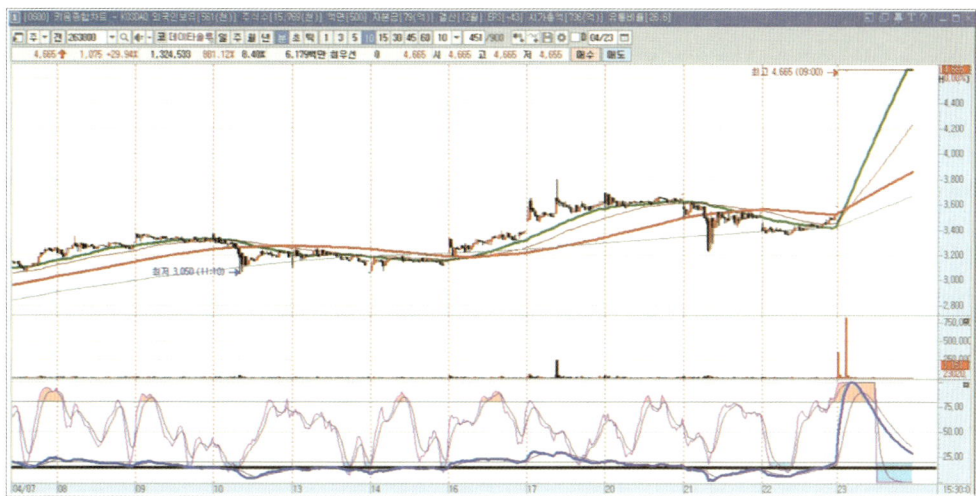

[차트 2-170] 종목 [데이타솔루션]의 일봉 차트. 시작과 동시에 점상한가를 찍어서 몸통이 보이지 않는다.

[차트 2-171] 일곱 번째 종목 [코맥스]다. 변형이 출현했다. 1.5일간에 걸쳐 다이버전스가 발생했다.

[차트 2-172] 종목 [코맥스]의 일봉 차트

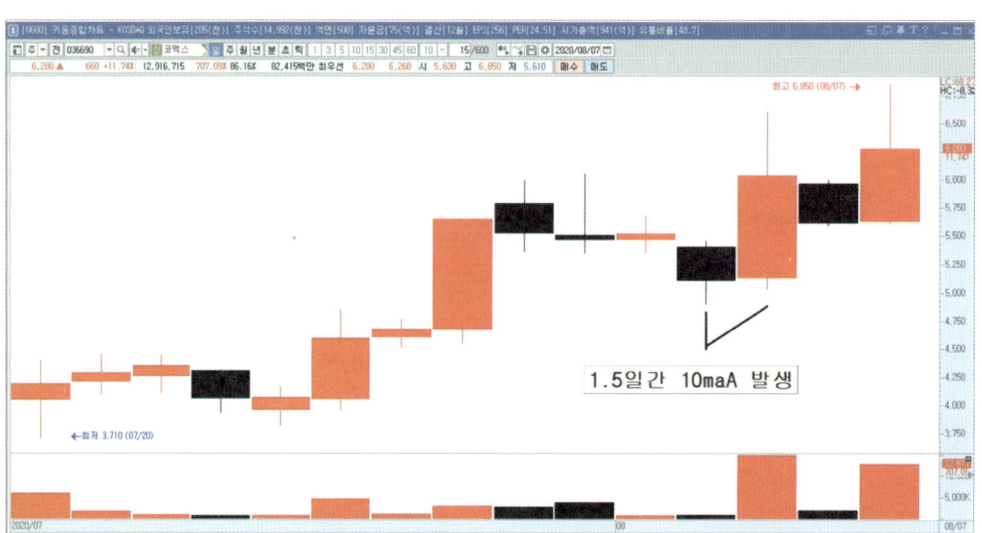

[차트 2-173] 여덟 번째 종목 [삼양사]다.

[차트 2-174] 종목 [삼양사]의 일봉 차트. 점상한가로 급등했다.

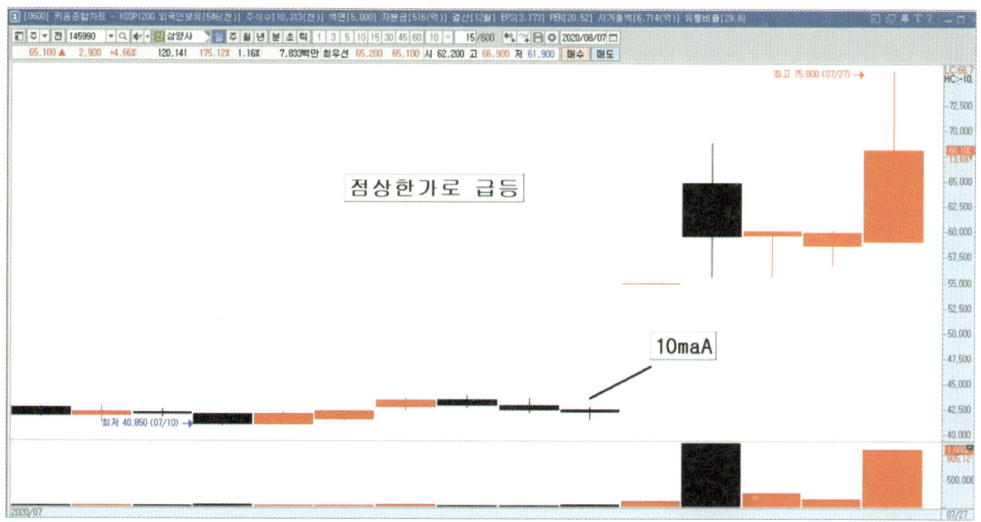

[차트 2-175] 아홉 번째 종목 [동아화성]이다.

[차트 2-176] 종목 [동아화성]의 일봉 차트

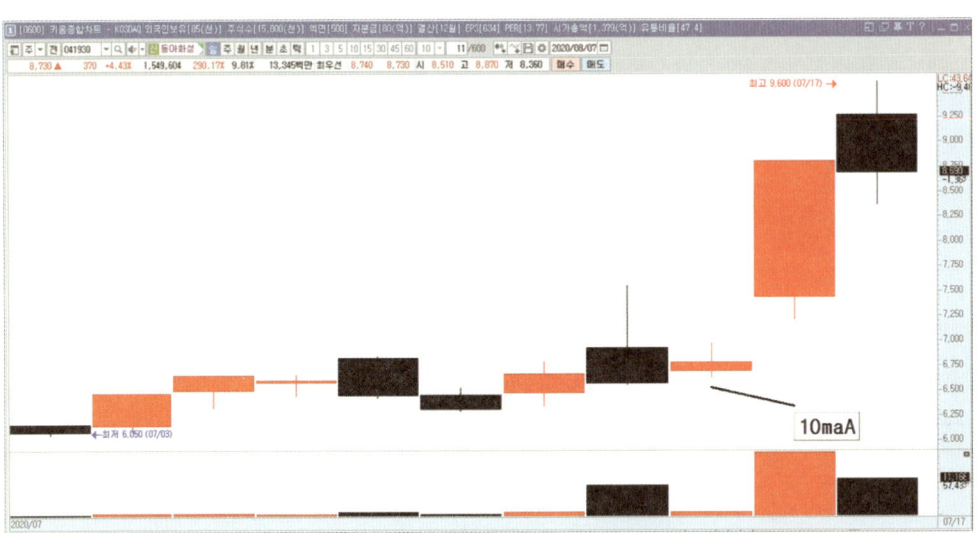

[차트 2-177] 열 번째 종목 [웰크론한텍]이다.

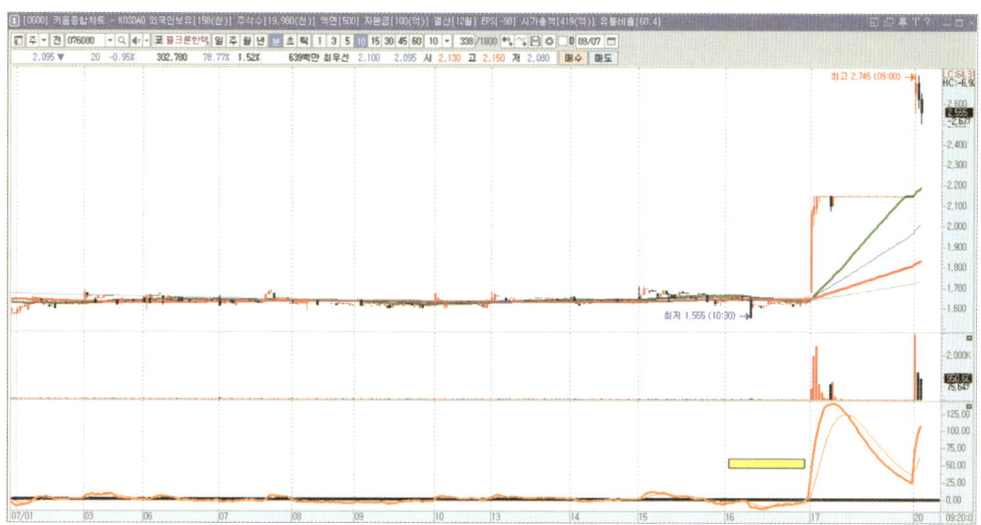

[차트 2-178] 종목 [웰크론한텍]의 일봉 차트

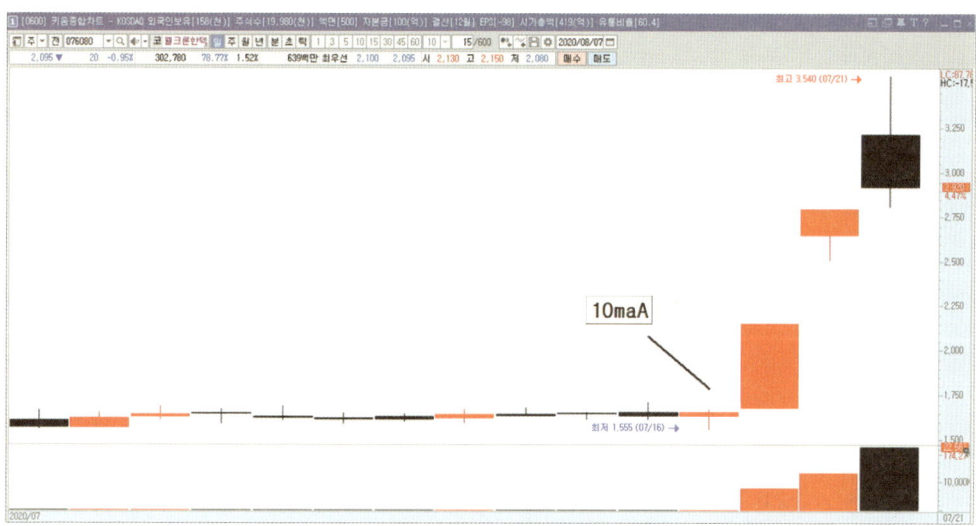

<10ma B> 형태

<10ma>의 두 번째 형태다. 조건은 다음과 같다.

1. 10분 차트를 사용한다(15분 차트를 써도 된다.).
2. 주가가 하루 종일 횡보 혹은 하락을 한다.
3. 하루 전날 MACD가 기준선(0) 위로 올라서야 한다. 즉 'ma>0'이어야 한다.
4. MACD가 하루 종일 완만한 하락을 하다가 기준선에 닿아야 한다.
5. 1박 2일간 <10ma>가 이어지는 경우도 있다.

1번, 2번, 5번은 <10ma A>와 똑같다. 다른 건 3번과 4번이다. <10ma A>의 경우 MACD가 상승하는 조건이면 충분하다. 그러나 <10ma B>는 MACD가 도리어 하락하고 있다. 다만 하락하는 중에도 MACD 값은 0 위에 있어야 한다. 이게 다른 점이다.

<10ma B>도 <10ma A>와 마찬가지로 차트만 보면 쉽게 구분된다. 사례를 찾기 위해 2020년 8월 7일 급등 종목을 돌려보았다. 아래는 이날 상한가를 간 9개의 종목과 상한가에 근접한 29개의 종목이다. 과연 이 종목들 가운데 몇 개나 <10ma B>를 만족시켰을까?

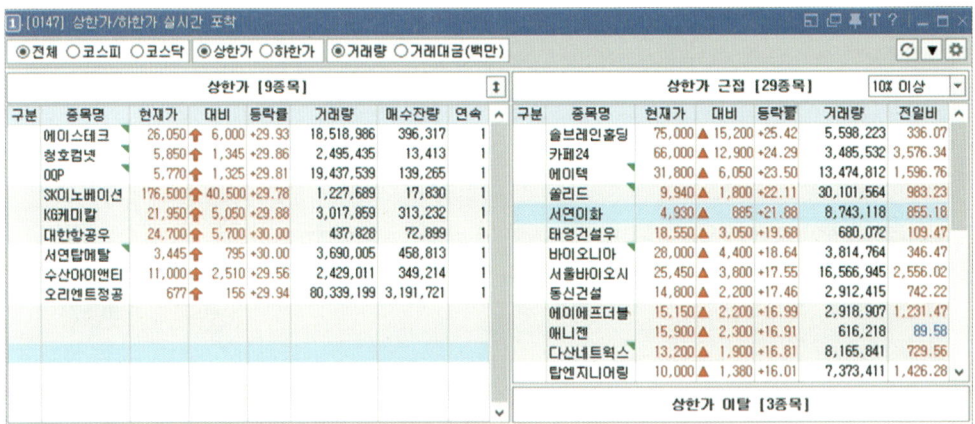

[차트 2-179] 첫 번째 종목 [OQP]다. 상한가가 나왔다. 전날 10분봉 차트(노란 박스)를 살펴보면 MACD가 종일토록 하락하고 있으나 0 위에서 움직인다.

[차트 2-180] 종목 [OQP]의 일봉 차트

[차트 2-181] 두 번째 종목 [서연탑메탈]이다. 역시 상한가 종목이다. <10ma B>가 3일 연속 발생한 뒤 상한가 나온 날 갭 상승으로 출발했다.

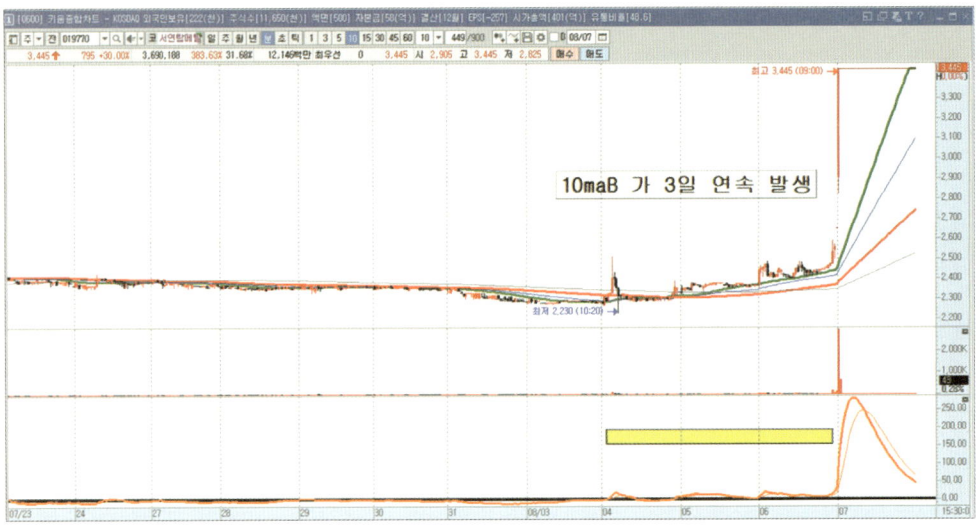

[차트 2-182] 종목 [서연탑메탈]의 일봉 차트

[차트 2-183] 세 번째 종목 [대한항공우]다. <10ma B>가 군더더기 없이 깔끔한 모양으로 나왔고, 다음날 점상으로 날아갔다. 7월 28일부터 본격 매집한 것으로 판단된다.

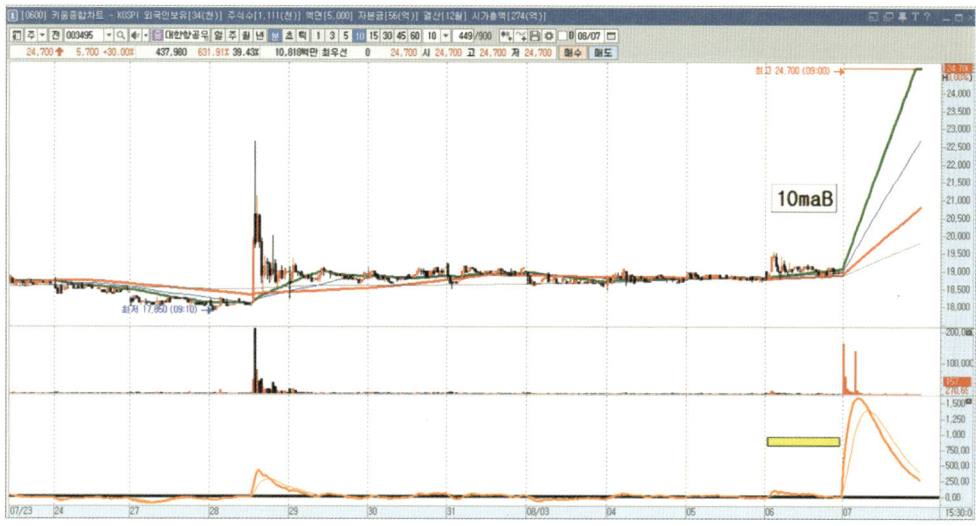

[차트 2-184] 종목 [대한항공우]의 일봉 차트

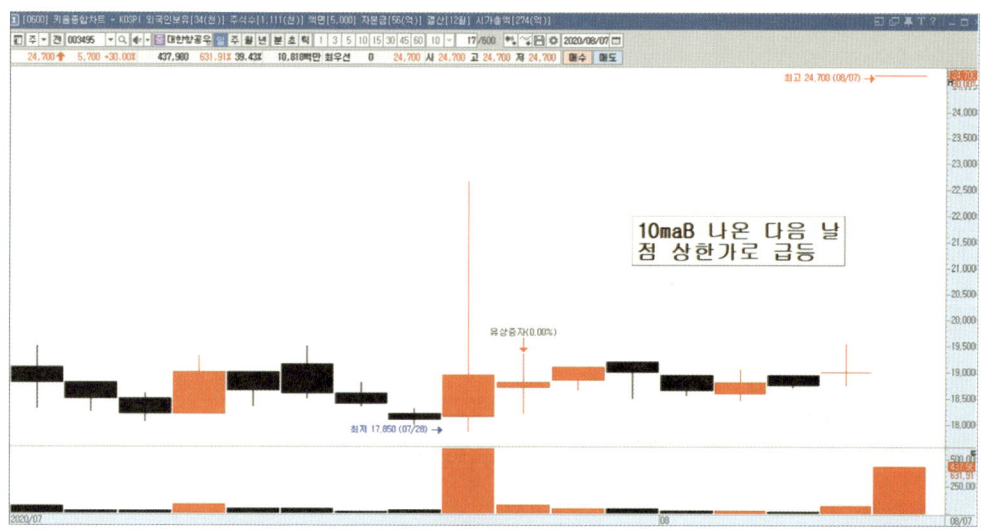

[차트 2-185] 네 번째 종목 [KG케미칼]이다. 역시 상한가 종목이다. 차트를 보면 상승 추세를 만든 후, 개미를 털기 위해 등장한 <10ma>의 모습이다. 이때 <10ma B>가 먼저 등장하고, <10ma A>가 연이어 나왔다. 즉 MACD가 0 위에서 하락하다가 상승으로 전환한다.

[차트 2-186] 종목 [KG케미칼]의 일봉 차트

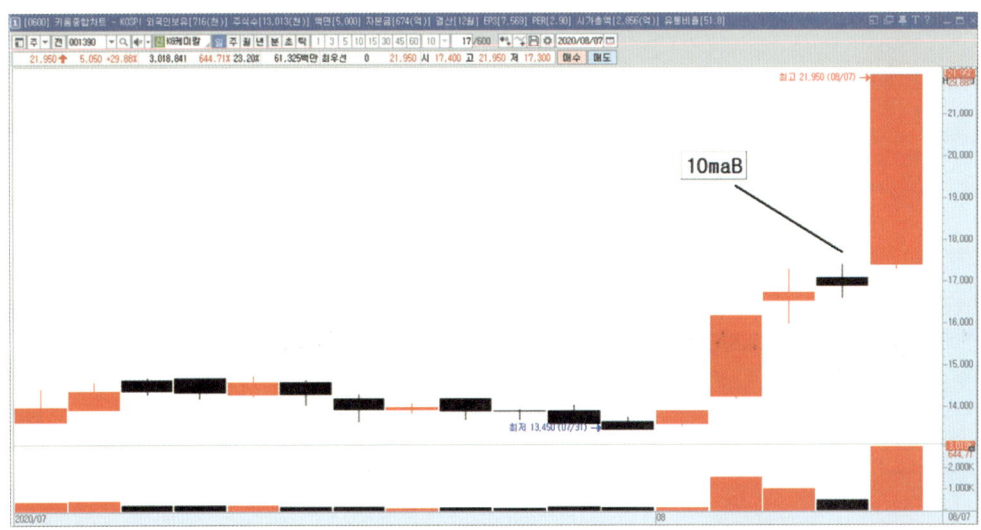

[차트 2-187] 다섯 번째 종목 [SK이노베이션]이다. 이틀에 걸쳐 <10ma B>를 만들고 상한가를 갔고, 이틀 후 한 번 더 상한가를 갔다.

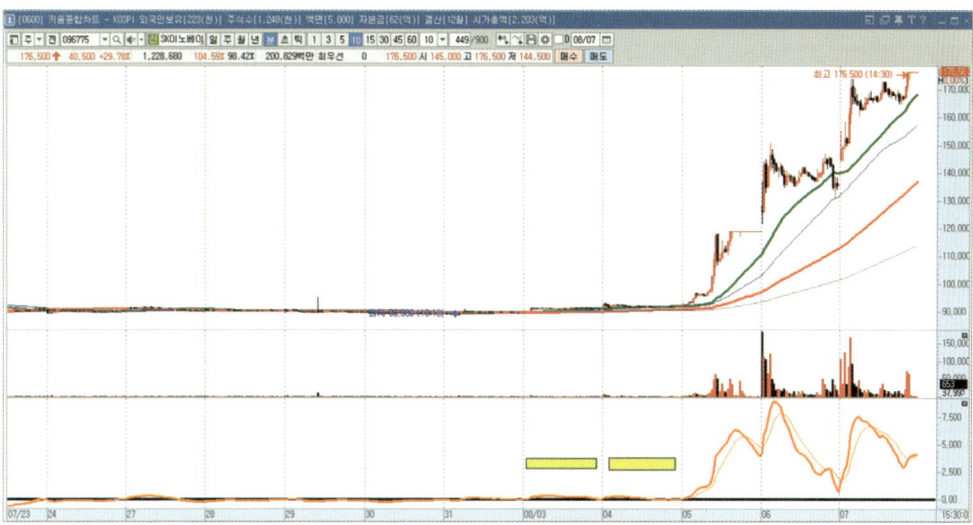

[차트 2-188] 종목 [SK이노베이션]의 일봉 차트

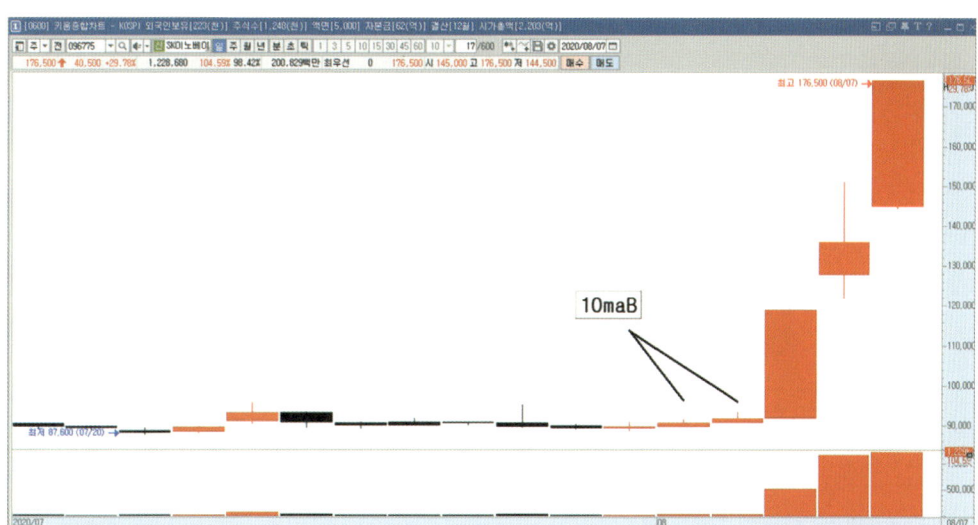

[차트 2-189] 여섯 번째 종목 [청호컴넷]이다. <10ma B>의 변형이다. 매집이 충분치 않거나 추가 매집이 필요한 경우에 변형이 나오기도 한다. 다음날 장대양봉 상한가. 참고로 이날 총 9개의 상한가 종목 가운데 6개의 종목에서 <10ma B>가 출현했다.

[차트 2-190] 종목 [청호컴넷]의 일봉 차트

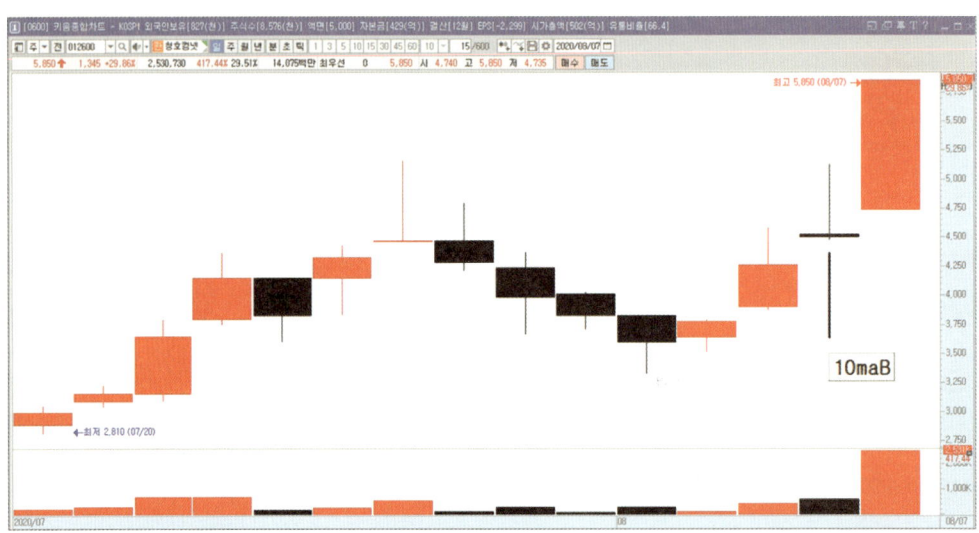

[차트 2-191] 일곱 번째 종목 [엠에스오토텍]이다. 하루 반나절 동안 <10ma B>가 지속되다가 크게 상승했다. 다만 윗꼬리를 길게 그리고 내렸다.

[차트 2-192] 종목 [엠에스오토텍]의 일봉 차트

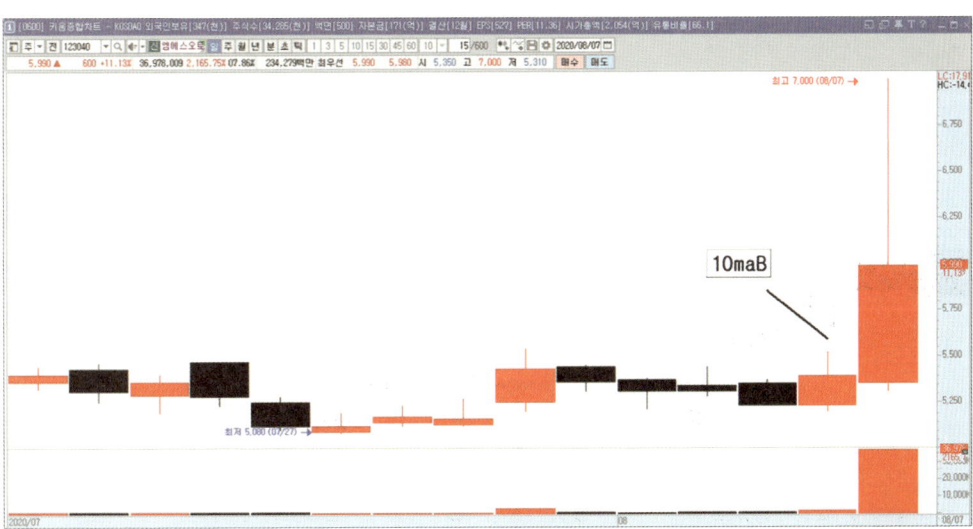

253

[차트 2-193] 여덟 번째 종목 [탑엔지이너]다. 깔끔한 형태의 <10ma B>가 출현한 뒤 다음날 장중 상한가를 터치하고 내려갔다.

[차트 2-194] 종목 [탑엔지니어]의 일봉 차트

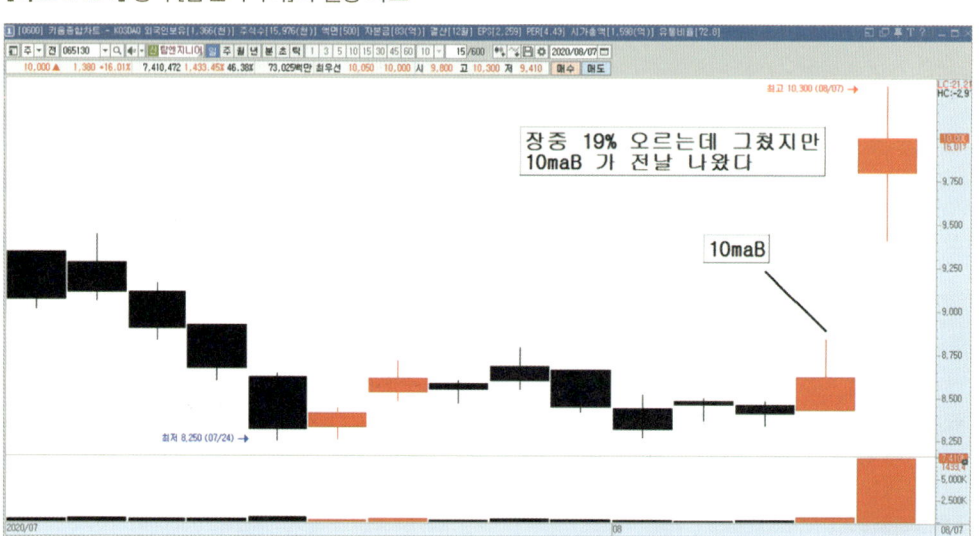

[차트 2-195] 아홉 번째 종목 [바이오스마트]다. 하루 반나절 동안 <10ma B>가 출현한 뒤 이틀에 걸쳐 상한가를 쳤다. 참고로, 이 종목과 다음 종목은 8월 7일 이전에 <10ma B>가 나온 종목이다.

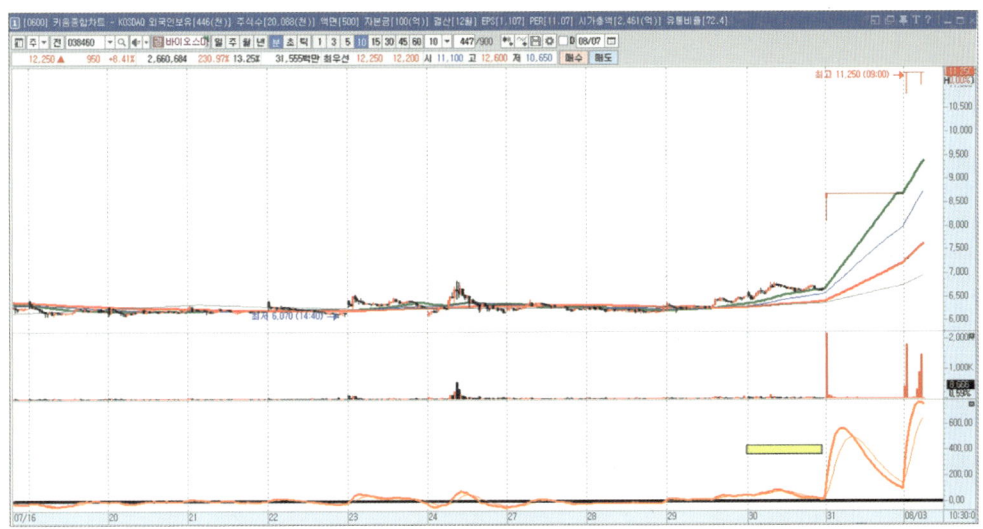

[차트 2-196] 종목 [바이오스마트]의 일봉 차트

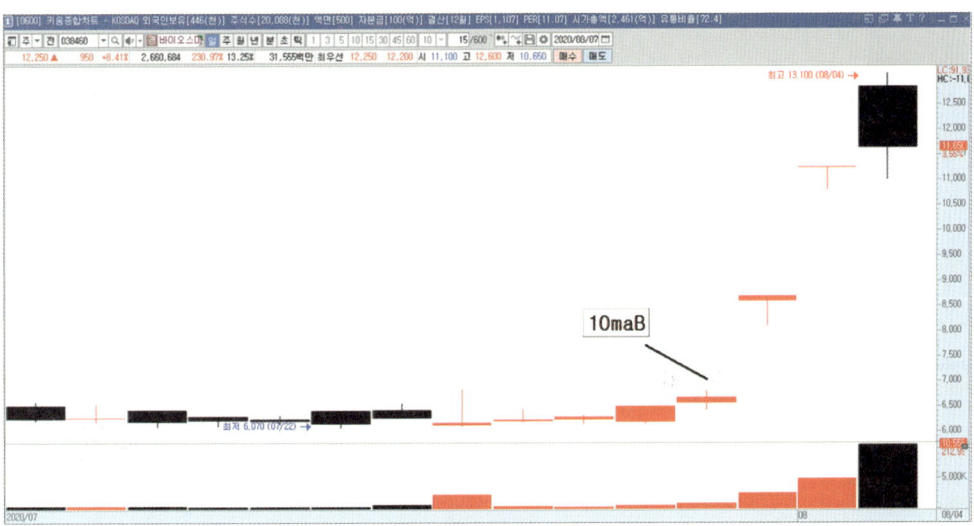

[차트 2-197] 열 번째 종목 [코아스템]이다. 중간 매집 겸 청소 용도의 <10ma B>가 출현하고 상한가를 갔다.

[차트 2-198] 종목 [코아스템]의 일봉 차트

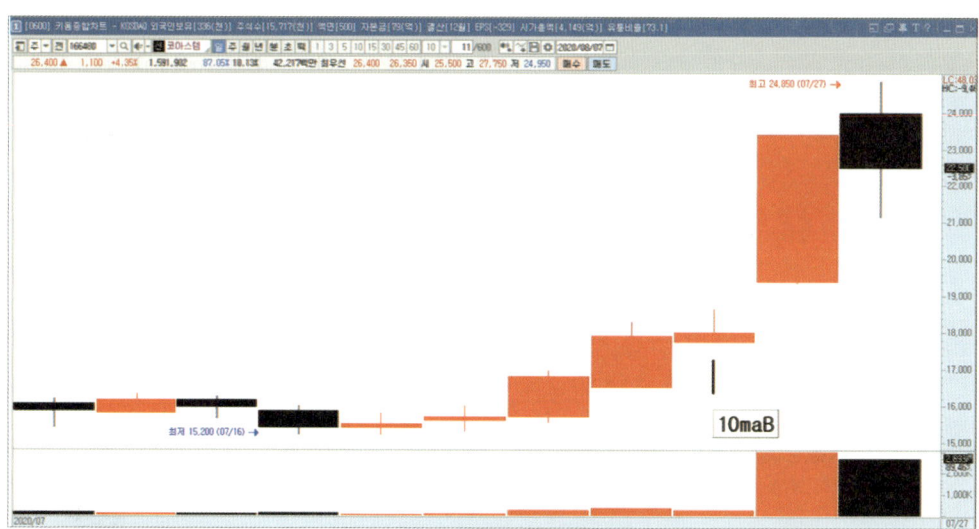

<10ma AB 혼합> 형태

〈10ma〉 A와 B가 연속해서 나온 뒤 급등하는 경우도 있다. 〈10ma AB 혼합〉 형태다.

[차트 2-199] 첫 번째 종목 [카스]다. A와 B가 연속으로 나온 뒤 다음날 상한가를 갔다.

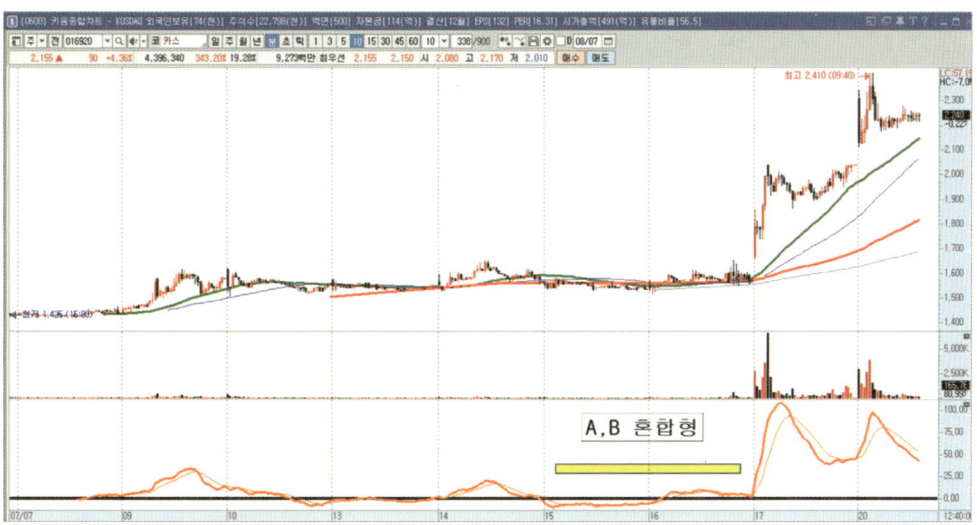

[차트 2-200] 종목 [카스]의 일봉 차트

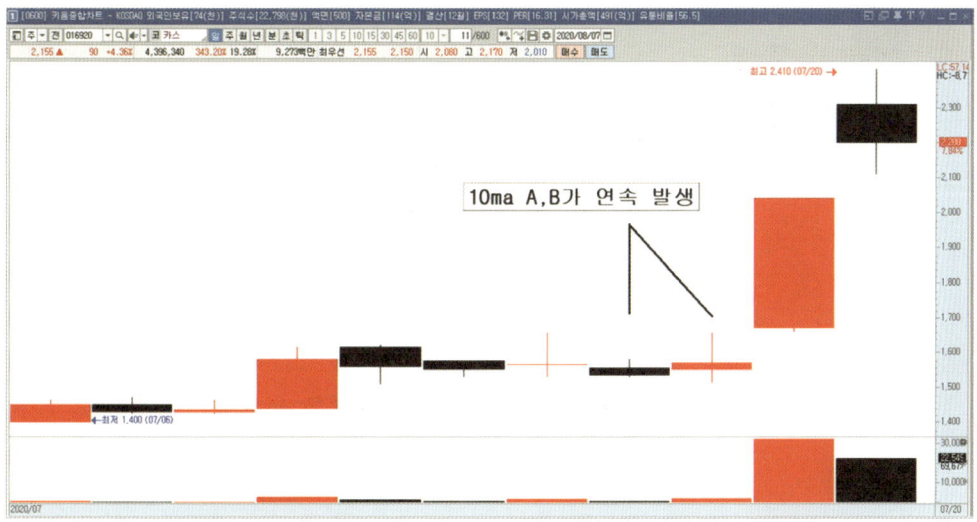

[차트 2-201] 두 번째 종목 [메디톡스]다. 역시 A와 B가 연속으로 나온 뒤 다음날 상한가를 터치하고 내려갔다.

[차트 2-202] 종목 [메디톡스]의 일봉 차트

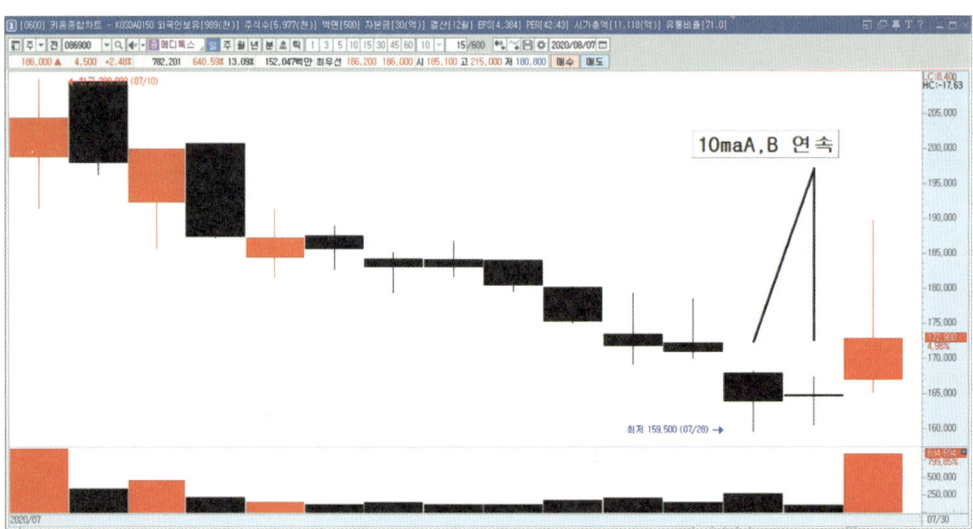

[차트 2-203] 세 번째 종목 [에이비프로바이오]다. <10ma A>가 3일간 지속된 뒤 <10ma B>가 나왔다. 다음날 점상한가. 장중에 상한가가 풀리며 아래꼬리로 개미를 청소하고 T자 형태의 상한가로 마감했다.

[차트 2-204] 종목 [에이비프로바이오]의 일봉 차트

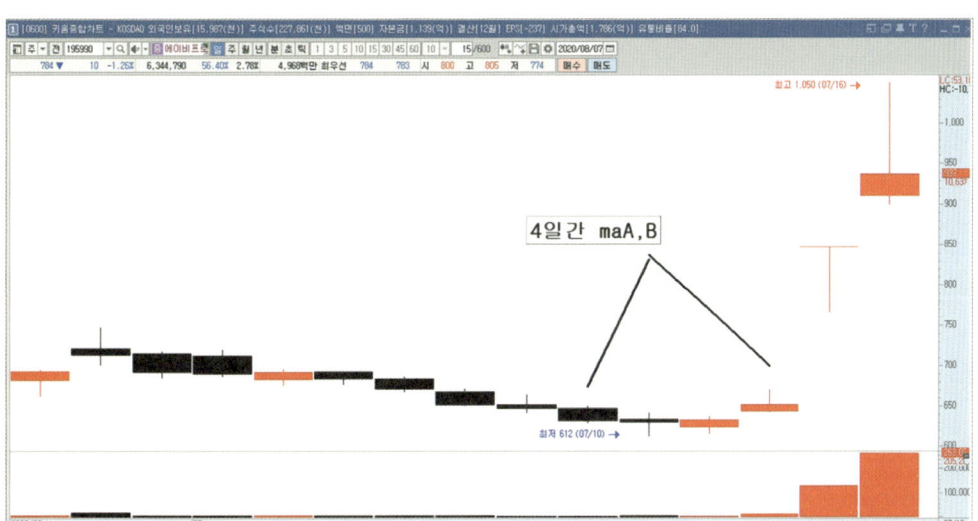

장 마감

피해야 할 종목, 그리고 몇 가지 이야기

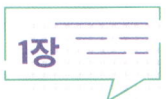

감자, 상장폐지 피하기

카페를 운영하는 동안 빠뜨리지 않고 고지하는 게 있다. 감자나 상장폐지의 징후를 보이는 종목들이다. 겉보기에는 마치 매집처럼 보이지만 속임수인 경우가 있다. 실제로 경고한 종목 중에서 많은 종목이 감자나 관리종목 지정, 상장폐지 등을 당했다. 그중에 몇 가지 실제 사례를 소개하며 이런 종목들을 피하는 방법에 대해 같이 생각할 기회를 가져보자.

감자, 상장폐지가 속출하는 시기

매년 1~3월은 12월 결산 법인들이 결산보고서를 제출하는 때다. 그동안 잘도 숨겼던 악재들이 이 시기가 되면 한꺼번에 터진다. 이 때문에 그 해가 시작되고 4월까지는 감자나 관리종목 지정, 상장폐지를 당하는 종목이 속출한다. 따라서 이 시기에는 산불 조심 기간이라고 생각하고 환기종목이나 관리종목, 연속적자 종목 등은 피해야 한다.

차트가 좋으면 괜찮지 않느냐고?

주식을 하다 보면 아무리 조심해도 상장폐지를 못 피하는 경우도 많다. 왜? 차트만 보면 절대 그렇게 보이지 않기 때문이다. 종목 [엠제이비]가 장중에 거래가 중지된 경우가 그렇다. 차트만 보면 절대 상장폐지를 예측하기 힘들어 보인다. 상장폐지 사유 발생으로 거래가 중지될 때는 예고가 없다. 다들 평소와 다름없이 사고팔다가 갑자기 호가창이 멈춘다. 매수를 눌러도 매수가 안 되고, 매도를 눌러도 매도가 안 된다.

회사 실적조차도 믿을 수 없을 때가 있다

진부한 얘기지만 나도 달리 할 말이 없다. 가급적 실적이 나쁘지 않은 종목 중에서 매매할 종목을 고르는 게 좋다고. 단기간에 몇 배 급등을 하고 오랫동안 고점에서 머물며 봉우리를 여러 개 만드는 종목들은 피한다. 환기종목이라면 더 주의해야 한다. 세력의 속임수를 개미가 모두 피해갈 수는 없겠지만 이 기간만이라도 환기종목이나 실적이 나쁜 주식들, 단기간에 몇 배 급등하고 횡보하는 주식들을 피한다면 위험을 최소화할 수 있다. 물론 실적이 좋은 종목이라고 100% 안전한 것은 아니다. 발표된 그 실적마저도 믿을 수 없는 경우가 종종 있다. 우리가 얻는 정보는 모두 세력에 의해 예쁘게 혹은 험악하게 가공된 것들이기 때문이다.

원칙을 지켜라

차트도 아니고, 실적도 아니라면 답이 뭘까? 세력의 장난질을 요리조리 모두 피할 수 없다고 가정한다면 포트폴리오가 유일한 대응책 같다. 여러 종목으로 나누어 매수하기를 권한다. 보유종목이 여러 개면 돌아가며 오르니 기다리는 재미도 있고, 조심 운전을 했는데도 혹시나 재수 없게 당할지도 모르는 대형 사고의 피해를 최소화할 수 있기 때문이다.

유형 1 : 역대 최저가를 깨고 거래량이 폭발하는 종목

거래 정지 사례의 대표적인 두 가지 유형을 소개한다. 첫째, 역대 최저가를 깨고 거래량이 폭발하는 종목이다.

종목 [미래SCI]는 가장 전형적인 상장폐지 패턴을 보여준다. 1) 역대 최저가를 깨고 더 내려갔는데 2) 더 내려간 곳에서 전에 없었던 큰 거래량이 연속 터졌다. 거래량을 동반한 하락은 무조건 나쁜 신호다. 나쁜 신호가 다 나온 종목이다. 절대 바닥 매집이 아니다. 언제든 문 닫아도 이상이 없는 움직임이라고 생각하는 게 안전하다.

[차트 3-1] 종목 [미래SCI]는 역대 최저가를 기록했다. 동시에 하락하는 중에 막대한 거래량이 터졌다. 무조건 피한다.

종목 [바이오빌]도 역대 최저가를 갱신하며 하락한 뒤 거래량이 폭발했다. 바닥 매집처럼 보이더라도 쳐다보지 말자. 물론 마지막 폭죽놀이처럼 중간 중간 상한가를 터뜨리지만 이걸 노리는 건 요행을 바라는 거다. 지금 이 종목은 극악한 세력이 들어와서 마구 장난을 치고 있는 중이다. 요행을 바라다 휴지조각이 된 주식을 보며 망연자실하는 사람을 한둘 본 게 아니다.

[차트 3-2] 종목 [바이오빌]의 일봉 차트다. 절대 눈길조차 주어서는 안 되는 전형적인 유형이다.]

[차트 3-3] 종목 [바이오빌]을 주봉으로 보면 더욱 가관이다. 세력이 얼마나 열심히 단타를 치며 물량을 탈탈 털었는지 보라.

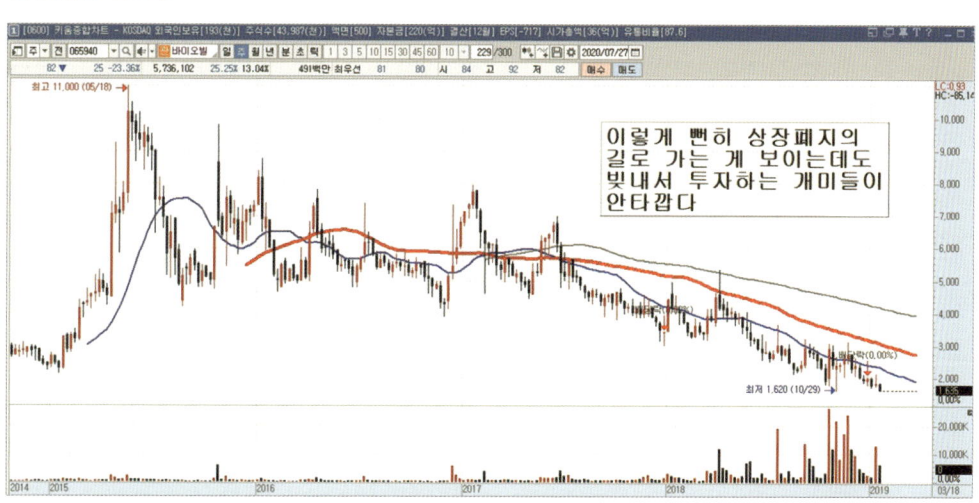

2020년 6월 무렵, 이상한 움직임을 보이는 종목이 있어서 카페에 알렸다. 종목 [슈팩스비앤피]다. 당시에는 진행 중이었고, 세 달 뒤인 9월 8일 거래가 정지되었다.

[차트 3-4] 반등도 있고, 쌍바닥도 그리고, 거래량도 들어오고 뭔가 차트가 저점을 찍고 오를 것 같다. 그런데 기간을 늘려서 보면 단 한 번도 이전 고점을 회복하지 못하고, 도리어 저점만 낮추고 있다는 게 보일 것 같다. 그런 종목은 피한다.

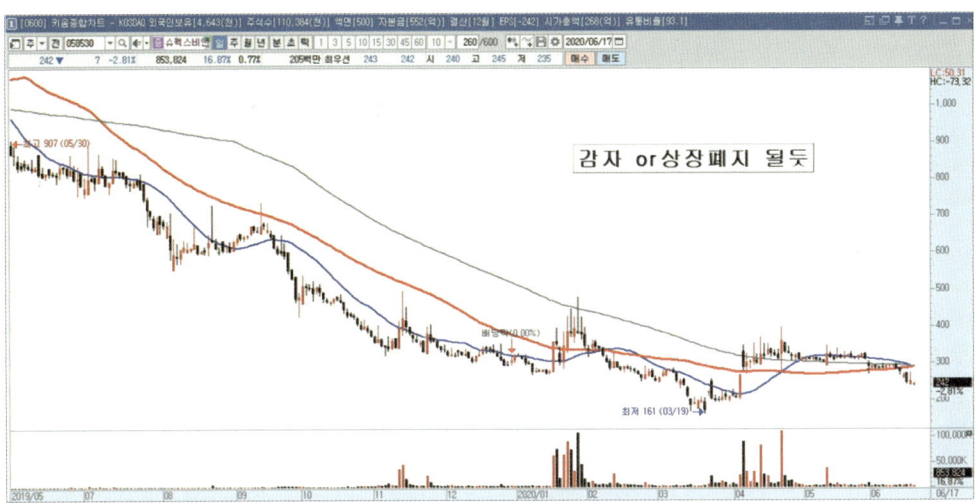

물론 일시적으로 반등이 나오기도 한다. 7월 중순 무렵 거래량이 터지며 반등이 나왔다. 이럴 때 나를 원망하는 분들이 있기 마련이다. 그러나 이 반등이 나올지 안 나올지는 아무도 모른다. 이런 짧은 요행을 바라고 주식 매매를 하지 않기를 바란다. 항상 요행이 따라오는 건 아니다. 설령 연속 상한가를 치며 날아가는 일이 있더라도 이런 차트와 종목은 쳐다보지 말라. 종목은 많다.

[차트 3-5] 일시적인 반등이 나온 7월의 모습. 그러나 2020년 9월 8일부로 거래가 정지되었다.

유형 2 : 저가에서 거래량이 폭발하며 고점을 형성하는 종목

두 번째 유형이다. 유형 1번보다 더 매혹적인 게 2번이다. 왜? 주가가 미친 듯이 오르니까.

종목 [이엘케이]다. 잠잠하던 주식이 2019년 3월, 연일 거래량이 폭증했다. 바닥 매집이라고 믿고 매수한 분들이 얼마나 많을지 생각하면 안타깝기 그지없다. 확실하게 매집이라고 분석할 자신이 없으면 일단 피한다. 특히 비슷한 고점을 만들며 등락한다면 당장 시장가로 던져라. 2봉, 3봉을 만들거나, 비슷한 고점 가격에서 윗꼬리를 만들며 내리는 일봉이 여럿 나온다면 탈출하라.

[차트 3-6] 저점에서부터 거래량을 터뜨리며 널뛰기를 하는 모습

지금 당장은 날아갈 것처럼 널뛰기를 해도 말로를 보면 내 충고가 와 닿을지 모르겠다. 갑자기 거래량이 터지며 거래되던 종목이 장중에 덜컥, 거래정지가 걸린다. 이후 상장폐지가 결정되고 정리매매가 진행되었다(아래 차트 3-7은 정리매매 당시 모습). 최종가는 얼마인가? 주당 15원. 이래도 요행을 바라고 싶은가?

[차트 3-7] 종목 [이엘케이]는 거래정지 후 상장폐지가 확정된 뒤 7일간 정리매매가 진행되었다. 최종가는 15원이다.

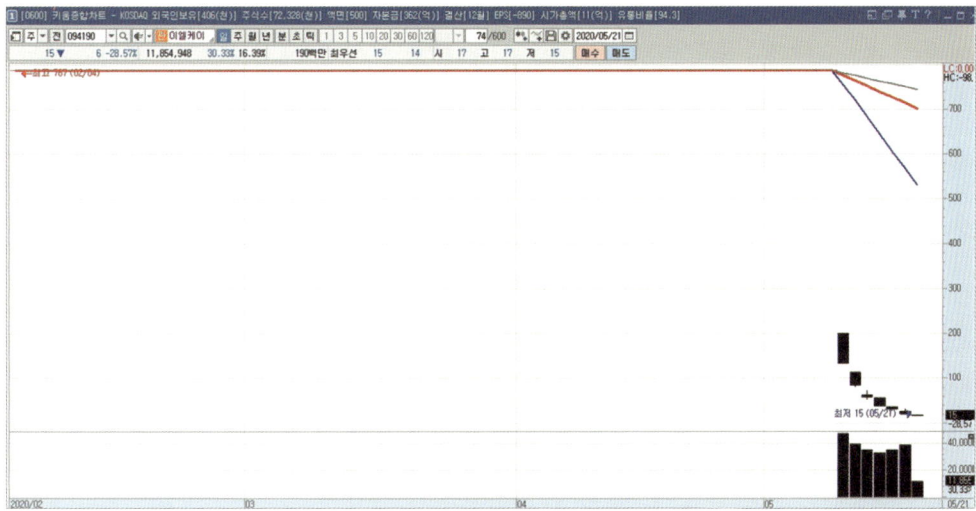

아래 차트는 종목 [차이나그레이트]가 거래 정지를 앞두고 보여준 모습이다. 이틀 연속 상한가가 나온 뒤 3거래일 지나고 거래가 정지되었다.

나는 중국 기업의 실적이나 재무재표는 믿지 않는다. 중국 기업은 매매하지 말자는 원칙을 지키고 있다. 건전한 중국 기업도 있겠지만 그들이 그동안 저지른 만행이 있기 때문이다.

[차트 3-8] 급등 후 눌릴 때 거래 정지된 모습

아래 차트 3-9는 정리매매 당시의 모습이다. 주당 23원으로 상장폐지 되었다. 불량주를 매매한 혹독한 대가다. 더욱 화가 나는 건 상장폐지가 된다고 해서 그 회사가 없어지는 게 아니라는 것이다. 증권 시장에서 퇴출될 뿐이다. 개미주주들은 23원에 강제로 청산 당했지만 회사는 여전히 존재하고 영업도 한다. 심지어는 몇 년 후에 스팩 등을 이용해서 다시 우회 상장하기도 한다. 상장폐지를 해도 개미만 손해를 보지 회사는 개미처럼 손해 볼 일이 없다는 걸 명심하자.

[차트 3-9] 상장폐지 결정 후 정리매매 때의 차트

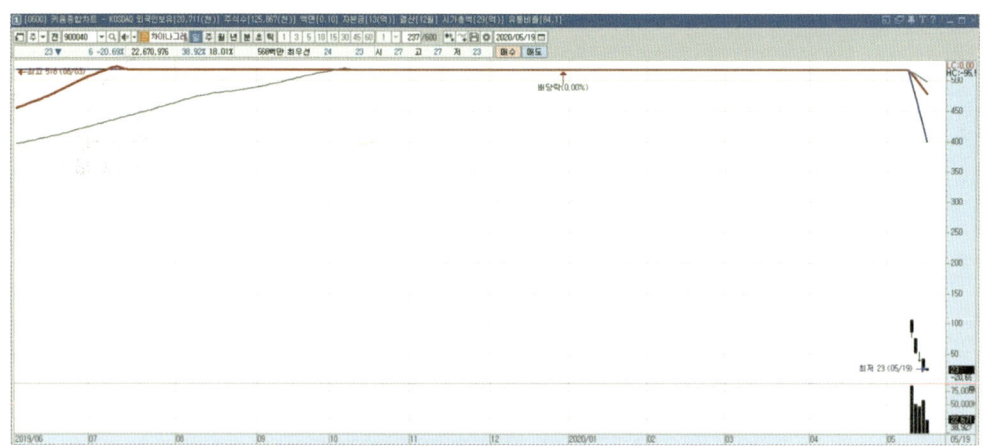

내가 중국 기업을 피하는 이유

중국 기업이 저지른 황당한 사건을 보자. 다시는 중국 기업을 매매하고 싶은 생각이 싹 사라질 것이다.

2020년 6월 30일 충격적인 사건이 벌어졌다. 중국의 나스닥 상장사 [킨골드]라는 보석업체가 대출 담보로 골드바를 맡겼는데 사실은 금으로 도금한 구리였다는 사실이 밝혀졌다. 중국 우한에 소재한 [킨골드 주얼리는 200억 위안의 대출을 받기 위해 가짜 골드바를 담보로 맡겼다가 들통이 났다. 중국 기업은 이미 전례가 있었다. 나스닥에 상장된 또 다른 중국 기업인 [루이싱 커피]는 불과 3개월 전 대형 회계부정 사건을 터뜨리며 상장폐지를 당했다. [킨골드]도 결국 나스닥에서 상장폐지를 당했다. 수사팀의 발표 자

료에 따르면 [킨골드]가 대출 담보로 맡긴 골드바는 자그마치 83톤이었다. [킨골드]는 이 가짜 금으로 최소 14개 금융기관으로부터 5년간 대출을 받았다. 5년 동안 무탈했다는 것도 참 이해 안 될 일이다. 아무튼 [킨골드]가 부채를 상환하지 못하자 둥관트러스트에서 담보물을 매각하는 과정에서 가짜 금이 들통 났다.

우리나라 증시에 상장했다가 상장폐지 당한 중국 회사 상당수가 회계 조작을 했다는 걸 상기하라. 또한 이 기업들은 수많은 가짜 뉴스나 공시를 남발했다는 것도 잊지 말라.

앞으로 중국이 아닌 제3국 회사들이 한국 증시에 상장하게 될 것이다. 중국처럼 회계의 투명성을 믿을 수 없는 국가의 회사는 피하는 게 좋다고 생각한다. 다른 종목도 많은데 굳이 리스크를 떠안을 이유가 있을까?

주식 매매의 어려움
– 의심과 시간 사이

주식 종목 추천은 무척 어려운 일이다. 또한 과감히 추천한 종목이 운 좋게 폭등한다 해도 개미가 그 수익을 누리기는 쉽지 않다. 이 책을 열공한 독자들이라면 도움이 될 수 있을 거라는 기대로, 주식 매매의 어려움과 현실을 설명해보려 한다. 한편 독자들은 이 장을 통해 본서를 얼마나 이해했는지 스스로 판단할 수 있는 기회가 될 것 같다.

나는 내가 절대적으로 옳다고 생각하지도 않고, 그럴 수도 없다고 생각하기 때문에 일단 카페에 올린 글은 그 후 결과가 어떻든 절대 지우거나 수정하지 않는다. 이 책에 든 예시들은 대부분 내가 운영하는 카페에 올렸던 내용이므로 의심스럽다면 네이버의 '주식 네 이놈' 카페를 방문해 보기를 권한다. 내가 스스로를 포장하기 위해서 글을 쓰는 건 아니라는 사실을 알 수 있을 것이다. 카페 글들을 보면 나 역시 실수를 많이 했다는 사실도 드러날 것이다. 내 실수나 판단 미스를 감추고 싶은 마음은 추호도 없으니 원하는 독자라면 언제든 카페 글에서 내가 저질렀던 실수들을 찾아낼 수 있을 것이다.

이 책을 읽고 나의 기법이나 주식 철학에 동의하는 독자들을 대상으로, 내가 꽤 오랜 시간 지속적으로 추천했던 [감마누]와 [신라섬유]를 통해 주식하는 사람의 자세와 주식 매매의 어려움에 대해 설명해보려 한다.

[감마누] 매매일지

[감마누]가 처음 눈에 띈 것은 2016년 8월 24일이다. 차트를 보니 매집이 확연했고, 매집량도 대단했다.

[차트 3-10] <매물벽 때리기>가 등장한 날 종목 [감마누]를 발견했다.

장 시작과 동시에 거래량이 크게 붙는데 과거의 차트를 보니 매집이 뚜렷했다. 서둘러 카페에 추천 글을 올리고 계속 관찰했다. 급등이 이어지며 상한가를 치고는 긴 윗꼬리 일봉을 만들고 마감을 했다.

발견한 날의 일봉은 엄청난 매물벽의 중심을 과감히 찌르는 <매물벽 때리기>였고, 그 매물벽을 충분히 소화할 만한 거래량은 한눈에 보아도 급등을 예고하고 있었다.

[차트 3-11] <매물대 때리기>로부터 약 한 달 뒤의 모습. 투자자라면 고민을 해야 하는 날의 차트다. 고점에서 거래량이 터지지 않으니 들고 가겠다는 사람과, 단기간에 2배 이상 올랐고, MACD를 보면 <링시아>의 가능성도 엿보이니 익절을 하겠다는 사람으로 갈릴 수 있다.

위 차트를 보며 어떤 생각이 드는가? 주식을 보유하고 있는 사람과 이 시점에서 매수를 생각하는 사람의 입장을 모두 고려해서 생각해보자.

'지금이 매수 혹은 매도 시점이라고 확신을 갖고 결단을 내릴 수 있는가?'

우문 같지만 아주 중요한 순간이다. 독자들은 이때 어떻게 할 것인가? 의외로 많은 개미들이 이 시점에서야 매수를 고려하고는 한다.

웃기지 말라고 하는 독자들 중 상당수도 이전까지는 거들떠보지 않다가 막상 이 차트 상황이 되면 매수를 하고 싶은 유혹을 느끼는 경우가 많을 것이고, 실제로 이 시점에서 큰 금액을 선뜻 투자하는 사람도 제법 많을 것이다.

이 차트를 보면 세력이 매도를 하고 싶어도 할 수 있는 기회가 없었다. 이렇게 분석하고 저렇게 분석해 봐도 세력은 자기들이 매집한 물량을 모두 손에 움켜쥐고 있다(이게 이해가 안 된다면 본서를 다시 읽어보기 바란다. 힌트는 고점 거래량이다.).

이후의 움직임은 어떻게 될 것인가?

이 차트를 보고 분할 매수를 결정한다면 어느 정도 분석력이 있는 독자라고 볼 수 있다. 하지만 좀 더 실력이 있고 신중한 독자라면 꼭 매수하고 싶더라도 쌍봉은 아닌지 확인하고, 매물대 상단까지는 기다려서 매수할 것이다.

문제의 지점 다시 살피기

노란 박스권 A는 세력이 매집을 활발히 한 구간이다. 박스를 잘 살펴보면 세력이 얼마나 이 구간을 청소하기 위해 노력했는지 알 수 있다. 매집 후 1차 상승을 한 뒤 A 구간을 재차 청소하기 위해 눌림을 준 다음날 상한가를 치며 2차 상승을 했다.

문제는 이때 발생한다. 이후 계속 상승할 것인가, 하락을 할 것인가? 거래량만 분석한다면 하락을 할 이유가 없다. 세력은 자기들이 매집한 물량을 모조리 손에 쥐고 있다. 그렇다면 계속 상승을 할 것이다. 이게 합리적인 판단 같지만, 세력은 개미와의 심리전에 모든 것을 걸기 때문에 다음을 예측한다는 것은 무의미하다.

[차트 3-12]

세력은 1차 매집을 한 후에 매집의 완성을 위해 급락을 시킬 수도 있다는 걸 앞에서 여러 번 설명했다. 이 차트는 〈링시아〉의 위험성도 있고, 쌍봉의 형태도 보이기 때문에 신중한 투자자라면 안전을 택해서 절반 정도는 익절을 하는 게 옳다. 절반 익절, 절반은 계속 홀딩하면 하락을 해도 수익이 손실로 바뀌는 일은 없기 때문에 심리적으로 쫓기지 않는다.

그 후의 움직임이다. 독자라면 어떻게 할 것인가?

[차트 3-13]

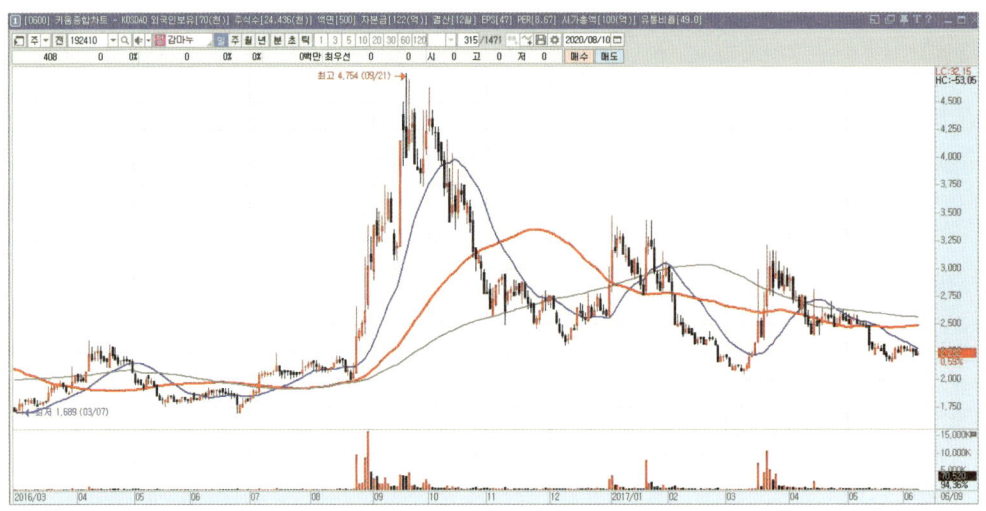

이 그림은 내 분석법으로는 환상적인 차트이다. 어떻게 분석해 봐도 세력이 판 게 보이지를 않는다. 매도는 안 보이고 중간 매집을 한 것만 보인다. 그것도 대단히 철저한 반복 청소를 한 게 선명히 보인다.

문제는 이때 발생했다. 1차 급등은 잘 맞췄는데, 그 후 큰 폭의 하락이 나왔다. 더구나 꽤 긴 시간 하락세를 이어갔다.

이렇게 되면 애초에 관심을 가졌던 사람들도 시간이 길어짐에 따라 지쳐가고 관심을 버리게 된다. 나도 이 기간 수차례 반복해서 추천을 했지만, 추천 후에 한두 번 장대양봉을 만들고는 내가 장담한 전 고점을 깨는 급등이 안 나오고 또 다시 하락하거나, 하염없이 완만한 하락을 하고는 해서 체면을 구길 대로 구기고 회원들에게 미안한 마음이 들 정도였다.

개미를 완벽히 청소한 뒤 점 상한가

그렇게 속을 썩이던 놈이 갑자기 점상한가로 날아가기 시작했다. 어떻게 보면 당연한 결과이지만 추천을 하는 입장에서는 괴롭기 그지없는 긴 시간이었다. 부동산이었다면 긴 기간이 아니었을 수 있지만 주식은 단 몇 개월도 추천한 입장에서는 보통 곤혹스러운 게 아니다. 내가 투자하는 것과 추천을 하는 것은 완전히 다른 상황이다.

점상한가로 날아간 날, [감마누]를 보유한 회원이 있는지 알아봤다. 한 명도 없었다. 허탈했다. 하지만 어쩌면 당연한 일이다. 개미를 털어내는 능력, 그게 세력의 진정한 능력이기 때문이다. '개미의 가장 무서운 적은 시간'이라고 내가 항상 되뇌는 이유이기도 하다.

[차트 3-14]

그 후에도 [감마누]는 2차 상승을 하고 추천 시점 대비 7배가량 상승했다.

[차트 3-15]

하락 때 관찰할 게 있다. 반등이 나오는 지점 A이다(차트 3-16). A는 연속된 점상한가 중 마지막 점상한가다. 점상한가가 연속해서 나왔다는 건 이미 세력이 매집을 끝낸 구간이라는 뜻이다. 그렇다면 A는 향후 대단히 중요한 자리가 된다. 어렵게 매집을 완성했으므로 철벽과 같은 자리가 된다. 따라서 A 밑으로 뚫고 내려가기는 대단히 힘든 일이다. 하지만 만약 A를 뚫고 내린다면 3,200원 정도까지는 순식간에 하락할 수 있다. 한편으로는 A 쌍바닥을 딛고 다시 점상한가로 날아갈 수도 있다.

어떤 방향이든 결과를 알고 있는 건 세력밖에 없다. 우리는 겸허하게 세력의 속내를 읽을 능력이 없다는 전제 아래 모든 결정을 내려야 한다.

[차트 3-16] 강력한 지지였던 A

[감마누]에 벌어진 충격적 사건

위 내용은 당시에 썼던 원고 그대로다. 대주주 지분도 50%가 넘고 실적도 나쁘지 않아서 문제가 없는 기업이라 믿었기에 위와 같은 글을 썼다.

그런데 충격적인 일이 벌어졌다. [감마누] 회계업체가 2017년도 재무재표에 대해 의견거절을 했다. 한국거래소는 [감마누]를 상장폐지하기로 결정했다. [감마누]는 법원에 상장폐지 효력정지 가처분 신청을 했고 법원에서 받아들여졌다. 하지만 거래소는 인용결정 취소를 요청하는 가처분 이의를 제기했다.

그 와중에 2018년 10월 1일, 감마누는 상장폐지를 위한 정리매매가 개시되었다. 정리매매 5일차에는 6,000원대에 있던 주식이 408원에 거래되고 있었다.

[차트 3-17] 상장폐지 결정 후 정리매매 당시 차트 모습

[감마누]에 벌어진 두 번째 충격적 사건

이때 또 다른 충격적인 일이 벌어졌다. 법원이 한국거래소의 이의를 기각하자 5일간 계속되던 정리매매가 정지됐다. 주식시장에서는 별의별 일이 다 벌어진다. 상상도 하기 힘든 다양한 일이 벌어진다. [감마누]의 상장폐지가 취소되자 정리매매 때 물량을 팔아치운 사람들이 화제의 중심에 섰다. 이들이 입은 피해는 어떻게 보상할 것인가.

[감마누] 사건은 종목 선정 원칙이 중요하다는 걸 다시 느끼는 계기가 됐다.

'대주주 지분이 높은 종목은 안전하다.'

비록 상장폐지 절차에 들어가긴 했지만 [감마누]는 필사적으로 상장폐지를 막아냈다. [감마누]처럼 아주 특수한 경우도 있을 수 있지만, 대주주 지분이 많은 종목으로 매매하는 게 안전하다.

[신라섬유] 매매일지

[신라섬유]를 처음 추천한 건 2016년 10월 정도로 기억된다. 액면분할 후 하락을 하고 있었는데 일봉 윗꼬리들과 거래량을 분석해보니 매집이 확실했다. 액면분할 당일의 거래량 크게 터진 장대음봉이 매집일 가능성이 있고, 그 후의 일봉과 거래량의 상관관계도 세력의 매도로 볼 수는 없고 매집일 가능성이 컸다.

[차트 3-18] 2015년부터 매집을 하고 있다고 설명하고 매수를 추천했다.

일봉과 거래량의 상관관계를 논리적으로 분석해보면 세력의 매집이 선명하게 보인다. 회원들에게 [신라섬유]는 대주주 지분율이 엄청나게 높으니 다음과 같은 장점이 있다는 걸 설명하고 어떤 경우에도 손절하지 말고 버텨보라고 권했다.

1. 대주주 지분율이 높아서 시중에 유통 가능한 주식이 24%에 불과하다.
2. 대주주 지분율이 높으니 유상증자나 감자 등 최악의 상황이 벌어질 가능성이 상대적으로 적다. 유상증자를 한다면 대주주가 대부분의 유증 자금을 내야 하는데, 대주주가 그런 손해 보는 짓을 할 리가 없다. 굳이 유상증자를 하고 싶다면 자기 보유 주식을 대폭 줄인 후 유상증자를 할 것이다.
3. 2015년부터 다시 매집을 하고 있는 걸로 보인다(이 매집의 개념은 세력이 모두 손에 넣는다는 게 아니다. 단타로 일부 팔면서 전체적으로 주식 수를 늘려가는 걸 말한다. 자연히 주식수가 늘어나면서 세력의 매수 평균가는 내려간다. 단타 수익도 챙기는 건 당연하다.).
4. 2016년 6월 4일의 액면분할 때 거래량 큰 장대음봉은 세력의 매도로 보기에는 무리가 있다. 상당 부분의 주식을 세력이 여전히 갖고 가는 매집성 음봉일 가능성이 크다(액면분할 전후의 거래량을 분석해보면 세력이 매집한 물량을 다 털어내기가 쉽지 않았을 거라는 걸 쉽게 추측할 수 있다.).
5. 그 후에도 그냥 하락하지 않고 앞의 주요 매물을 계속 재청소하며 하락시키고 있다.

중요한 구간

K-1 박스 구간은 대단히 중요하다. 폭등 전의 K 구간은 시세 분출을 끝내고 하락을 할 때도 여전히 중요한 의미를 지니고, 시세 분출 후 거래량이 오랜 시간에 걸쳐 중점적으로 누적된 구간이기 때문이다.

[차트 3-19]

그런데 ABC 이후 K-1 구간을 이탈하는 움직임이 나온다. K 구간의 거래량 밀집 구간을 재청소하는 동시에 ABC 구간에서 매수해서 홀딩하고 있는 개미들을 압박하며 손절을 유도하는 것이다.

회원들에게 하락을 해도 겁먹지 말고, 상한가를 치더라도 상한가 한두 방에 절대 팔지 말자고 했다. 상한가를 서너 번 치기 전에는 쳐다보지 말라는 전략을 제시하고 매수를 추천했다.

그 후 몇 차례 반등을 예상한 자리에서 큰 반등이 안 나왔고 시간만 흘렀다. 2017년 3월부터는 하락이 가속되기까지 했다.

나는 [신라섬유]에 대한 확신이 있기 때문에 하락해도 추매의 기회로 봤지만, 회원들은 견뎌내기가 힘들었을 것이다. 결국 예상한 대로 급반등은 나왔지만 급등 때 [신라섬유]를 갖고 있는 회원은 얼마 없었다. 그나마 다행인 것은 내 말을 믿고 아래 차트 3-20의 A와 B 구간에서 집중 매수해서 100% 이상 수익을 낸 회원도 있었다.

[차트 3-20]

나도 실수를 했는데, A구간에서 반등이 나올 거라고 보고 적극 매수 권유를 한 것이다. 상식적으로 생각을 해도 급등을 하려면 필히 개미를 털어내는 급락이 나와야 하는데, A 구간처럼 밋밋하게 흐르는 구간에서 매수 물량을 늘리라고 한 내게도 문제가 있다. 혹시나 있을 급등 기회를 놓칠까 봐 조바심을 냈으니, 내가 아직 수양이 덜 됐다는 생각을 다시 하게 됐다.

[감마누]와 [신라섬유]의 예를 봐도 개미가 세력에 대항하기가 얼마나 힘든지 알 수 있다. 개미가 세력과의 싸움에서 이길 수 있는 길은 철저한 분할매수밖에 없다.

나는 이런 다양한 일을 겪으며 기법을 개발하고 보완 발전시켜왔다. 그래서 내가 겪은, 반은 실패담이라 할 수 있는 사례를 설명한 것이다.

손에 넣은 정보로
투자하는 게 아니다

카페 회원들에게 자주 듣는 말이 있다.

"가까운 누군가가 아직 발표되지 않은 회사 기밀이라며 정보를 줬어요."

그리고 차트가 어떤지 봐달라며 그 중요한 기밀을 내게 넌지시 알려주는 분들이 있다.

나는 그런 기밀에 관심이 없다.

그 분들은 한결같이 아주 가까운 누군가로부터 정보를 얻었다며, 그 사실이 널리 알려질까 걱정한다.

그래서 살펴본 차트는 어떨까? 대부분의 경우 차트는 그 정보가 가치가 없다고 이야기한다. 사실에 근접한 정보를 접한 경우는 딱 한 번밖에 없었다. 그때는 차트가 정보와 일치하는 움직임을 보였다. 결국 시간이 흘러 정보가 사실임이 증명된 적이 있다. 하지만 그 정보가 없어도 차트만 보면 충분히 고를 수 있는 종목이었다. 차트에 명백한 세력 매집이 보였기 때문이다. 무슨 말이 하고 싶은 걸까?

손에 넣은 정보로 투자하지 말고, 차트 보고 투자하라는 얘기다. 도리어 차트를 보고 그 회사에서 무슨 일이 벌어지고 있는지 눈치 챌 수 있다.

실제로 차트에서 회사의 스토리를 읽을 수 있는 경우가 많다. 물론 구체적인 내용은 모른다. 단지, 뭔가가 벌어지고 있다는 건 차트를 통해 알 수 있다.

종목 [삼영이엔씨] : 가족 간 분쟁

2020년 6월 15일 밤에 종목을 몇 개 돌려보는데 [삼영이엔씨]가 눈에 띄었다. 그동안 공부한 독자들도 이 차트에서 매집이 보이는 분이 있을 것이다. 비교적 간명한 차트여서 쉽게 매집을 확인할 수 있다.

[차트 3-21]

노란 박스는 2개의 매물대를 표시한 것이다. 근래의 윗꼬리 봉들은 매물대를 청소하고 있는 중이다. 그 모습이 마음에 들었다. 윗꼬리 봉이 계속 나오는데 거래량이 터지지 않는다. 청소가 꼼꼼히 이루어지고 있다는 얘기다. 곧 뚫고 오를 게 분명했다.

[차트 3-22]

문득 어떤 회사인지 궁금했다. 매집을 하는 이유가 뭘까? 조사해보니 [삼영이엔씨]는 상당히 재미있는 내부 분쟁을 겪고 있었다.

대표 회장이 몸져눕자, 이사회에서 회장을 해임했다. 아버지 회장이 물러난 자리에 대신 딸과 사위가 공동대표가 됐다. 2020년 1월 17일, 그들은 100억 원 상당의 전환사채를 발행했다. 딸 부부가 주식이 없는 대표였기 때문에 주식을 소유하기 위한 목적으로 보인다.

1남 2녀의 아버지인 회장이 30.96% 주식을 보유하고 있다. 경영 수업을 받아오던 장남에게 회장의 주식이 넘어가게 된 것 같다. 이에 딸과 사위가 경영권 장악을 위해 이사회를 열어 장남과 딸 부부 3인이 공동대표가 되었다.

2020년 3월 주주총회가 열렸는데, 의결 정족수 부족으로 장남의 대표 재선임 등의 안건이 처리되지 못했다. 이에 따라 장남은 대표이사 및 사내이사직을 모두 잃게 되고, 딸 부부가 경영권을 장악하게 되었다.

경영권을 두고 벌어지는 형제의 난이 소설보다 재미있게 진행되고 있었다. 거기에 소액주주 대표단이 전환사채 발행이 무효라는 소송을 제기하였다. 또한 딸 부부가 사내이사로 선임된 과정이 무효라는 소송까지 더해져 스토리는 점점 흥미진진해지고 있다.

이런 스토리를 알고 차트를 보니, 경영권 다툼을 위해 누군가 주식을 사들이고 있는 과정이 확실하게 보였다.

M&A 못지않은 호재라고 보고 매수했다.

[차트 3-23] 매집이 어느 정도 끝나자 주가가 오르고 있다. 회사 내의 분쟁이 차트에 고스란히 드러나는 케이스다.

위 차트에서 지금까지의 스토리가 보이는가? 스토리가 어떻게 전개되고 있는지 보이는가? 차트를 분석할 줄 알면, 이런 재미있는 스토리는 덤으로 따라온다. 주가 상승으로 인한 수익은 당연히 보장된다. 이런 차트를 발견한다면, 손실을 두려워 마라. 물려도 절대 안전한 차트다. 물리더라도 매수한 가격 이상은 틀림없이 오르는 게 보장이 되는 차트. 그게 내가 찾는 차트이고, 그런 종목만 매매하자는 게 내 매매 기법이라 할 수 있다. 나는 그런 차트만 찾아서 매매하고, 손절은 하지 않는 원칙을 지키고 있다. 차트가 변형되지 않는 한 아무리 급락을 해도 추매로 대응한다. 경험으로 볼 때 차트가 변형되는 경우는 흔치 않다. 그리고 최초 매수가까지 설혹 오르지 않더라도, 추매로 충분히 수익을 낼 수 있다.

폭락장도 무섭지 않은 차트를 찾는 노하우를 공부해보라. 〈주식네이놈〉 기초편과 기법편에서 그 답을 찾아보라.

독자의 성투를 빈다.

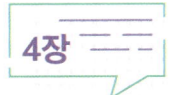

음봉 매수는 언제나 진리

아직 끝나지 않았다. 못한 이야기가 있다. 음봉 매수다.

음봉에 매수하라는 말은 수없이 들었을 것 같다. 실제로 주가가 하락하거나 횡보할 때, 즉 음봉에 매수하는 것과 주가가 올라갈 때 따라가며 사는 건 결과적으로 많은 차이가 난다. 일봉의 아래꼬리는 주가가 시가보다 내려서 음봉이 되었다가 주가가 올라서 생기는 현상이다. 어떤 일봉이든 하루에 5% 정도는 위아래로 움직인다. 양봉이 됐을 때 샀는데 음봉이 된다면 당일 음봉일 때 산 사람보다 당장 몇 % 비싸게 산 게 된다.

음봉에서 산다면 수익이 날 걸, 양봉 매수해서 손실이 나기도 한다. 음봉 매수하면 물려도 쉽게 복구가 되는데, 양봉 매수해서 물리면 복구하기 힘든 경우도 많다. 별 차이 아닌 것 같지만 결과는 엄청나다. 항상 일봉이 음봉일 때 매수하자. 전일 대비 몇 프로 올랐다 혹은 내렸다보다도 훨씬 중요한 게 음봉 매수다. 가장 이상적인 것은 오늘 마감 때는 양봉이 될 것을 예측하며 당일 음봉일 때 매수하는 것이다.

분석을 통해 앞으로 양봉이 되기를 기대하며 당일 음봉일 때 매수하는 게 얼마나 중요한지 잘 알고 있는 고수들도 수시로 이 원칙을 놓치는 경우가 많다. 일봉이 빨간색

^(양봉)이면 곧 나를 두고 날아갈 것 같고, 파랗게 변하면^(음봉) 더 내려갈 것 같은 압박감 때문에 선뜻 손이 나가지 않게 마련이다. 이 심리적 압박감에서 벗어나야 주식이 편해진다.

일봉상 음봉에서 매수하는 습관을 들이는 사람은, 수익이 난다면 최대 수익이고, 손실이 난다면 당일 매매하는 사람들 중에서는 최소 손실일 가능성이 높다는 걸 항상 명심하자.

다시 한 번, 성투를 빈다.

주식 네 이놈 II (기법편)

초판 1쇄 발행 2020년 11월 21일
초판 2쇄 발행 2021년 1월 27일

지은이 문제룡
발행인 박옥분
편 집 권병두
디자인 롬디
마케팅 서선교
도서주문 북스북스 (전화 : 031-942-0420)
　　　　　　　　　(팩스 : 031-942-0421)

발행처 도서출판 지서연
출판등록 제307-2015-30호
주 소 (02709) 서울시 성북구 솔샘로6길 36-6 (정릉동) 202호
이메일 sunkyo21@naver.com

값 20,000원
ISBN 979-11-957385-6-4 13320
Copyright ⓒ 문제룡 2020

* 이 책은 저작권법에 따라 보호받는 저작물이므로 무단전재와 무단복제를 금지하며, 이 책의 내용을 전부 또는 일부를 이용하시려면 반드시 저작권자와 〈도서출판 지서연〉의 서면 동의를 받아야 합니다.
* 잘못된 책은 구입하신 곳에서 바꾸어 드립니다.